미국남장로교 한국선교회
군산선교부 선교 활동

이 책의 출판을 위해 군산휴내과 이강휴 원장님께서 후원하셨습니다.

미국남장로교 한국선교회

군산선교부 선교 활동

임희모 지음

동연

주지하듯이 미국남장로교 총회의 해외선교실행위원회(이하 실행위)가 한국에 선교사로 파송한 7인의 개척선교단 중 여성 선교사인 리니 데이비스(Miss Linnie F. Davis)가 1892년 10월 17일에, 나머지 6인(Rev. & Mrs. William D. Reynolds, Jr., Rev. & Mrs. William M. Junkin, Rev. Lewis B. Tate, Miss Mattie S. Tate)은 11월 3일에 제물포에 도착하였다. 그리고 이들은 각각 10월 18일과 11월 4일에 서울에 입성하였다. 이들은 곧 한국어 공부와 한국문화 적응에 노력을 기울였고, 호남 지역 탐사에 집중하였다.

우선 7인의 선교사 중 남성 선교사들은 첫 공적 활동으로 실행위의 결정 사항을 한국에서 실행하는 집행기관인 선교회(Mission), 즉 한국선교회(Korea Mission)를 조직하였다. 회장은 레이놀즈, 총무(서기)는 전킨, 회계는 테이트가 맡았다. 이 모임이 어떤 절차와 형식으로 진행되었는가에 대한 사실은 밝혀지지 않았지만, 이들이 11월 11일에 논의하고 결정한 것은 역사적 의미를 갖는다.[1] 이 모임이 한국선교회의 창립총회로서 선교사들의 첫 연례 회의가 되었다.

뒤이어 한국선교회는 두 번째 공식 활동으로 1893년 1월 28일에 서울에서 미국 북장로교 한국선교회 선교사들과 한국의 장로교선교회 공의회를 조직하고 선교지 분할협정을 체결하여 호남 지역을 선교지로 할

---

[1] *Annual Report of the Executive Committee of Foreign Missions of the Presbyterian Church in the United States for the Year Ending April 1, 1895*, 24.

당받았다. 본격 활동으로 이들은 1894년 2월 13일에 제2차 선교사 연례 회의를 개최하여 선교부 개설 가능성이 있는 전라도 해안 지역의 성읍을 탐사하기로 결정하였다. 탐사단은 레이놀즈와 의사 선교사 드루(Dr. Alessandro D. Drew) 등 4인으로 구성되었다. 탐사 여행 중 드루는 특히 군산 지역의 해안과 산과 들판의 봄 경치에 흠뻑 매혹되었다. 1895년 9월 19~20일 제3차 연례 회의에서 탐사 여행의 결과를 논의하여 우선 군산선교부와 전주 선교부 개설을 논의하였다. 이에 전킨과 드루가 군산으로 내려와 초기 정착 준비를 하였고, 1896년 봄에 군산으로 이사하였다. 전킨은 군산항 부둣가에 집과 예배처를 마련하였고 드루는 군산 관아로 사용하던 건물의 일부를 구입하여 집과 진료소를 만들었다. 가을에는 리니 데이비스가 드루의 집 근처로 이사하여 정착하였다.

남장로교의 해외선교는 삼각형 선교전략으로 복음 전도 선교, 의료 (의사, 간호사) 선교 및 기독교교육을 중심으로 진행되었다. 이에 따라 각 종류의 선교사들이 파송 받아 현장에서 유기적으로 선교를 행하였다. 그러나 당시 실행위의 선교 정책은 복음 전도를 최우선 과제로 삼았기 때문에 의료선교나 기독교 교육 선교는 복음 전도를 위한 보조적 역할을 하였다. 이러한 정책이 현장에서 실천됨으로써 한국에는 복음 전도 선교사 7인이 먼저 입국하였고, 뒤이어 의료 선교사 드루가 입국하여 환자들을 치료함으로써 이들에게 복음 전도를 위한 길을 열었다.

이들 7인의 선교사들은 모두 전북 지역인 군산선교부와 전주 선교부에 나뉘어 배치되었다. 전킨 가족과 리니 데이비스는 군산에, 레이놀즈 가족과 테이트 오누이는 전주에 배치되었다. 그 이후 입국한 선교사들로 1894년 봄에 도착한 드루 가족은 군산에, 1896년에 도착한 해리슨(Rev. William B. Harrison)은 전주에 배치되었으나 1898년에 리니와 결혼하여 개척선교단 가족에 합류하였다. 1897년에 입국하여 전주에 배치된 마티 잉골드 여성 의사 선교사(Miss Mattie B. Ingold)는 1905년에 루이스 테이트와 결혼하여 개척선교단 가족이 되었다. 1895년에 도착한 유진 벨 가족(Rev. & Mrs. Eugene Bell)은 전라남도 지역 선교를 책임 맡았다.

한편, 인력과 재정난 문제로 한국선교회는 1896년 연례 회의에서 군산 대신에 나주 선교부 개설을 결정하였다. 그러나 나주 주민들의 강한 수구적 태도와 외국인 배척에 따라 나주를 포기할 수밖에 없었다. 이로 인하여 결국 군산선교부 개설이 재개되었다. 또한 1897년 목포에 대한 개항장 확정 공표에 따라 한국선교회는 1898년 목포 선교부 개설을 진행하였다.

이러한 역사적 발전 과정에서 초기 한국선교회가 강조한 것은 군산 선교부의 의료선교에 대한 것이었다. 이를 좀 더 서술할 필요가 있다. 1896년 군산선교부 개설과 재개설 논의에 있어서 유일한 의사 선교사 드루가 기여를 하였다. 이러한 드루는 활발하게 의료선교 활동을 전개함으로써 전킨의 복음 전도 사역도 순조롭게 진행되었다. 1897년에 실행위 총무인 체스터(Samuel Chester) 박사가 드루의 의료 활동을 목격하고 감탄하였고 군산의 의료선교는 널리 알려지기 시작하였다. 그러나 1900년 안식년 후 드루의 한국 재입국 불발로 1902년 알렉산더 의사 선교사(Dr. Alexander John A. Alexander)의 부임과 1904년 다니엘(T. Daniel) 의사 선교사의 부임으로 이어졌다. 또한 실행위가 한국에 파송한 첫 간호 선교사인 케슬러(Miss Ethel E. Kestler)가 1905년 말에 군산에 도착하였다. 이러한 과정을 통해 군산의 의료선교는 다른 어느 선교병원보다 내실을 기하며 빠르게 발전하였고 1920년대 중반까지 남장로교 한국선교회의 의료선교를 견인하였다.

이러한 개략적 배경을 이해하고 이제 본 책의 내용을 간략하게 소개하고자 한다.

제1부 1장은 남장로교 실행위의 해외 선교 정책을 서술한다. 남장로교의 한국선교 역사 연구는 실행위의 선교 정책과 전략을 이해하는 수준에서 시작되어야 한다. 특히 1890년대에 조직된 한국장로교선교회공의회의 성격에 영향을 미쳤고 또한 남장의 한국선교가 어떻게 오늘날 한국장로교회의 사회적 공공적 선교에 영향을 미쳤는가를 확인할 필요가 있다. 이러한 이유로 남장 총회의 조직 초기의 교회론과 전반적 선교 정책과 의료선교 정책 등을 파악할 필요가 있다.

이어 군산선교부의 복음 전도 선교를 처음부터 철수 시기까지 다룬다. 이는 군산선교부의 설립 이전의 서울 도착과 생활부터 좌충우돌의 거점도시 탐방과 선교 활동, 군산선교부 개설 모색과 설립, 성장과 침체기 그리고 1940년 선교사들의 미국 철수까지를 서술한다.

이를 좀 더 자세하게 서술하면 다음과 같다.

제1부 2장은 1892~1903년 시기의 복음 전도 활동을 다룬다. 선교사들이 서울에 거주하면서 한국어 공부와 선교 준비를 하고, 군산선교부 건설 시기까지 서술했고, 군산선교부 개설과 선교 초기 역사를 포함한다. 이 시기에 개척 선교사들이 서울에 도착하여 한국선교회를 조직하고, 이미 서울에서 활동하는 북장로교 선교사들과 교제하며 호남 지역에 대한 선교 준비를 하면서 사실상 1895년에 군산으로 내려왔고, 마무리는 1896년에 끝냈다. 이 시기 선교사들의 활동을 세밀하게 연구할 필요가 있다. 그동안 생산된 몇 자료들이 오류를 적지 않게 드러낸다.

제2부의 3장은 성장기(1904~1920)의 군산 구암(궁말) 중심의 복음 전도를 다룬다. 이 시기에 동서남북의 지역을 셋으로 구분하여 복음 전도와

교회 개척을 하였다. 복음 전도를 행한 선교사로 불(William F. Bull), 해리슨(William B. Harrison), 얼(Alexander M. Earle), 멕어첸(John MacEachern) 등이 성경 교육을 통해 한국인들을 양성하여 목사와 장로 등 지도자를 육성하였다. 이 시기 독신 여성 선교사 다이사트(J. Dysart)와 두퓌(L. Dupuy)가 활동하였다.

4장은 왕성기(1921~1937)의 복음 전도를 다룬다. 이 시기에 교회 수와 교인들이 증가하였고 주일학교 운동이 활성화되었다. 특히 이 시기에 부인조력회 운동이 호남 지역에서 일어나 여성들이 복음 전도에 참여하였고 여성들에 대한 사회 계몽을 실시하였다. 또한 전도부인 양성학교가 전주와 광주에 각각 설립되었고, 군산에서는 독신 여성 선교사 두퓌와 그리인(W. B. Greene)이 주로 여성 일꾼들을 교육하였다. 이 시기에 일제가 강요한 신사참배 문제가 점차 심화되어 가고 있었다.

5장은 쇠퇴기(1937~1940)의 군산 선교를 다룬다. 한국선교회는 신사참배를 거부하고 기독교 교육을 중단하였다. 급기야 교회에서도 복음 전도 문제가 터지고 일제가 개입하면서 한국선교회(군산선교부)와 한국장로교회(전북노회)가 갈등하고 단절되었다. 이 시기 선교사들은 안식년을 떠나거나 성경 공부에 집중하였다. 1940년 11월에는 군산선교부의 모든 선교사들이 한국에서 철수하였다.

제3부 6장은 군산선교부의 의료선교 역사를 간략하게 논의하였다. 이에 따라 여기에서 각 개인 의사의 능력이나 의료 영성, 병원 시설 등에 대하여 자세하게 논의하지 못하였다. 그러나 제8부에서 분석된 드루, 오긍선, 패터슨 의사 선교사와 서서평 간호 선교사에 대한 연구들은 그나마 최소한에서 이들을 다루었다. 특히 여기에서 선교병원을 질병 치료 공동체로 이해하고 질병과 치료 과정을 부분적으로 다룬 것도 의미가

있다.

　제3부 7장은 군산선교부의 기독교 교육 선교에 대하여 아주 짧고 간결하게 기본적인 사항만을 정리하였다. 한정된 재원과 인력 문제 등으로 한국선교회 내부에서 일어난 중심학교 유치 경쟁이 있었는데 군산과 전주의 긴장, 산업학교 설치 문제로 광주와 전주의 긴장 등이 있었으나 본 필자는 이에 대한 연구를 진척시키지 못하였다.

　제4부에서 군산선교부를 이끈 인물 4명에 대한 논문을 수록했다.

　8장은 리니 데이비스(1898년 이후 해리슨 부인) 여성 선교사를 연구하였다. 리니는 가늘게 오래 살기보다는 혼신의 섬김과 나눔을 행하면서 굵고 짧게 삶을 살았다. 온 몸을 던져 예수님의 십자가를 짊어지는 선교적 삶은, 당시 한국의 열악한 삶의 조건 속에서는 결코 자신의 생명을 오래도록 연장시킬 수 없는 것이었다. 남장 선교사로 한국에 첫 입국자였던 리니는 병든 한국인들을 심방하여 복음을 전하다가 감염되어 순직한 첫 선교사였다.

　9장은 남장이 한국에서 이룬 의료선교적 업적 중의 하나로 오긍선 박사를 교육시켜 세브란스 의전의 제2대 교장으로 활동하도록 지원하였다는 사실을 논하였다. 여기에서 그는 어떠한 친일을 하였는가? 그는 신앙적으로 정통 남장로교인의 모범을 따라 살지는 않았다.

　10장에서 다룬 페터슨 의사 선교사는 당시 군산선교부의 의료선교 시술 능력을 한국에 널리 알린 첫 의료 선교사가 되었다. 그는 헌신적으로 환자들을 치료하였고, 병원 자립을 강조하였다. 스프루라는 한국 토착병에 걸려 안식년을 떠났으나 고생하다가 미국에서 순직하였다.

　11장은 초기 쉐핑(서서평)의 간호사 활동을 분석하였다. 서서평은 간호 선교사로 한국에 입국하였지만 성경 교사와 성경학교 교장으로, 부인조력회(타 선교부는 이를 여전도회로 칭함) 조직과 연합활동가로, 조선간호부회(오늘날 대한간호협회) 창설자로 유명하였다. 더 나가 그녀는 당시 미국의 여러 층의 이민자들을 교육하여 이들을 미국 시민으로 적응시키고 정착시키는 교육과정, 즉 사회 적응과 시민 양성 교육자(SS 과정, Social Studies) 과정을 수료한 교육자였다. 이러한 교육적 배경을 가지고 서서평 선교사는 사회적 간호(District Nursing)를 주장하였다. 예를 들면 무의탁 환자를 치료한 이후 어떠한 돌봄 사역이 필요한 것인가 등을 논의하였다. 그녀는 실로 위대한 통전적 사회선교 간호사였다.

끝으로 본 책은 학술연구물 이외에 한국선교회 선교사들이 미국 실행위에 보낸 보고서나 서신들, 한국선교회의 연례 회의록, 군산선교부의 보고서 및 군산선교부에 속한 각 선교사들의 개인보고서 등 주로 1차 자료들을 분석하였다. 그리고 한국교회 관련 사항은 전북노회 등의 회의록(1907~1940)을 참고하였다.

차 례

제3부 ┃ 군산선교부의 의료, 교육 선교

제4부 ┃ 군산선교부를 빛낸 4인의 선교사들 연구

제 1 부

한국선교회 조직과 초기 복음 전도 활동

1장

미국남장로교 총회 해외선교실행위원회의 선교정책

I. 1861년에 출범한 미국남장로교 총회의 교회론

19세기에 일어난 미국의 구파와 신파의 신학적 논쟁 상황의 구파 신학과 남부 지역주의를 중심으로 1861년에 창립된 미국 남부지역 장로교 총회는 실행위원회 체제를 갖추고 출범하였다. 미국의 북장로교와는 달리 남장로교 총회는 상설기구로 4개의 실행위원회를 두고 이를 통해 총회의 결정과 정책을 직접 집행하였다.[1] 이들은 국내 복음 전도, 해외선교, 기독교 교육 및 출판 등이다. 1861년에 남장로교 총회는 어떻게 교회를 이해했는가를 우선 살필 필요가 있다. 당시 총회는 공적인 메시지로 세계교회에 천명한 교회의 성격은 다음과 같다.

---

1 Minutes of the General Assembly [of the Presbyterian Church in the Confederate States of America], 1861, 15. in Thomas C. Johnson, *A History of the Southern Presbyterian Church, with Appendix* (New York: The Christian Literature Co., 1894), 339-340.

"교회는 구속(Redemption)의 사실들에 기초하고, 은혜의 사상을 실현하기 위하여 고안된 초자연적 기관(Institute)으로서 구속받은 자들의 단체(Society)이다. 국가는 사회질서를, 교회는 영적 거룩성을 목표로 한다. … 교회의 권능은 배타적으로 영적인 것이다."[2]

남장로교회는 교회를 초자연적 기관으로 그리고 구속받은 자들의 단체로서 영적 성격을 지녔고, 세속적 국가와는 완전히 구별됨을 천명했다. 영적 교회 밖의 어떠한 정치 제도 특히 국가 등에 대해서 교회는 어떠한 관심을 가져서도 안 된다는 것이었다.

II. 총회의 해외선교실행위원회의 선교 정책
　　 ― 1877년 선교 매뉴얼[3]

해외선교를 전담하는 해외선교실행위원회(The Executive Committee of Foreign Missions, 이하 실행위)는 해외선교를 독점적으로 담당하여 총회의 선교 정책을 직접적으로 상시 시행하였다. 11인으로 구성된 실행위는

---

2 "Address by the General Assembly to All the Churches of Jesus Christ Throughout the Earth, Unanimously Adopted at Their Sessions in Augusta, Georgia, December, 1861," The Presbyterian Committee of Publication, *The Distinctive Principles of the Presbyterian Church in the United States* (Richmond(Va) : Committee of Publication, 1870), 8.

3 여기 II-IV(18-28쪽)의 내용은 본 필자가 2025년 4월 8일에 연세대학교 의과대학 주관으로 "연세대학교 창립 140주년 및 세브란스 개원 140주년 기념 학술 심포지움: 세브란스와 한국 기독교의료 140년"이라는 제목으로 열린 학술대회에서 발표한 글이다. 상기 「심포지움 자료집」, 222-226을 참조하라.

1867년 처음으로 중국에 선교사를 파송하여[4] 해외선교를 시작하였다. 남장로교 총회가 조직된 이후 16년 그리고 1867년 첫 남장 선교사를 중국에 공식적으로 파송한 10년 후, 실행위는 1877년에 선교 매뉴얼을 확정하였고, 총회가 이를 채택하였다. 여기에서 이의 주요 요점을 정리하면 다음과 같다.[5]

우선 실행위는 다른 교단의 해외선교본부(Mission Board)와는 다른 기능을 갖는다. 이는 해외 선교사 인선, 파송, 관리, 소환 등 모든 사항을 관장하지만, 교회 관련 사항은 제외한다. 이 위원회(Committee)는 필요시에는 직권을 행사하는 기관(Commission)으로 활동한다.

실행위는 선교사(Missionary)를 성경이 말하는 복음 전도자(Evangelist)로 이해하였다. 복음을 설교하고 전파하여 교회를 세우고, 현지에 준비가 되면 노회를 세우도록 돕고, 하나님의 말씀인 복음서를 번역하고, 현지 설교자를 훈련하고, 선교사는 어느 한 교회를 전담해서는 안 되지만 담임을 하면서 가급적 빨리 모든 교회에 대하여 현지인 목사를 세워야 한다는 것이다.[6] 한편, 안수받은 목사 선교사에 대한 평신도로서 의사 선교사(Missionary Physician), 교육 선교사, 미혼 여성 선교사와 선교사 부인 등은 보조 선교사(Assistant Missionary)의 역할을 하였다. 즉 목사로

---

4 T. Watson Street, *The Story of Southern Presbyterians* (Richmond(Va.): John Knox Press, 1901), 82-83.

5 *Minutes of the Assembly of 1877 [PCUS]*, 418f. in: Thomas C. Johnson, *A History of the Southern Presbyterian Church, with Appendix* (New York: The Christian Literature Co., 1894), 363-364.

6 이러한 정책에 따라, 북장로교와 호주장로교 및 캐나다장로교 등과 남장로교 한국선교회도 참여하여 1907년에 연합으로 조직한 독노회(한국장로교회)는 이후 동사목사 제도를 두고 한국인을 목사로 안수하여 선교사 목사와 함께 지역의 개교회를 담당하게 하였다.

서 복음 전도 선교사(Missionary)에 대하여 보조 선교사는 선교회가 지시하는 대로 교회를 세우기 위하여 복음 전도를 보조하는 의료행위 등을 해야 한다.[7]

또한 실행위는 현지에 선교회(The Mission), 예컨대 한국선교회는 중심 선교부에 세워진 선교회로서 기술적으로 말하면 실행위의 현지 소재 소(小)실행위(Sub-Committee) 역할을 한다. 본국 실행위와 직접적으로 그리고 상시 교신을 한다. 현지선교회는 모든 선교사와 각 선교부의 남자 보조 선교사로 구성된다. 한편, 현지선교회가 실행위에 추천한 현지인을 실행위가 임명하지 않는 한 그 현지인은 현지선교회의 회원이 될 수 없다.[8] 선교사는 자유롭게 실행위와 통신을 할 수 있지만, 사업 관련 사항은 개개 선교사가 아니라 반드시 현지선교회가 실행위와 교신해야 한다….

선교사역을 위한 자격요건(Qualifications for the Missionary Work)은 미국 국내 현장에서 활동할 목사가 갖추어야 할 자격요건을 해외에서

---

7 Thomas C. Johnson, *A History of the Southern Presbyterian Church* (New York: The Christian Literature Co., 1894), 363-364.

8 이 규정에 따르면, "해관(오긍선)은 미국 미국 남장로회 선교부[실행위]가 한국에 파견하는 의료 선교사로 위촉되어 1907년에 한국으로 향했다"(해관오긍선선생기념사업회 편, 『해관 오긍선』, 서울: 연세대학교 출판부, 1977, 43)라는 진술은 정확하지 않다. 남장 선교 매뉴얼에 의하면 먼저 한국선교회가 오긍선을 실행위에 추천하고 실행위는 오긍선을 검토하여 한국에 의료 선교사로 파송하는 절차를 거쳐야 했다. 그러나 그는 이러한 과정을 거치지 않았다. 1907년 7월 오긍선은 의학 공부를 마치고 9월에 한국에 도착하였다. 그는 곧 군산선교부에 배속되어 활동하였고, 1913년에 세브란스 의학교에 한국선교회의 대표로 파송되어 교수로 활동하면서 주요 보직을 맡았고 1934년에는 세브란스 의학전문학교(이하 세전)의 제2대 교장(한국인 첫 교장)으로 활동하였다. 그동안 한국선교회는 그와 가족 및 세전을 여러 모양으로 지원하였는데 그는 1938년 3월까지 한국선교회에 속하여 활동하였다. 그의 신분과 연봉 등에 있어서 한국인 의사로서 선교사로 대우받지 못하였지만 선교사에 준하는 각종 혜택을 받았다. 임희모, "미국남장로교 의료 선교사 오긍선 연구," 「한국기독교신학논총」 Vol. 118 (2020): 363-402, 특히 381-383.

활동하는 복음 전도 목사 선교사도 똑같이 갖추어야 한다. 국내에서 활동 하기에 요건을 갖추지 못하는 자를 해외로 나가게 해서는 안 된다. 특히 선교사는 신체적으로 손상되지 않은 몸을 유지해야 한다. 언어습득 능력을 가져야 하고, 다른 사람과 조화롭게 일할 능력을 가진 자, 그리스도와 그를 위하여 자기희생적 헌신을 해야 한다. 이러한 항목들 외에도 선교사 연봉 등에 대한 사항도 서술하고 있지만 여기에서는 생략한다.

1877년 선교 매뉴얼에 진술된 해외선교의 특징은 다음과 같다.[9] 첫째, 영혼을 구원하기 위하여 복음을 설교하고 이교도 죄인들에게 회개를 요구하고 세례를 베풀어 세례받은 자들이 교회를 세우는 것이었다. 이 교회가 성장하여 당회, 노회와 총회를 조직하는 데 목적을 두었다. 여기의 선교사는 오늘날 복음 전도자(Evangelist)와 다르지 않다. 사실 남장로교 한국선교회는 이들 목사 선교사들을 복음 전도위원회(Evangelistic Committee)에 임명하여 각 지역의 복음 전도를 담당시켰다.

둘째, 형식상으로 총회가 해외선교를 주관하고 실행위원회는 실천적으로 집행 도구 역할을 한다. 여기에서 선교를 위한 자원단체들은 배제된다. 총회의 실행위는 각 선교 현지 즉, 각 나라나 지역에 선교회(Mission) 예컨대, 한국의 선교회(이하 한국선교회)와 그 산하에 몇 개의 선교부(Mission Station)를 조직하고 총회의 정책을 시행하였다. 현지 선교회는 산하에 각 선교부의 대표나 전문가로 구성된 위원회를 두고 정책을 세우고 집행한다.

셋째, 선교회의 회원은 장립 받은 목사 선교사(정회원)와 남성 평신도

---

9 *Minutes of the General Assembly of [the PCUS]*, 1877, 418-419 in Thomas C. Johnson, *A History of the Southern Presbyterian Church*, 363-364.

(준회원)이며 여성은 회원에서 제외되었다.[10] 선교사는 복음 전도자 (Evangelist)로서 복음 설교와 영적 교회 설립에 중점을 두며, 현지선교회 는 산하 모든 선교부의 선교사와 남자 보조 선교사로 구성된다. 이들은 남자 의사 선교사와 남자 교육 선교사를 포함한다. 독신 여성 선교사와 선교사 부인은 선교회의 회원자격이 없어 의사결정 구조에서 배제되고, 독신 여성 선교사는 현지선교회의 지도를 받아 사역을 해야 한다.

넷째, 이러한 선교의 위계 조직은 당시 미국 사회의 질서가 반영된 것이었다. 여러 구별과 차별이 제도화되어 남성과 여성의 차별, 인종에 있어서 백인과 인디언과 흑인과 원주민을 차별하였다. 이러한 특징의 해외선교는 여성 선교사에게 회원권이 주어진 1920년과 그 이후에도 선교 권력의 최고정점에 선 백인 남성 목사들이 영적 교회설립 선교를 주도하였다. 이러한 차별의 연장선에서 현지민은 현지선교회(예컨대 한국 선교회)의 추천과 실행위원회의 임명이 없으면 회원이 될 수 없었다.[11]

이는 백인 남성들이 사회나 교회나 단체의 중심을 이루면서 여성들 을 배제하는 차별 문화로 굳어졌다. 이러한 해석을 확대하면 본토에서는 백인이 흑인을 차별하고, 가정과 사회에서는 남성이 여성을 차별하고, 선교 현장에서는 백인 성직자가 백인 평신도를 차별하고, 백인 남성 평 신도 선교사는 여성 선교사를 차별한다. 특히 자민족중심적 선교사들은 현지민을 자연스럽게 혹은 본능적으로 차별한다. 1902년 군산 주재 의

---

10 임희모, "미국남장로교의 첫 한국 입국, 선교사 리니 데이비스 해리슨 부인(Mrs. Linnie F. Davis Harrison)의 선교 활동 연구," 「선교와 신학」 55집 (2021, 가을호) : 258-263; 임희모, 『미국남장로교 한국선교회의 여성·의료 선교사: 선교학 관점 연구』 (서울: 동 연, 2022), 27-31.

11 *Minutes of the General Assembly of 1877*, 418-419 in Thomas C, Johnson, *A History of the Southern Presbyterian Church, with Appendix*, 363-364.

료 선교사 알렉산더의 도움으로 1907년 미국 의사 자격을 취득한 한국인 오긍선의 경우, 미국의 실행위는 한국 선교사로 그를 파송하였으나 현지 한국선교회는 그를 회원으로 인정하지 않았다.[12] 한국선교회는 그를 세브란스의학교 교수로 파송하였으나 오긍선이 직접 한국선교회에서 활동 보고를 할 수 없었다. 그 대신에 북장로교 소속 선교사로서 세브란스의학교의 교장 에비슨 박사가 그의 사역을 한국선교회 연례 회의에서 보고했다.[13]

III. 1897년 한국선교회 헌법과 규정과 1912년 개정

1. 체스터 박사의 중국 의료선교 참관

1897년 7월 26일 내쉬빌 집을 떠난 체스터 박사는 8월 5일에 샌프란시스코를 출항하여 중국 상해에 9월 1일에 도착하였다. 그는 중국에서 6주와 한국과 일본에서 각각 3주 동안 총 3개월을 동아시아 선교 현장을 탐방하였다. 외국인에게 적대감이 심한 상황에서 환자들을 치료하여 친밀감을 일으키는 의료 선교사는 복음 전도를 위하여 절대적으로 필요하였다.

---

12 규정에 의하면 현지선교회가 현지인을 추천하여 실행위에 선교사 임명을 요구하도록 되어 있다. 상기 오긍선을 실행위가 한국 선교사로 임명하였다는 기록(해관오긍선선생기념사업회 편, 『해관 오긍선』, 연세대학교 출판부, 1977, 43)은 옳지 않다. 그러나 오긍선을 한국선교회는 군산선교부에 배속시키고 선교사에 준하는 대우를 하였다.

13 임희모, "미국남장로교 의료 선교사 오긍선 연구: 1907~1937년의 활동을 중심으로," 「한국기독교 신학논총」 Vol.118 (2020): 363-402.

체스터 총무는 이렇듯이 선교 현장이 요구하는 의료 선교사의 조건을 다음과 같이 정했다. 미국 의과대학에서 최고의 교육과 훈련을 받고 병원에서 인턴 경험을 가진 의사를 파송하고, 의료시설은 자금 소요가 많은 병원보다는 진료소 사역(Dispensary Work)에 집중하고, 현지인들의 질환을 치료하고, 또한 재정의 소요가 큰 의학교(병원 포함)에서 실시하는 현지인 의사 양성 교육에 대하여 타 선교회들과의 협력을 강조했다. 그리고 의료비도 각 나라의 생활비 수준에 따라 조정이 필요하다는 것이었다. 우선 중국 주재 의사의 개인 의료 장비는 당시 연 200달러로 한정하였는데, 체스터 박사는 이를 적어도 배는 올려 400달러는 되어야 한다는 현장 의료 선교사들의 의견을 진지하게 경청하였다.[14]

2. 체스터 박사의 내한과 1897년 한국선교회의 헌법·규정 확정

체스터 박사의 내한에 따라 한국선교회는 제4차 연례 회의를 10월에 열었고, 여기에서 남자 선교사들이 매일 아침 논의하여 1897년 한국선교회 헌법과 규정을 확정하였다. 앞에서 말한 바와 같이 이 헌법의 기본은 1877년의 것인데 이를 한국 상황에서 변용시켰다.

몇 가지를 거론하여 여기에서 강조하면, "선교사의 생활과 섬김의 큰 목적은 십자가와 특히 십자가에서 죽으신 그리스도를 이방 민족에게 설교하는 것이다. 모든 형식의 사역은 이 목적을 이루는 데 도움이 되어야 한다."[15] 의료 선교사는 환자들을 치료하는 의료선교를 통하여 한국

---

14 Samuel H. Chester, "Report to the Executive Committee of Foreign Missions," *Lights and Shadows of Mission Work in the Far East* (Richmond(Va): The Presbyterian Committee of Publication, 1897), 121-133.

인들에게 그리스도를 전하는 데 도움을 주어야 한다는 것이다. 이러한 의사들로 구성된 의료위원회(Medical Committee)는 상시적 자문위원회로서 선교회의 일반 정책을 옹호하고 의사들과 상의하여 진료소와 병원 건축을 추천하고 모든 형태의 의료 사역을 규정에 따라 선교회에 보고하였다. 이 매뉴얼의 규정은 한국선교회 내에서 어김없이 집행되었다. 어학 시험에 합격하지 못한 간호 선교사는 한국인들에게 접근하기 보다는 선교부 구내의 일들로 선교사 간호와 자녀들을 위한 일을 하다가 결국 귀국하였다.

3. 1912년 한국선교회의 정관과 규정 개정

한국선교회는 1912년에 정관을 개정하여 보다 세분하여 규정하였다.[16] 이 개정 규정은 제1-6부로 구성되었고, 제4부는 각 위원회별로 업무를 규정한다. 의료위원회는 제4부 제5조가 5개항으로 나누어 세분화한 반면, 의학생 지원은 제6부 기타 항목이 언급한다. 규정에 따라 한국선교회는 1913년까지 5개 선교부에 각각 병원을 짓고 복음 전도와 환자 치료, 위생교육 등을 행하였고, 지역사회 의료선교를 위하여 전염병 격리병동을 세웠다. 1913년부터 한국선교회는 오긍선 의사를 세브란스의학교로 파송하였고, 1917년에는 간호 선교사 쉐핑(서서평, Elisabeth J.

---

15 The Southern Presbyterian Mission in Korea, *The Constitution, Rules and By-Laws of the Southern Presbyterian Mission in Korea, Adopted Oct. 1897* (Shanghai: American Presbyterian Mission Press, 1898), 5.

16 "Korea Mission, Presbyterian Church in the United States, Rules and By-Laws," *Minutes of the Twenty-First Annual Meeting…* (1912), 60-77.

Shepping)을 세브란스 간호학교에 파송하였다. 남장 실행위는 한국 주재 6개 선교회와 연합하여 세브란스의학교에서 한국인 의사와 간호사를 양성하였다.

4. 네비우스 정책과 본토인 교역자 양성 정책

한국선교회의 교회 자립과 교역자 양성에 관련되어 간접적으로 의료선교 정책에 영향을 미친 것이 있다. 하나는 네비우스 선교 정책으로 한국교회의 자립(병원 자립 포함)과 관련된다.[17] 이는 병원의 운영과 자립과 관련되어 한국선교회가 각 병원에 용인하는 자선적 무료 치료의 한도 즉 환자당 하루 1엔씩을 감하여 자선적 무료 치료를 하는 것으로 논의하였으나, 특히 1920년대부터 순천 선교부의 안력산 병원은 이 무료 치료 한도에 제한받지 않았다.

또한 알렉산더가 오긍선을 미국으로 유학시키려는 초기 과정에서 가벼운 갈등이 예상되었으나 은혜롭게 유학이 승인되었다. 선교사들은 1896년에 레이놀즈가 공론화한 본토인(한국인) 교역자 양성에 있어서 "초기에 한국인을 미국에 유학시켜서는 안 된다"라는[18] 원칙적 입장을 알고 있었으나, 오긍선의 인품과 의료선교를 통한 한국인의 영혼구원 가능성을 높게 평가하고 유학을 승인하였다. 당시 의료선교에 막강한 영향을 미치고 재정지원을 아끼지 않는 알렉산더의 영향이 있었기 때문

---

17 Charles Allen Clark, *The Korean Church and the Nevius Methods* (New York: Fleming H. Revell Co., 1930), 195-196.

18 W. D. Reynolds, "The Native Ministry," *The Korean Repository Vol. III* (1896), 200-201.

에 오긍선의 미국 유학은 순조롭게 진행되었다.[19]

IV. 1915년 실행위의 선교 매뉴얼 개정

1915년에 총회의 실행위는 1877년의 수정 매뉴얼을 작성하고 집행하였다. 선교사란 진정한 종교성을 경험한 자 즉 그리스도와 구원에 대하여 자기희생적 헌신을 드러내며 인간의 영혼을 사랑하며 하나님의 말씀을 사랑하고 또한 끈질기게 기도하는 습관을 가진 자로서, 또한 강한 상식, 기운을 돋우고 희망찬 정신, 건강한 육체를 지닌 자로 규정했다.[20] 실행위는 이러한 자격을 갖춘 선교사를 2종류로 구분하였다. 안수받은 목사 선교사(복음 전도 선교사, Evangelist)와 보조 선교사(평신도로서 교사, 의사, 간호사, 산업 교사, 독신 여성 선교사)이다.

의료선교 관련하여 특이한 것은, 세월이 지나 의료산업이 발전하자, 일종의 맞춤식 의료 장비를 마련하였다는 것이다. 임명을 받은 의사 선교사는 현장에서 어떤 장비를 쓸 것인지 실행위에 보고해야 했다. 이 장비를 각 선교사에게 마련해 줄 수 없다면, 실행위는 이들과 회의를 통해 후에 예산을 책정하여 마련하도록 하였다. 한편 의사 선교사가 현장에서 철수할 때는 모든 장비를 실행위가 구매하여 각 선교부에 할당하였다.[21] 여기 간호 선교사의 자격은 미국의 간호교육 병원이나 학교에서

---

19 *1903 Reports of the Southern Presbyterian Mission in Korea,* 50-51.

20 *Revised Manual of the Executive Committee of Foreign Missions,* Adopted by the Executive Committee, May 11th, 1915, Adopted by the General Assembly, May 26th, 1915 (Nashville(TN) : P.C.U.S. Executive Committee of Foreign Missions, 1915), 8.

간호사자격(R.N.)을 취득한 자로 하였다. 이들은 지역사회에서 보건과 위생교육, 영아 및 육아 교육을 실시하여 삶의 질을 높이는 일에 기여하는 것이었다. 한국선교회는 원칙적으로 각 선교병원에 미국 의과대학 졸업 의사 1인과 간호사 1인을 배치하였다. 이들은 각 병원에서 필요한 한국인 보조 의료인과 간호사들을 자체적으로 훈련하여 보조 인력으로 활용하였다.

21 Ibid., 16.

2장

한국선교회 조직과 군산선교부 선교 시작
(1892~1903)

I. 개척선교단의 한국선교회 조직과 장로교선교회공의회 활동

7인의 선교사 중 맨 처음으로 리니 데이비스(Miss Linnie F. Davis)가 1892년 10월 17일 제물포에 도착하였다. 2주 후 11월 3일에 레이놀즈(이 눌서, William Davis Reynolds Jr.) 목사 부부, 전킨(전위렴, William McCleery Junkin) 목사 부부, 테이트 목사 오누이(최의덕, Lewis Boyd Tate, 최마태, Mattie Samuel Tate) 등이 제물포로 입국하였다. 데이비스는 제물포에서 1박을 하고 곧바로 서울로 출발하여 즉 10월 18일에 그리고 나머지 6인은 11월 4일에 서울에 도착하였다.

이들은 선교하기 위하여 한국에 입국하였기 때문에 무엇보다 먼저 한국 내의 선교회 즉, 한국선교회를 조직하는 것이 중요하였다. 1895년 실행위 연례 보고는 1892년 11월 11일에 "the Organic Life as a Mission"(유기체적 생활공동체로서 한국선교회)를 조직했다고 기록하였다.[1]

7인의 선교사들이 모두 서울에 도착한지 일주일이 되는 날 이들은 한국 선교회를 '유기체적 생명 공활체'로 이해하며 생명을 구원하는 일에 헌신하는 사역을 시작하였다. 그러나 이 조직 모임에는 여성 선교사 3인은 참석하지 못했다. 왜냐하면 그 당시 미국의 사회 혹은 교회에서 여성의 참정권이나 투표권이 주어지지 않았기 때문이다. 이에 따라 3인의 남성들이 모여 한국선교회의 회장단을 꾸렸다. 회장은 레이놀즈 목사, 총무(서기)에 전킨 목사, 회계를 테이트 목사가 맡았다. 이들은 또한 언어위원회와 복음 전도위원회를 구성하여 서울과 그 주변서 복음 전도를 하면서 난해한 언어를 접하고 이 한국어 습득이 진전되면서 복음 전도를 확장하였다.

회장단을 구성한 1달 보름 후 한국선교회의 남자 선교사들은 1893년 1월 28일에 '장로교 정치를 유지하는 선교회들의 공의회'(Council)에 합류하였다. 미국 북장로교 한국선교회와 남장로교 한국선교회가 모여 한국장로교선교회공의회를 조직한 것이다. 1898년에 캐나다장로교 선교회가 여기에 참여하여 4개의 장로교선교회공의회가 되었다, 호주장로교는 이미 북장로교와 공의회에 대하여 합의하였던 것이다. 이 조직은 처음에는 자문적 공의회(Advisory Council)였으나 본국 실행위의 허락하에 치리적 공의회로 바뀌었다. 이들은 우선 선교지 분할협정(Comity)을 체결하였다. 남장 한국선교회는 충청도와 전라도(제주도 포함)를 선교지로 할당받았다. 충청도 244,080가구에 인구 1,220,400명, 전라도 290,550가구에 인구 1,452,750명으로 총인구는 2,673,250명이었다. 한국선교회

---

1 *Annual Report of the Executive Committee of Foreign Missions of the PCUS for the Year Ending April 1, 1895*, 24.

는 이들을 대상으로 복음을 전하고 영혼을 구원해야 할 과제를 가졌다. 한편, 한국선교회는 북장로교가 강조한 네비우스 선교 정책을 수용하였다. 1896년에는 남장 한국선교회의 회장인 레이놀즈가 고안한 본토인 교역자 양성 정책을 채택하였다. 한국선교회는 일시적으로 서울에 선교본부를 세우고 각 선교사들은 한국어를 배우고 문화를 익히면서 한국인들에게 복음을 전하였다.

1892년 성탄절이 지나자 레이놀즈와 북장로교 모펫(Samuel A. Moffett)은 충청도의 공주와 청주를 여행하였다. 이후 1893년 봄에 레이놀즈는 존슨(Cameron Johnson)과 함께 강화도에서 복음 전도를 하였다. 존슨은 실행위의 선교사로 파송 받지 못하였으나 동하노버 노회 파송의 개인적 독립 선교사로 일본에 자리를 잡았다. 그는 리니 데이비스보다 앞서 부산에 도착하여 그녀에게 길을 안내하였고, 선교 현장 답사 혹은 선교사 소식 등을 전하였다. 이 시기 테이트는 멕코믹신학교 동문인 모펫과 함께 자비를 들여 평양을 여행했다. 레이놀즈는 강화도를 재차 방문하여 복음서를 팔면서 복음 전도를 하였다. 남자 선교사들은 서울 도착 이후 총 6번의 원근 각처에 순회전도 여행을 하였다. 여성 독신 선교사인 데이비스는 1893년 4월부터 서울에서 어린이 교실을 열고 복음찬송과 주기도 등을 가르쳤다.[2] 마티 테이트는 서울 거주 북장의 여성 선교사들과 병원 등을 방문하였다.

한편, 1893년 한국선교회 회장인 레이놀즈는 당시 서울에서 신용이 가장 높은 순위로 2위인 정해원을 6~7월에 전주로 보내어 선교 가능 분위기를 살피고 가능하면 땅과 가옥을 구입하고, 복음을 전하라는 임무

---

2 J. L. Stuart, "Korea," *The Missionary* (Aug. 1893), 315.

를 맡겼다. 그는 전주 완산에 가옥을 구입하고, 복음을 전하는 등 잘 정착하고 있었다. 9월에 전킨과 테이트가 육로로 어렵게 전주를 다녀왔고[3] 테이트는 11월에 홀로 전주를 재방문하였다.

한편, 레이놀즈는 의사 선교사 드루(유대모, Alessandro Damer Drew)가 곧 한국에 도착한다는 소식을 접하고 1894년 2월 초에 제2차 선교사 연례 회의를 열었다. 이 회의는 호남 지역에 선교부 개설 가망성이 있는 성읍을 조사하는 탐사 여행을 하기로 결정하였고 또한 기회가 되면 가을에 전주에 선교부를 세울 꿈을 꾸었다. 드루 의사는 이 탐사단에 속하여 6주간의 호남 해안가를 탐사하는 기회를 가졌고, 군산과 그 주변의 봄 경관의 아름다움에 흠뻑 빠져들었는데 1896년 군산에 선교부를 세우는데 크게 기여하였다.

탐사 여행(1894년 3월 27일~5월 12일)은 레이놀즈를 중심으로 한국에서 선교사들 사이에 가장 신용도가 높다는 서상윤(Mr. Saw) 장로, 의사 드루와 한국인 소년 옥선이 등 4명으로 구성되었다. 선교 거점 후보지 탐사 루트는 서울 출발 → 28일 제물포 도착 → 29일 제물포 출발 → 30일 새벽 4시 30분 군산(군창) 도착 → 31일 오후 5시 30분 전주 도착과 선교 회의 열고 땅 구입 결정 → 4월 5일 12시경 전주 출발 → 18일 10시 목포 도착 → 우수영 → 28일 홍양(고흥) 도착 → 30일 오후 5시에 순천 도착과 외국인 배척 분위기 감지 → 5월 1일 오전 7시 50분 순천 출발하여 오후 3시에 좌수영(여수) 도착 → 5월 2일 남해 출발 → 부산 도착 → 12일 제물포 도착과 다음 날 서울에 도착하였다.[4]

---

3 W. M. Junkin, "A Visit to Our New Station," *The Missionary* (July 1894): 284-287.
4 W. D. Reynolds, *Chulla Do Trip Mar 27, '94* (Along Shore from Seoul to Fusan).

레이놀즈 일행은 구체적으로 선교부 개설에 대한 논의를 시작하였다. 선교부 입지 조건은 내륙의 중심도시와 왕래가 가능한 강이나 해안가에 있는 거점으로서 그 지역을 넘어 많은 사람들을 향하여 복음을 전하고, 열매를 거둘 가능성이 있는 중심도시들이 유력하게 검토되었다. 군창(군산), 전주, 목포, 우수영(해남), 순천, 좌수영(여수) 등이 논의되었다.

군산선교부 개설 논의에 대하여 레이놀즈는 다음과 같은 근거를 강조하였다. 군산은 첫째, 육로 교통이 개발되지 않은 해안선 선교 시대에 군산은 제물포에서 기선으로 14~24시간 내 도달할 수 있어서 접근성이 좋다는 것, 둘째, 전북 내륙(전주)과 충청도(공주)에 선교자원(필수품)의 공급처로서 중요성, 셋째, 주변 인근에 많은 인구가 집중되어 복음 전도의 열매를 맺을 수 있다는 것 등이다.[5]

그동안 군산선교부 개설이 거의 확정되었다. 그런데 1896년 연례 회의는 군산 대신에 나주 선교부 개설을 결정하였다. 그러나 나주 사람들의 반외세 분위기와 선교사 배척이 심하여 이를 취소하고 곧 개항장이 되는 목포에 선교부를 두기로 확정하였다. 이에 따라 1896년 군산선교부와 전주 선교부 개설은 그대로 진행되었다. 또한 1898년에 목포 선교부 그리고 1904년에 광주 선교부와 1913년에 순천 선교부가 각각 개설되었다.

---

5 W. D. Reynolds, "Prospecting for Stations in Chulla-Do," *The Missionary* (Oct. 1894), 437.

II. 1894~1896년: 서울성 안, 서울성 밖과 호남 지역에서 선교 준비

제2차 연례 회의의 결정에 따라 테이트는 그의 여동생과 3월 중순 전주에 도착하였다. 테이트는 정해원이 다져놓은 기반 위에서 전도를 시작하였다. 성경 공부를 한 사람들 가운데 6명이 세례 신청을 하였으나, 그는 이들 중 3명은 세례를 주어도 괜찮을 것으로 생각하였다. 그런데 5월이 되자 동학농민군이 전주를 점령하자 테이트 오누이는 급히 서울로 소환되어 올라갔고, 정해원은 종적을 알 수 없이 사라져 버렸다. 이로 인하여 세례 지원자들도 세속인으로 돌아갔고, 가을에 열 전주 선교부 개설 가능성은 사라졌다.

전킨은 조사들을 데리고 1894년 4월에 2주 동안 충청남도 공주를 방문하여 복음을 전하였고, 서대문 부근에서 사랑방을 시작하여 복음 전도의 거점으로 삼았다. 레이놀즈는 인성부재에서 예배를 드렸고, 데이비스 양이 성경을 가르친 어린이들과 여자들을 인성부재로 인도했다.

1895년 실행위 보고서에 의하면, 한국선교회의 통계는 선교사 11명(1895년 4월 도착 예정인 유진 벨 부부 포함), 선교부 3개, 교회 1개(협동), 세례자 1명 추가, 세례 문의자 9명, 주일학교 1개, 주일학교학생 25명, 의료 치료를 1,500명이 받았다는 것이다.6 이 보고는 1894년에 일어난 활동의 결과와 1895년에 봄에 있을 것을 예상한 통계이다. 상기 보고를 분석하면 3개의 선교부란 서울, 군산, 전주를 포함한다. 드루와 레이놀즈의 전라도 탐사 여행을 통하여 군산에 선교부를 세울 계획이 잠정적으로 확정

---

6 *Annual Report of the Executive Committee 1895*, 24.

된 것이다.

1894년 선교사들의 서울 사역은 서울 성문 안과 밖의 사역으로 나눌 수 있다. 성문 안의 사역은 주로 협력 사역으로 북장과 연합 사역으로 복음 전도와 교회의 공동설교와 운영 등이다. 여성 선교사 데이비스와 레이놀즈 부인은 주일학교 및 여성과 어린이 사역을 했고, 미스 테이트는 여기에 동참도 했으나 전주 여행에 시간을 보냈다.

서대문 밖에서는 전킨이 가두 설교와 전도를 하였다. 전킨의 사랑방과 연계하여 의료 선교사 두루가 시민들에게 접근하여 질병 등을 진찰하고 치료하였다. 전킨은 불교 승려의 개종에 도움을 주었다. 그는 개종 후 일반인들이 입는 평상복을 입고 전킨 앞에 나타나 전킨에게 그의 승복들을 선물로 주면서 불교 생활을 완전히 청산했음을 공표하였다.[7]

미스 데이비스는 미혼여성으로 결혼 부부가 사는 집에서 함께 거주할 수 없다는 한국 풍속에 따라 1894년 봄에 딕시(레이놀즈의 집)를 떠나 서대문 밖의 시골 마을에서 북장의 교육 선교사인 미스 도티(Susan A. Doty)의 집에서 거주하면서 정신여학교에서 가르쳤다. 그녀는 한국 여성들과 어린이들을 이해하고 이들에게 맞게 복음을 전하였다.[8] 1894년 9월 18일 제3차 선교회 연례 회의가 열렸다. 그동안 선교사들은 고군분투하며 지냈다. 청·일 전쟁을 겪고 서울의 여름 날씨로 선교사들에게 발생

---

7 Ibid., 25. 참고로, 1893~1894년에 찍었을 것으로 추정되는 7인의 선교사 사진에 갓을 쓰고 손에 묵주를 든 한국인은 누구일까? 장인택으로 알려졌으나 그는 아닌 것이 분명하다. 혹시 이 한국인이 전킨에게 승복을 준 그 사람일까? 커다란 원형의 묵주를 선교사들 앞에서 보란 듯이 들고 서 있는 것은 과거에 승려였는데 지금은 개종했다는 것을 선명하게 보여주는 상징적 행위가 아닐까?

8 임희모, "미국남장로교의 첫 한국 입국 선교사 리니 데이비스 해리슨 부인(Mrs. Linnie F. Davis Harrison)의 선교활동 연구," 「선교와 신학」 55 (2021년 가을) : 255-287, 특히 264-267.

한 크고 작은 질병을 앓으며 언어능력 문제와 싸워야 했다. 1895년 서울 성안의 협력 사역에 계속하여 레이놀즈가 참여하였다. 선교회 간 협력 사역을 진행하는 가운데, 1895년 4월 14일 벨 선교사 부부(Rev. & Mrs. Eugene Bell)가 서울에 도착하였으나 남장 선교사들의 거주지역(딕시)에는 공간이 없어서 체류하지 못하게 되자 성안의 언더우드의 집에서 당분간 지내야 했다. 1895년 레이놀즈는 남대문 채플 혹은 인성부재 채플에서 거의 매일 설교를 하고, 서울 거리에서 설교를 하고, 불교 사원에서 사람들을 돕는 등 바쁜 일정을 보내면서 몸이 아픈 그의 부인을 간호하였다. 7주간 전주를 방문하여 전도하였고, 가을에는 성경의 한국어 번역을 하였다.

전킨은 서울 서대문 밖에서 이웃 주민들을 만나 매일 대화를 하였고, 진료소에서 일하는 드루를 지원하였고, 주일학교에서 가르치고, 교회에서 설교하고, 12명의 교리반을 운영하여 5명에게 세례를 베풀었다. 또한 그는 드루와 함께 봄에 군산에서 6주를 보내며 몇 사람을 만나 매주 주일 오후에 회집하여 회개, 신앙, 기도, 주일성수, 세례, 성만찬 등을 가르쳤다. 그리고 교회의 계율과 규정을 가르치고 모든 과정을 끝냈다. 특히 김영래, 송영도, 차일선 3인은 세례를 받을 수 있는 자질을 갖추었다. 드루는 서울에서 지낸 11일을 빼면 9월 29일 이후 군산에서 계속하여 활동하였고, 여름에는 콜레라와 싸우면서 가을에 전주를 방문하였다.

드루 선교사는 전킨의 사랑방 자리에서 겨울과 봄에 진료소를 내고 진료 활동을 하였다. 전킨과 함께 봄에 군산을 방문하여 각각 집을 구입하였다. 전킨은 선창가의 초가집을 구입하였고, 드루는 윤치호의 도움을 받아 관아의 일부를 구입하였고, 진료실(제약실)을 만들었다.

제4차 연례 회의가 1895년 9월 19~20일에 열렸다. 회장인 테이트의 주재하에 남자 선교사들은 탐사 여행을 보고했다. 서대문 밖에서 거주한 미스 데이비스는 특유의 친화력을 드러내면서 여성들, 소년과 소녀들에게 복음을 전하였다. 한국 여성들 1,693명이 그녀를 방문하였고, 그녀가 방문하고 기록한 가정은 80가정에 달하였고, 1,000권의 복음서 책과 전도지를 분배하였다. 데이비스 양은 아픈 자들과 가난한 자들을 수없이 도왔다. 6주간은 쉬어야 할 만큼 그녀는 끈기 있게 이러한 사역들을 행하였다. 미스 테이트는 전킨의 사역 지역에서 여성들을 돕고 복음을 전하였고 2마일(약 3킬로미터) 떨어진 마을을 방문하였다. 미스 테이트는 전주에 처음 방문한 백인 여성으로서 몇 주간동안 전주 시민들의 눈길을 끌었다.

III. 군산선교부 개설과 복음 선교(1896~1899)

군산선교부 개설 요건 중에서 첫째로 꼽은 접근성 이유는 타당성을 갖는다. 그러나 당시 수로 교통의 불안정과 불편은 매우 심하였다. 이로 인하여 군산의 전킨과 드루는 엄청난 고통을 겪어야 했다. 당시 제물포와 군산 간을 왕래하는 정기선의 부재로 인하여 이들 가정이 필요로 하는 먹거리와 생필품 등의 공급이 되지 않아 '영웅적 고난'(the Heroic Sufferings)을 감내해야 했다.9 당시 한국의 일반 가옥은 출입문 1개와 작은 봉창 1개가 달린 흙벽으로 이루어진 초가집으로 대개 사방 8자x8

---

9 "The Annual Meeting of the Presbyterian Church, South." *Korea Repository* (Nov. 1896), 457.

자(= 2.4m x 2.4m)이고, 큰 집은 8자x12자(=2.4m x 3.6m)였는데 키가 큰 서양인들에게는 아주 작았다. 더구나 이들은 실내에서 음식을 만들어 먹는 습관으로 인해, 이 작은 집안에서 음식을 만들 때 늘 화재 발생 염려를 하면서 살았다.

1896년 2월에 전킨은 군산으로 이사하였고 드루는 4월에 이거(移去)하였다. 11월에 도착한 데이비스는 수덕산 자락의 관아가 쓰던 허름한 건물을 하나 구입하였는데, 드루가 그녀를 도와서 깨끗하고 예쁘고 위생적인 집으로 만들어 만족한 생활을 하였다. 동년 4월에 전킨은 그의 집 사랑방에서 교리학교를 만들어 송영도, 김봉래, 차일선 등 3인을 원입교인 문답 시험에 합격시켰고, 7월에는 송영도와 김봉래가 세례 문답을 통과하여 이들에게 세례를 베풀고 성찬식을 거행하였다. 이로 인하여 군산 전킨의 집(사랑방) 교회가 호남 최초의 교회 즉 군산교회로 출범했고 10월에는 송영도의 딸에게 유아세례를 베풀었다.

1896년 11월 3~6일 제5차 연례 회의가 서울에서 열렸다. 이 회의는 여러 악조건을 지닌 군산선교부 대신에 나주 선교부 개설을 논의하였다. 그 이전에 전남지역 선교를 책임 맡은 유진 벨 선교사가 그의 조사 변창연에게 나주에 집을 구입하고 거주하게 하였었다. 그러나 나주를 방문한 선교사들의 출현을 바라본 가옥 매매자는 변창연의 집에서 선교사가 거주하게 될 것을 예견하고 가옥 매매계약의 무효화를 주장하였다. 집 주인에 동조한 이웃 주민들도 거세게 반발하였다. 결국 한국선교회는 나주 선교부 개설을 포기하였고, 군산의 드루와 전킨은 가열 차게 복음 전도에 헌신하였다.

1897년에 전킨은 새 신자를 찾기보다 기존 입교자들의 신앙의 질을 높이는 데 중점을 두었다. 주일은 이른 아침부터 10시까지 교리반을 가르쳤고 또한 기본 신앙과 어떻게 살 것인가를 가르쳤다.[10] 모든 교인들이 모여 기도를 인도하고 또한 기도하도록 가르치고 훈련하였다. 오전 10시에는 주일학교가 일제히 시작되고 모든 교인들과 초신자들도 참석해야 했다. 전킨은 손수 제작한 지도를 가지고 사도행전을 공부시켰다. 11시에 정규 설교를 시작하였다.

우기가 되자 전킨은 순회 전도를 할 수 없었지만 3차례의 특별 전도를 하였다. 첫 번째는 바로 금강 입구에 있는 계주라는 섬을 방문했고, 둘째 전도 여행은 배를 타고 강경에 도착하여 전도하는 여행이었다. 셋째 순회 전도는 기독교인 2명이 전킨 일행을 도와 군산과 전주천 사이의 지역을 방문했는데, 아주 만족스러운 결과를 맺었다. 이번 전도 여행을 통해 전킨은 몸 져 누어야 했다. 과로로 인한 피로 누적 이외에 그를 대접하는 정성스러운 음식들을 먹었으나 이 음식들을 소화시키지 못하였다. 이로 인하여 설사 공격을 당한 전킨은 4개월 동안 방에서 지내야 했고, 그의 부인은 남편의 질병 수발을 해야 했기 때문에 다른 일에 관심을 가질 수 없었다.

1896년 11월에 군산에 합류한 미스 데이비스는 1897년 11월 연례 회의에서 그녀의 활동 즉 주일 밤 여성 모임, 주일 소년반, 주일 소녀반, 주중 낮 소녀반, 주중 1회 모임반, 젊은 여성 성경 독서반 등을 보고했다. 이외에 그녀는 매주 군산에서 3마일(약 5킬로미터) 떨어진 거리에 있는 두 마을을 교대로 방문하여 모임을 가졌다.[11] 그녀는 1898년 6월에 전주 선교부의 해리슨과 결혼하였고 12월까지 군산에 머무르다가 1999년부

---

10 [W. M.] Junkin "A Sabbath at KunSan," *The Missionary* (July 1897) : 313–314.
11 [Linnie F.] Davis, *The Missionary* (Dec. 1897), 541.

터 전주로 이적하여 선교하였다.

드루의 경우, 1897년 서울 여행, 가족의 질병, 전킨의 장기간 질병, 이번 가을에 그 자신의 아픔 등이 겹쳐 진료소가 문을 연 날은 200일로 줄어들었다. 이 기간에 2,700회의 진료 및 치료를 했고, 작은 외과 수술은 600건에 달했다. 드루는 전단지와 쪽 복음을 1,500-2,000장을 배포했고, 기독교 소식지도 나누어주었다. 봄에는 5명의 젊은이들에게 야간 공부반을 열어 매주 1회는 세계지리학, 2회는 구약성서 이야기를 가르쳤다. 주일 저녁은 드루 부인이 오르간을 지도하는 노래반의 소년들과 젊은이들로 교실이 꽉 찼다.

1897년의 군산선교부의 통계는 다음과 같다.[12] 출석부 총인원(신규) 105명; 주일학교 평균 출석 30명; 주일예배 평균 출석 40명; 여성 평균 출석 7명; 교리문답 수료자 13명; 세례자들 7명; 보류자 1명; 기독교식 결혼 2명; 입교자 총 출석 9명; 헌금(은화, 6월부터 11월 1일까지) 26.89달러였다.

1897년 10월 27~11월 1일에 제6차 연례 회의가 군산에서 열렸다. 특별히 이번 회의에 중국과 일본 및 한국의 선교 현장을 순회하던 실행위 총무 체스터 박사가 참석하였다. 그러나 한국선교회의 회장 전킨은 병이 깊어 가까이에 있는 데이비스의 집 거실의 회의에도 참석하지 못하였다. 이 현장에서 체스터 총무는 드루의 의료선교적 기여를 높이 평가하였다. 드루는 서울에서 명성이 높았고 군산에서도 그가 치료하는 수많은 한국인들이 복음을 수용하는 것을 목격하고 그의 의료선교가 복음 전도에 얼마나 크게 효과를 미치는가를 확인했다.[13] 한편, 남성 선교사들은 실행

---

12 *Annual Report of the Executive Committee 1898*, 63.

위 총무가 참석한 가운데 매일 아침 회집하여 한국선교회의 헌법과 규정을 논의하여 확정하였고 이듬해에 중국 상해에서 출판하였다.[14]

1898년 군산선교부 내의 상황은 앞으로 향하여 전진하던 상승 기세가 꺾이고 위축되는 모습으로 변하였다. 전킨은 자주 질병을 앓았고 그의 부인은 그를 간호하는 데 시간을 들여야 했다. 드루 역시 몸이 약해지는 줄도 모르고 전도에 빠져들어 건강을 잃었다. 드루 부인 역시 환자들을 돌보느라 복음 전도에 들이는 시간은 줄어들었다. 선교사 5명 중 4명이 질병에 노출되거나 영향을 받고 있었다.

1898년 9월 19~24일에 제7차 연례 회의가 전주에서 열렸다. 이 연례 회의는 1892년 만든 2개 위원회(언어, 복음 전도)를 현실적 필요에 따라 7년이 지나서 위원회를 확대하였다. 사업(Business) 위원회, 복음 선교(Mission Work) 위원회, 회기 중에(Ad Interim) 안건들을 조정할 위원회와 성경번역위원회 등으로 세분하였다.[15] 또한 군산선교부의 장소를 군산의 동쪽으로 3마일(약 5km) 떨어진 작은 마을인 궁말의 언덕에 선교마을을 조성하기로 하였다.

군산이 개항장이 된다는 소문으로 사역이 잠시 중단되었다. 선교사들의 주거 조건이 아주 열악하여 하루빨리 5월 30일에 공사를 시작하려다가 급히 중단하고 개항장 확정을 기다려야 했다.[16] 또한 데이비스는

---

13 Samuel H. Chester, *Lights and Shadows of Mission Work in the Far East*, 117-119.

14 Southern Presbyterian Mission in Korea, *The Constitution, Rules and By-Laws of the Southern Presbyterian Mission in Korea* (Adopted Oct. 1897) (Shanghai: American Presbyterian Mission Press, 1898).

15 "Annual Meeting of the Southern Presbyterian Mission," *The Korean Repository* (Oct. 1898): 393-394.

16 W. M. Junkin, "Letter from Mr. Junkin," *The Missionary* (1898), 467.

1898년 6월 9일 전주의 해리슨(Rev. W. B. Harrison) 선교사와 결혼하여 전주 선교부로 소속이 바뀌었다. 그런데 신혼집 준비가 늦어져 해리슨 부인(Mrs. Linnie Davis Harrison)은 12월 말까지 군산에서 머물렀다. 이 시기에 해리슨 부인이 전도한 주간 여성 모임 회원 중 6명이 세례 신청을 했고, 1주일에 한 번씩 집을 방문하여 전도했던 여성 중 2명은 그리스도를 주님으로 영접하고 신앙생활을 하였다.

이렇듯이 복음 전도에 대한 집중력이 다소 떨어진 1898년에 군산선교부의 주일 아침 예배에 평균 28명이 참석하고, 출석 총인원은 440명, 교리교육 이수자 수는 여성 6명 남자 2명 총 8명이었다. 수세자는 5명이고, 교리반 등록자는 10명, 헌금은 20달러($)였다. 이러한 실적을 올린 첫째 요인은 선교사와 동역한 한국 기독교인들이 지닌 높은 전도 열정이었다. 이들은 또한 선교사와 함께 배를 타고 전도 여행을 할 때도 늘 자기들이 여행 경비를 지불하였다.[17]

IV. 복음 전도의 활성화(1899~1904)

1899년 5월 1일 군산이 개항장으로 발표되자 개항장 구역 안의 거주자들은 구역 밖으로 쫓겨났다. 이에 따라 전킨의 사랑방에 모여서 예배를 드린 교인들의 모임체로서 교회 즉, 군산교회에 다니던 기독교인들은 흩어져야 했다. 더러는 1899년 구암리 교회를 다녔고 일부는 송지동 등으로 흩어져 교회를 성장시켰다. 1899년 초에 해리슨 부인이 전주로 떠

---

17 *Annual Report of the Executive Committee 1899*, 56.

난 이후, 드루 부인과 전킨 부인이 여성과 소년과 소녀 및 어린이들에게 복음을 전하였다.

드루와 전킨은 군산에서 궁말로 이사하는 일이 시급해졌다. 궁말의 선교부 위치를 확정해야 하는 책임을 맡은 테이트와 해리슨은 도보로 걸어서 궁말 지역을 주의 깊게 살폈다. 드루의 선교용 돛단배가 드나들 수 있는 항구와 배를 묶어둘 수 있는 정박지가 필요하고 가까운 자리로 그 위의 언덕에 주택을 건축할 수 있어야 했다.[18] 먼저 4월부터 주택을 짓기로 결정하였다. 선교부 공사의 감독을 맡은 전킨이 말썽을 부리는 인부들을 설득하느라고 많은 고생을 하였다. 12월에 주택이 완공되어 전킨이 먼저 입주하였고, 뒤이어 드루도 입주하였다. 12월 21일 군산선교부가 궁말로 이사하였고 전킨의 집에서 예배를 드렸다. 이 교회가 1900년 옥구군 구암리교회로 알려졌다.

> 옥구군 구암리교회가 설립하다. 선시에(1899년에) 선교사 전위렴(William M. Junkin)과 의사 유대모(A. Damer Drew) 전도인 장인택이 당지에 래주하여 열심 전도 함으로 신자가 점가하야 예배당을 신축하고 그 후에 오인묵을 장로로 장립하야 당회를 조직하고 목사 김필수, 선교사 부위렴(W. F. Bull), 장로 양응칠 김성삼 박연세 고석주 유대남 이창규, 조사 이수현 등이 상계 시무하니라.[19]

1899년 9월 4일 제물포에서 제8차 연례 회의가 열렸다. 일본 고베에

---

18 W. B. Harrison, "The Opening of Kunsan Station, Korea," *The Missionary Survey* (Jan. 1918), 19.

19 차재명(편저자), 『조선예수교장로회 사기 상』 (서울: 한국기독교사연구소, 2018), 123.

서 활동하면서 초기 7인의 개척 선교사들과 함께 한국 선교 초기에 동역한 존슨 선교사가 "예수 그리스도를 기억하라"는 제목의 강의를 통해 선교사들에게 감동을 주었다.

1900년 9월 10일에 제물포에서 한국선교회의 제9차 연례 회의가 열렸다. 그런데 이 회의가 열리기 이전에 성격이 완전히 다른 그러나 선교와 관련되어 유익한 모임들과 회의들이 계획되어 있었다.[20] 일례로, 전국적 차원에서 성경위원회는 성경을 번역하고 반포하는 사업을 하는데 이와 관련 사항이 논의되었다. 9일 주일에는 한국에서 활동하는 개신교의 모든 선교회 대표들이 모여 신약성경의 한글판 출판을 감사하고 축하하였다. 번역에 한국선교회의 레이놀즈 선교사의 공이 컸으나 그는 당시 안식년으로 미국에 체류하여 참석하지 못하였다.

이러한 모임과 회의들이 끝나자, 전킨 회장이 지난 5월에 안식년으로 미국으로 가서 한국에 있지 않음으로써 유진 벨 선교사가 회의를 소집하였다. 회장으로 오웬 의료 선교사가 선출되었다. 그리고 서기와 회계는 유진 벨 선교사가 맡았다.

한편, 군산에서 16마일(25km)이나 떨어진 송지동에 사는 기독교인들이 집을 구입하여 예배를 드렸다. 그들은 군산교회에 다니던 최홍서에게 가르침을 받고 예배를 드리고 교회 생활을 하였다. 매주 30~60명이 모여 예배를 드렸는데 군산선교부에 속하게 되었다.[21]

1900년에 옥구군 지경리교회가 설립하다. 선시에(1897년에) 선교사 전

---

20 W. F. Bull, "Interesting Meeting in Korea," *The Missionary* (Feb. 1900) : 78-79.
21 *Annual Report of the Executive Committee 1899*, 57.

위렴과 당지인 최홍서가 협력 전도하야 신자가 초진함으로 예배당을 신축하얏고 기후에 최홍서를 장로로 장립하야 당회를 조직하고 김옥여 고성모 장로로 계속 시무하니라.[22]

1901년 군산선교부 선교사들의 실행위 보고는 다음과 같다.[23] 드루의 보고인데 1) 미국에서 지원된 자금으로 1901년 초에 군산의 한국인 7인이 서울로 가서 신학반에서 훈련을 받았고, (성령의) 불을 받은 이들은 서울에서부터 군산까지 복음 전도를 하면서 돌아왔다. 2) 드루 의료 선교사는 기독교인으로 구성된 선교단을 조직하고 이들과 함께 군산에서 8km 이내의 모든 마을들을 방문하여 기독교 서적을 팔고 복음을 전하였다.[24] 3) 내역을 살피면, 권서 사역으로 830권의 성경책을 팔았고 2,000장의 전도지를 돌렸다. 4) 수많은 마을과 시장에서 설교를 했고, 1,200명의 개인들에게 복음을 전했다. 5) 드루는 군산 앞바다의 수많은 섬들을 방문하였고, 강을 따라 7~8번 전도 여행을 했고, 7,000권의 성경책을 팔았는데 가격은 1,200엔(금 120달러)에 달했고, 17,000장의 전단지를 돌렸다. 6) 주일과 수요일 저녁에 출석자들은 평균 궁말 20~35명, 만자산 25~40명, 송지동 50~70명 등이다. 7) 이러한 숫자들은 11명의 한국 기독교인들이 행한 것인데, 이들은 금전적 보상을 전혀 원하지 않았다. 8) 이에 매진하다 보니 드루는 건강을 되찾지 못할 정도로 힘들어졌다. 결국 그를 실행위가 본국으로 거의 강제로 소환하여 안식년 휴식을 취하게 하였다.

---

22 차재명(편저자), 『조선예수교장로회 사기 상』, 123.

23 *Annual Report of the Executive Committee 1902*, 61-62.

24 (Clement C.)Owen, "Ninth(Tenth) Annual Meeting of the Korean Mission," *The Missionary* (April 1902), 193.

1901년 5월 14일에 불(William Ford Bull)과 앨비(Elisabeth A. Alby)가 결혼하였다. 불은 1899년 12월에 한국에 도착하였고 앨비는 1900년 11월에 입국하였다. 이들 커플은 언어 공부에 집중하였다. 불 선교사는 그 자신의 집을 지었고 드루의 사역을 돕고 또한 강을 따라 몇 번이나 전도여행을 하면서 시골 지역을 방문하였다. 그리고 불은 군산선교부의 남자 성경반을 지도하였다. 전킨 선교사는 10월 안식년 휴가로부터 복귀한 후 곧 세 지역의 외곽전도처(Outstations)를 방문하고 정규적으로 드리는 주일과 수요일 저녁 예배를 인도하고 군산선교부의 주일학교를 담당하였다.

1901년 군산선교부 내의 교회의 현황은 다음과 같다. 교인들 100명, 학습 교육 이수자 50명, 헌금: 군산(구암) 21.50엔, 남차문 7엔, 만자산 35엔, 통사동 2엔, 송지동 14엔, 합계 79.50엔이었다. 금년(1901)은 기근이 심하여 거의 곡식을 거둘 수가 없었다. 이러한 어려움에도 불구하고, 교회는 교인 수와 영향력과 영성에 면에서 실질적으로 성장하였다.

1902년 군산선교부의 선교활동에 대한 분석은 다음과 같다. 1901년부터 군산 지역은 기근이 시작되어 차츰 심각하게 되었다. 이는 1899년 군산이 개항지로 공표되면서 인구이동이 일어났기 때문이다.[25] 전통적인 농업사회의 농민들과 어민들이 직장을 찾아 개항지로 몰려들고 농업 생산량 감소와 산업구조의 붕괴가 일어나고 여러 사회문제와 자연재해가 일어났다. 더구나 군산의 개항은 일제의 쌀 수탈과 이를 수출하는 항구로서 역할이 계획되었다. 이러한 변화 과정에서 가난한 농민들이

---

25 김태웅, "제3장. 군산부 주민의 이동 사정과 계층분화," 『새만금도시 군산의 역사와 삶』 (서울: 선인, 2012), 89. 이 통계의 출전은 群山府史, 1935, 18-19.

기근과 질병에 제일 먼저 노출되고 누구보다 고통을 심하게 겪었다. 이 농촌지역의 교회들은 구암리교회, 남차문교회, 통사동교회 및 송지동교회 등이다.

이 교회들의 성도들이 가난과 기아로 인한 고통을 심하게 겪었다. 대개 이러한 기아의 고통을 연단의 과정으로 받아들였는데, 군산교회도 이렇게 이해한 듯하다. 이러한 기아를 이기려는 신앙적 투쟁을 하는 가운데 목포의 오웬 선교사와 한국 기독교인들이 후원격려금 33엔(16.50달러)을 보내왔다.26 이러한 격려를 받으며 1902년에 군산교회는 47명의 영혼을 추수하였다. 작년보다 교회 하나를 더 조직하였다. 이로 인하여 군산교회는 하나님께 찬양을 드렸다. 그리고 주간 소년학교가 유지되어 더 많은 소년들을 가르칠 수 있었다. 금년 통계는27 헌금 46엔(기근), 금년에 늘어난 교인들 47명, 교리교육 수료자들 42명, 총인원 131명(9명은 유보자들)이었다.

1903년 군산선교부의 보고서에 의하면 전킨과 불 선교사의 업적은 다음과 같다.28 우선 전킨은 이 기간에 복음 전도차 고군산열도를 가려고 시도하였으나, 뱃사공의 실력 문제와 기상 조건의 악화로 되돌아와야 했다. 그는 그동안 군산선교부에 최소 6개의 교회들을 개척하고 성장시켰다. 우선 만자산교회를 보면, 최홍서의 덕으로 잘 성장하였다. 그는 집사와 장로를 결합한 일을 충실하게 해 내면서 교리문답반을 잘 가르치고 모든 예배를 주관하고 있었다. 교회 부채가 100냥 정도 있었는데 다

---

26 Mary Leyburn Junkin, *Letter: My Precious Mother* (Jan. 4, 1902, Kunsan, Korea), 2.

27 *Annual Report of the Executive Committee 1903*, 78.

28 "Kunsan Station," *Reports of the Southern Presbyterian Mission in Korea, 1903* (Seoul: Press of the Methodist Publishing House, 1903), 6–50.

갚았고 총 228냥을 교회에 바쳤다. 12명이 교회에 입교하려 했으나 4명만 허락되었다. 8명은 이번 가을에 시험 보려는 사람들과 공부를 하고 있다. 이전에 입교한 자가 배교를 했는데 죽기 2~3주 전에 그리스도를 주님으로 마침내 고백하고서야 교회가 그를 다시 받아들였다. 최홍서는 이 교회의 지도자로서 군산선교부의 첫 장로가 되었다. 둘째, 남차문교회는 200냥을 들여 건물을 세웠는데 총 330냥을 교회에 헌금하였다. 이 교회도 교인들이 급성장하였는데, 16명이 교회에 입교했고, 11명이 교리반 수료자로서 교회에 들어왔고, 모든 어린이들이 세례를 받았다. 셋째, 송지동 교인들은 133냥을 교회에 헌금하였다. 6명이 입교하였고 6명은 교리반에서 공부를 하였다. 이 교회는 교인들 간에 싸움이 잦아서 영적 쇠퇴기에 들어서고 있다. 넷째, 성말교회는 처음으로 시험을 치른 자 중 입교자 3명과 교리반에서 공부하는 9명이 83냥을 헌금하였다. 다섯째, 선돌교회는 김제군에 있는 새로운 지역의 교회인데, 30명이 매주 모였고 지도자 1명이 가르쳤다. 이들은 15냥을 헌금했는데, 사이비 교인이 교회 돈을 훔쳐 달아나버렸다. 여섯째, 충청도의 한산 지역에 전킨이 처음으로 방문하여 교리반 수료자 21명으로 한산교회를 조직하였다. 이들은 95냥을 헌금하여 깔끔한 모임처를 조성하였다. 이외에, 전킨은 문서 전도로 1,200장의 전도지를 돌렸고, 1,700권의 성경·전단지·찬송가를 팔았고, 500개의 달력을 팔았다. 전킨은 1903년에 교회 두 개를 세우고 교인 29명과 교리반 수료자 55명을 신입으로 받았고, 총 1,080냥을 헌금하였다. 전킨을 돕는 전도사로서 양응칠은 예배, 심방, 훈계, 권면, 화해 등으로 교인들을 매우 능력 있게 가르쳤고 매우 정직하였다. 교회가 그에게 사례금을 드리면 이를 전킨에게 맡겨 회계장부에 기록하고 지급하도록 했다.

1903년에 불 선교사는 먼저 어학 공부를 오긍선과 함께 하다가 진전을 보았으나, 그가 1903년 2월 미국 유학을 떠남으로써 한국어 공부 진전이 약간 느려졌다. 그동안에 불 선교사는 매 주일에 남자성경반과 주일 저녁에는 여성성경반을 가르쳤다. 주간에는 남학교에서 음악과 체육을 가르치기도 했다. 년 초에는 전킨 선교사를 따라 만자산교회, 남차문교회, 송지동교회, 성말교회 등을 방문하여 세례 지원자들이 치르는 시험 현장에서 이들을 관찰하였다. 그리고 한국인 전도사의 도움으로 불 선교사는 전주 선교부 메쿠첸 선교사와 함께 강을 건너 충청남도 서천을 방문하여 뜻밖에 40명이 모이는 예배 회중을 만났다. 만자산교회의 교인이 서천으로 이사를 와서 조직한 모임체였다. 이 교인이 처음으로 서천에 왔을 때 기독교인은 없었다. 그런데 이 교인은 궁말교회로 다니면서 처음으로 불 선교사를 만났고, 그 후 서천에서 한국인들을 모아 가르치고 서천 교인들이 이번에 입교 시험을 치렀던 것이다.

충청도 한산(후에 종동교회 혹은 종리교회)은 서천에서 20리 떨어진 곳인데 여기에 15~30명이 모이는 예배처가 있었다. 이 교회는 두 개의 회중 즉 여성 회중과 남성 회중으로 구별하여 모두 궁말교회로 와서 예배를 드렸다. 그러나 서천교회 형제들이 교회 건물을 구입하고 돈까지 지불하였다. 그런데 서천 지역에 있는 불교 마을이 다른 종교(기독교)를 허락하지 않고, 기독교인들이 외국인들을 위하여 교회 건물을 사면 불법이라고 했다. 그러나 이 당시 외국인을 대리하여 한국인들이 건물이나 토지를 구입할 때 법적으로 별 문제가 되지는 않았다. 한편, 서천에 배를 타고 갈 때 160호가 거주하는 신아포를 지나야 하는데 이 마을의 한 가족이 세례를 받은 궁말교회의 교인이었다. 부모와 어린이 등 3명의 가족으로 가장은 선생으로서 한산의 주일학교(Sunday School)에서 가르

쳤다.[29]

　1903년에 군산선교부가 각각 선교사들의 실적을 기록하고 결론으로
작성한 선교부 보고서에 의하면, 1903년 현재 군산선교부는 전북에는
궁말, 만자산, 남차문, 송지동, 성말, 선돌에 교회를 세웠다. 충청남도에
는 서천과 한산에 교회가 섰고, 신아포에는 세례받은 1가족이 살고 있고
또한 4명의 교인들이 궁말교회에 출석하고 있었다. 관아가 있는 임피
부근의 마을 즉 궁말에서 30리 떨어진 마을에 6~7명의 세례 관심자들이
살고 있다는 것이다. 또한 군산선교부는 1903년에 31명에게 성인 세례
와 15명에게 유아세례를 베풀어 총 46명의 세례자들을 배출했다. 이들
을 더하면 총 162명의 수세자들이 군산에 살고 있고, 세례받기를 원하는
65명이 대기하고 있다. 최흥서 장로와 양응칠 목사 지망생을 금년 연합
공의회에 대표로 파송하였다. 1903년에 군산선교부 내의 교회 건축을
위하여 헌금 1,223냥이 모아졌다.[30]

---

29 "Kunsan Station," *Reports of the Southern Presbyterian Mission in Korea*, (1903) :
　7-12.

30 Ibid., 54-55.

제 2 부

군산선교부의 복음 전도 활동
(1904~1940)

3장

군산선교부의 복음 전도의 활성화
(1904~1920)

I. 복음 전도위원회의 활성화

1904년부터 한국선교회의 연례 회의록이 공식적으로 작성되고 인쇄
되어 배포되었다. 이전의 한국선교회의 선교 초기의 연례 회의의 소집,
진행, 논의 및 결과 등이 체계적으로 정리되어 보관·관리되지 못하였고,
한국에서 발행된 영자지 「Korea Repository」나 「Korea Review」 및
미국에서 발간되는 남장의 선교 기관지인 「The Missionary」나 주간지
인 「Christian Observer」 등에 이러한 회의들에 관한 보고들이 알차게
실리지도 않았다. 이러한 상황에서 본 글은 1904년 이후 연례 회의에서
중심 역할을 하는 복음 전도위원회가 결정한 선교사 배치, 순회전도, 교
회 개척 및 성장, 남·여 성경반 운영 및 주일학교 운동 등을 분석한다.

특히 여기에서는 복음 전도 선교사들의 활동과 이들을 돕는 한국인
남성 조사나 신학도 및 목회자로 양성한 내용을 살펴본다. 이를 위하여
선교사들이 교육한 성경교육과 한국인 목사 양성 정책을 분석한다. 뒤이

어 한국선교회의 여성 지도자 즉 전도부인이나 여성 조사를 위한 성경 교육을 간략히 분석할 것이다.

II. 교세 확장을 위한 남자 선교사들의 복음 전도

우선 이 시기 복음 전도 선교사들의 업무 내역을 주로 확인할 필요가 있다.[1] 또한 이들 이외에 업적이 뚜렷한 여성 선교사 등의 활동도 언급하려 한다. 한편, 1904년에 선교부들의 지리적 경계를 조정했는데, 전주 선교부에 대하여 군산선교부에는 송지동, 남차문, 만경, 옥구, 임피, 함열, 농안 등이 포함되었다.[2]

1. 불 선교사(Rev. William Ford Bull: 부위렴, 1899~1920)

불 선교사는 1904년에 전주 선교부로 이명한 전킨의 군산 사역을 이어받았다. 그는 1904~06년에 선교부 밖의 외곽 기도처를 운영하였고, 조사 김치만과 박화성을 지도하였다. 1907년에 불 부부는 안식년 휴가를 받아 미국에서 재충전을 하였다. 한국 복귀 후 1908년 불은 충청도의 한산, 임천, 홍산에서 그리고 전북의 전주-군산 간 신설도로를 따라 북부와 동부 지역을 맡아 복음을 전도하였다. 이때 그는 조사 김치만과 김오계(Kim Oh Kye)를 지도했고, 군산선교부의 도서실과 회계업무를 담당하

---

1 *Minutes of the Annual Meetings of the Southern Presbyterian Mission in Korea* (이하 SPMK), 1904~1920.

2 *Minutes of the Annual Meetings of SPMK,* 1904, 18.

고, 성경훈련반의 광주 학생들 교육을 도왔다. 1909년에 한산, 임천, 홍산 지역(충청도), 임피, 함열, 용안 지역을 맡았고, 상기 2인의 조사들을 지도하였고, 구암의 여학교를 건축하고 평양신학교(이하 평신)에서 강의를 하였다.

1910년에는 교회를 담당하고, 구암 건축 작업을 감독하고, 6주간 평신에서 강의하였다. 또한 목포 남자 성경 훈련반을 도왔고, 1911~13년까지 복음 전도 특히 시골지역 교회를 담당하였다. 1912년에는 남자 성경 훈련반과 병원 이외의 모든 건축공사 책임을 맡았고, 1913년에는 남자성경반을 책임 맡았다. 1914년 부안, 김제, 옥구와 익산의 남부 지역에서 복음 전도를 하였고, 전북 북부 지역 즉 해리슨의 복음 전도 지역을 보조하였고, 평신 2학기에 강의하였다. 1915년에는 남부 지역 복음 전도, 1916년 6월 1일부터 안식년 휴가를 갔고, 군산에 복귀한 후 1917~1920년 기간은 남부 지역과 궁말교회와 군산교회들을 담당하였다. 1919년 6월 이후 멕어첸 선교사의 휴가로 인하여 북부 순회 지역으로 한산, 서천, 비인을 담당했고 또한 평신에서 1학기 강의를 맡았다.

2. 해리슨 선교사(Rev. William Butler Harrison: 하위렴, 1904~1908; 1913~1920)

1904~1906년에 초등과정의 군산남학교 교장으로 활동하면서 기독교 남자중학교(고등과 포함)로 발전시킨 해리슨 선교사는 궁말교회를 담임하면서 사방 20리 안 지역에서 복음 전도를 하였다. 군산선교부의 회계로 사역하면서 교과서를 번역하고 순회 전도를 하였다. 또한 목회와 신학 훈련 후보자인 양응칠을 지도하였다. 1907년 5월 말까지 전북의

북부 지역 순회 전도와 구암교회 목회를 한 그는 남학교 교장으로서 학교 교사인 김창국과 조사인 양응칠과 김옥여(Kim Ok Yer)를 지도하였다. 군산선교부의 여러 건축을 감독하다가 1907년 6월 1일부터 안식년 휴가를 떠났다. 이때 1903년 북감리교의 간호 선교사로 입국하여 한국 최초의 간호학교를 세운 에드먼즈(Margaret Jane Edmunds, 1871~1945)와 1908년에 결혼하였다. 그는 부인과 함께 1909년 9월 한국으로 복귀하여 목포 선교부로 배치되어 군산을 떠났다.

1913년에 군산으로 다시 부임한 그는 전북 동부 지역인 전북 함열, 용안, 충청남도의 임천과 홍산의 남부 지역에서 복음 전도를 하였다. 1915~18년까지는 동부 지역 교회를 담당하고 1916년 6월 이후 불 선교사의 안식년 휴가로 인하여 남부 지역의 반을 담당하였다. 1919~1920년에 남학교 교장, 동부 지역 순회 담당, 임천·홍산·남포 지역(북부 순회 지역)을 맡았고 1920년에는 전라북도 남성성경학원(Men's Bible Institute) 전북 대표로 활동했다.

3. 얼 선교사(Rev. Alexander Miller Earle: 어아력, 1904~1911)

얼 선교사는 1904년 군산에 도착하여 어학훈련을 하였고 1907년에 옥구 지역과 충청 지역의 복음 전도를 책임 맡았다. 이외에 회계업무와 군산선교부 내의 건축 상황을 점검하고 감독 보조를 하였다. 또한 얼은 조사인 김치만과 윤 부인(Mrs. Yun)을 지도하였다. 그는 1908~09년에 남학교 교장으로 활동하고, 충청도의 비인·서천·남포 지역, 전북의 전주-군산 간 도로의 남부와 서부 지역의 복음 전도를 담당하고, 조사 양응칠과 최흥서를 지도하면서, 군산항 지역도 맡았다. 1909년에는 도서실을 담당하고, 일반 성경학교에서 가르쳤다. 1910년에는 옥구 지역의 복음 전도 사역을 하고, 도서실 업무를 담당한 그는 1911년 안식년 휴가 후 복귀하지 않았다.

4. 멕에천 선교사(Rev. John MacEachern: 매요한, 1912~1928)

1912~1915년까지 어학 공부를 하면서 1913년에 시골 교회 방문한 멕에천 선교사는 1914~1920년까지 북부 지역으로 충청남도 서쪽 비인·남포·서천·한산과 홍산에서 복음 전도를 하였다. 불 선교사의 안식년으로 인하여 멕에천은 1916년 6월 1일부터 남부 지역의 반을 담당하였다. 1917년에는 궁말교회를 담임하고, 1919년 6월 1일부터 안식년 휴가를 다녀왔고, 1920년 복귀 후 북부 지역을 맡았다.

III. 한국인 남성 지도자 양성과 복음 전도

한국선교회의 설립 목적은 한국인들의 영혼 구원과 구원받은 이들을 모아 한국에 장로교회를 세우는 것이었다. 이들은 성경 교육을 통해 교회에 입교한 남성들에게 교회 생활을 가르치고, 목회와 신학을 교육하여 지도자 즉 목사나 장로를 세우는 일이 중요하였다. 여기에서 중요한 역사적 전개 과정을 간략히 논하고자 한다.

1. 네비우스 3자 정책 채택

남장 선교사들은 1892년 11월에 한국선교회를 조직하고 1893년 1월에 북장과 호장과 함께 장로교공의회를 조직하고 선교지 분할 예양 협정(Comity)을 맺고 네비우스 선교 정책 즉 '3자 원리'를 채택하였다. 네비우스는 중국 산동에서 선교를 하면서 기존 선교 정책에 대하여 새로운 관점을 가졌는데, 한국의 북장 선교사들이 이들 부부를 1890년 6월에 초대하여 2주간 모여 논의하고 선교 정책을 확정하였다. 남장의 한국선교회도 이를 받아들여 호남 지역의 선교에 적용하였다.

이 정책의 핵심은 다음과 같다.[3] 첫째는 선교사의 개인적 순회 복음 전도, 둘째는 자립 전도 즉 신자 각인은 타인의 선생이 되어 전도한다. 셋째는 자립 정책으로, 무급 지도자들과 유급 조사(Helper)들이 지역과 전국 지도자가 되도록 훈련받는다. 넷째는 자립 보급 즉 예배당은 신자 스스로 건축하고 조사 봉급을 주고 목사 봉급을 책임진다. 다섯째는 조직적인 성경 공부로 성경반을 운영한다. 여섯째는 성경에 의한 훈련과 치리를 받는다. 일곱째는 다른 단체(교회)들과 협력·연합하고, 지역을 분할하여 전도한다. 초기 한국교회는 이러한 네비우스의 선교 정책, 즉 자치(Self-Government), 자립(Self-Support), 자전(Self-Propagation)을 토대로 성장하였다.[4]

---

3 Charles Allen Clark, *The Korean Church and the Nevius Methods* (New York: Fleming H. Revell, 1930), 33-34.

4 Peter Beyerhaus, *Die Selbständigkeit der Jungen Kirchen als missionarisches Problem* (Wuppertal-Barmen: Verlag der Rheinischen Missions-Gesellschaft, 1956), 219-227.

2. 1896년 레이놀즈의 현지교회 지도자 양성 정책[5]

레이놀즈는 당시 미래의 한국교회를 바라보며 교역자 양성 정책을 피력하였다. 그는 당시 순수한 신앙과 구원보다는 경제적 이득이나 정치적 이해관계를 따지며 교회를 다니는 사람들을 눈여겨 본 듯하다. 이러한 상황에서 그는 한국인 교역자 양성에 대하여 자기희생적이고 자기신뢰적이며 자기자존감을 가진 교역자 양성을 추구하였다. 이를 구체화하기 위하여 3가지를 하면 안 되는 것과 해야 할 것 4가지를 나열했다.

우선, 하면 안 되는 것(Don't)은 (1) 어떤 이를 교역자로 훈련할 생각을 가지고 있을 때 오랫동안 그에게 알리지 말 것, (2) 외국 돈으로 설교자나 전도사를 채용하지 말 것, (3) 선교 사역 초기에는 그가 교육받을 수 있도록 미국에 보내지 말 것이다.

또한 할 것(Do)으로는 (1) 그에게 높은 경지의 영적 경험을 고양하게 하고 무엇보다 성령의 사람이 되도록 노력하게 하라. (2) 하나님의 말씀 안에, 기독교의 기본적인 사실들과 진리 안에 철저하게 그를 세우게 하라. (3) 예수 그리스도의 선한 병사로서 힘든 일을 견뎌내는 젊은 목사가 되도록 훈련하라. (4) 한국 기독교인으서 문화와 현대문명을 향상시키고 한국인 목회를 위한 기본 교육을 제고하라.

레이놀즈의 한국인 교역자 양성 정책은 네비우스의 3자 정책을 기본 배경으로 구체화 된 것이다. 특히 자립 정책을 실시하는 가운데 한국인 교역자들의 고통은 적지 않았다. 그는 교회가 반 정도를 지급하고 선교회가 시장 물가와 연동하여 얼마를 지급하는 안을 제안하고 또한 경제력

---

5 W. D. Reynolds, "The Native Ministry," *The Korean Repository* (May 1896) : 199-202.

이 약한 2~3개 교회를 1인 목회자가 담당하는 안도 제안했다.[6] 이러한 자립 대책에 대하여 노회가 목회자구제비를 설정하여 최소한의 금액을 지급하기도 했지만, 목회자나 전도부인들이 이 경제적 고통(가난)을 견디는 것은 쉽지 않았다.[7]

3. 한국선교회의 목회자 훈련학교와 평양신학교

1) 1899년 2월 남장 최초 훈련학교(신학교)

1899년 2월에 전주에서 전킨과 레이놀즈가 한국선교회 최초의 훈련반 다시 말하면, 영아기적 예언자학교(신학교)를 열었다.[8] 과목으로는 레이놀즈가 구약성서 역사·성서신학, 전킨은 성서 지리학·그리스도의 생애·복음서들의 조화 등을 가르쳤다. 여러 선교부에서 14명이 참가하였고, 2주간 공부를 했다. 그들의 여비는 그들 스스로가 마련하였다.

학생들이 알아들을 수 있는 능력에 따라 단기로 몇 개의 반으로 나뉘었다. 지리학을 예로 들면, 신학교 1학년 과목으로서 2개월 과정이다. 공부에 익숙하지 않은 학생에게는 시련의 과정이지만, 곧 열심히 공부하게 되고 칭찬할 만하게 진보를 이루었다. 주일 오후에는 이들은 거리에 나가서 거리 예배를 드리고 군중들 앞에서 각자 5분 설교를 하였다. 신학

---

6 Ibid., 201-202.

7 Li, Tin Nok, "The Chasm between Aspiration and Reality – Problems of the Nevius Methods Examined through Korean Bible Women's Lives (1890s~1930s)," 「선교신학」 72집 (2023): 53-96.

8 W. M. Junkin, "A Korean Thelogical Seminary," *The Missionary* (Oct. 1899): 453-454.

교 1학년 학생들 중에서 일부는 짧은 시간에 모든 신학 과목들을 소개받으려 한다. 교수들의 제안에 따라 5분 이야기를 하면서 오후를 보내기도 한다. 전주 선교부의 선교사들이 2번이나 식사에 초대하였다. 마지막 날에는 필기와 구두시험을 보았다. 지리학 필기시험을 예로 들면, 성서 지도 그리기와 25문제를 냈는데, 전원이 합격하였다. 1명이 98점이고 대부분의 학생들이 70점 이상을 받아 합격하였다.

2) 1905년 군산선교부는 3종류의 성경 교육을 실시하였다

첫째, 한국선교회 성경 교육(Mission Class)으로 음력 1월 1일부터 18일까지 진행되었는데, 76명이 등록하였고 경비의 반을 선교회가 부담하였다. 교사로는 북장 평양에서 거주하는 선교사 리(Graham Lee), 목포의 오웬 그리고 불과 해리슨이 가르쳤다. 저녁 대회에는 실질적 주제가 논의되었고 개인적 관점들의 상호 교류가 이루어져 대단히 성공적인 교육이었다는 평가가 있었다.

한국선교회의 1907년 교과과정위원회는 1904년에 추천된 교과과정9을 다음과 같이 수정하였다. 1907년의 교과과정은 표1과 같다.

<표 1> 교과과목10

Class 1 (1학년)	Class 2 (2학년)
공관복음서 중 하나	출애굽기
성경 지리학	그리스도의 생애
창세기	소요리 문답 1-26까지

9 *Minutes of the Annual Meetings of SPMK*, 1904, 19-20.

Class 3 (3학년)	Class 4 (4학년)
구약개론: 여호수아부터 사울까지, 삼상 집중	소요리 문답: 끝까지
소요리 문답: 27-62까지	서신서: 우선하여 로마서 혹은 히브리서
비유에 대한 설교학적 연구	교회사 특강, 정치, 성령, 설교학 보충
Class 5 (사역자 과정)	
로마서 연구 혹은 죄와 구원	
설교 준비와 전달	
개인 사역	

둘째, 군산선교부 성경 교육(Station Class)으로 2월 9일부터 2주간 실시되었는데, 62명이 자비로 모든 경비를 부담하였다. 젊은이들과 보통보다는 좀 잘사는 사람들로 구성된 이 클래스는 대부분이 농부 기독교인들로서 공부에 익숙하지 않고, 좁은 세계관 속에서 살다 보니 2주의 단기간에 큰 진보를 이루지는 못했다. 그러나 이들이 증언은 대단히 감동적이었다.

셋째, 성경반은 13곳의 외곽 기도처(Outstations)에서 1주간 진행되었다. 이 중 9곳에서는 선교사가 가르쳤고 1명 혹은 2명 이상의 조사들이 보조하였고, 4곳의 성경반은 조사들이 진행하였다. 7곳에서는 남자반과 여자반으로 구성되어 엄격하게 시간을 지키는 강의라기보다는 참석자들이 얼마나 오래 견디느냐에 따라 강의 시간이 조절되었다.

3) 각 선교부가 실시하는 1907년 2주간 교회지도자 양성 성경반

여기에서 군산선교부가 실시한 성경반으로 1월 16일 개강하여 2주간 진행하였다. 교사들은 군산선교부 내에서 선정되었고, 보조교사 2인을

---

10 *Minutes of the Annual Meetings of SPMK*, 1907, 29.

두었다. 교사들은 서울이나 전주에서 1인을 선정하고 우선 밸 선교사로 하되 교체 시 프레스턴 선교사로 한다. 한국선교회는 능력 면에서 양응칠은 신학생 교육보다는 조사 교육을 받을 것을 추천하였다.[11]

1908년 훈련반은 광주 선교부가 음력 새해 시작에 맞춰 바로 시작하고, 그 뒤를 이어 즉시 군산선교부가 훈련 과정을 개설한다. 교사로는 오웬 선교사가 군산의 훈련 교실을 돕고 한국인 변창연이 또한 군산선교부를 돕는다. 불 선교사는 광주 선교부의 훈련 교실을 돕는다. 한편 보통과정(Normal Class)은 전주 선교부의 후원으로 개설되는데, 12월 28일부터 시작하여 1달 반 동안 진행된다.

또한 지도자 교실(Leader's Classes)이 있다. 이는 각 선교부가 가끔씩 여름에 1주간의 과정으로 여는데, 경비는 자부담이다. 윤식명과 임성옥은 광주 선교부 교실을 돕고, 변창연과 김창국은 전주를, 최대진과 이원필은 군산을 그리고 최중진과 김필수는 목포를 도왔다.[12] 이 과정을 이수한 자들은 장차 평양신학교에서 공부할 가능성이 높았다.

4. 평양신학교 개교와 1904년 한국선교회의 4인의 목사 후보생 추천

1901년 9월에 장로교선교회공의회는 신학교 설립안을 의결하였다. 6인의 신학교육위원회를 구성하고 신학반(Theological Class)을 지도하고, 학교명을 대한야소교장로회신학교로 정하고 줄여서 평양신학교(이하 평신)로 불렀다. 1903년에 각 지방공의회에 신학 후보생 추천을 의뢰

---

11 *Minutes of the Annual Meetings of the SPMK*, 1907, 22.
12 *Minutes of the Annual Meetings of the SPMK*, 1908, 40-41.

하였고, 목사 후보생 6명을 5년 3개월 과정으로 공부를 시켰다.[13]

1904년에 17명이 추천되어 이전에 공부를 시작한 6인은 2학년에, 금년에 추천받은 15인은 제2기로 1학년에, 서경조와 한석진은 조사 예비과정을 마치고 다년간의 교회 시무를 감안하여 3학년에 편입하였다. 한국선교회(전라공의회)는 1904년에 김필수, 윤식명, 최중진, 김창국 등 4인을 추천하였으나 앞의 3인은 제2기로 1학년에 입학하였고, 김창국은 나이가 너무 젊어서 당시에 입학하지 못하고 6년 후 8기로 입학하였다. 당시 평신 교육은 3개월은 출석하여 공부하고 9개월은 현장에서 실습하고 숙제를 받아 자습하는 형식으로 이루어졌다.

5년간의 공부를 마치고 1909년, 2기로 졸업한 전라공의회(한국선교회)의 학생들로 김필수는 전주 선교부로, 윤식명은 목포 선교부로 그리고 최중진은 전주 선교부로 배치되었다. 이들의 교과과정은 주로 성경을 중심한 교과였다. 1920년부터 1년을 두 학기로 3개월 반씩 춘추로 나누어 교육하였다.[14] 각 공의회(후에 전라노회, 전북노회 등)에서 신학생으로 추천되어 공부하고 졸업한 후 호남 지역에서 목회한 전라공의회 소속의 목사들과 후에 전북노회 소속의 대표적 목회자들을 다음과 같다.

1기(1907): 이기풍(제주 선교사), 2기(1909): 김필수·윤식명·최중진

5기(1912): 김병농(전주 서문교회)·최대진, 6기(1913): 김성식·임성옥

7기(1914): 김인전·유내춘·이원필·이재언

8기(1915): 김창국·이자익·이경필, 10기(1917): 김성원·김응규

---

13 장로회신학대학교 100년사 편찬위원회(집필자 김인수), 『장로회신학대학교 100년사』 (서울: 장로회신학대학교, 2002), 76-82.

14 김광수·안광국, 『장로회 신학대학 70년사』 (서울: 장로회신학대학, 1971), 33.

11기(1918): 이창규, 13기(1920): 배은희, 16기(1923): 홍종필
17기(1924): 이춘원, 25기(1932): 고성모 등이다.[15]

IV. 여성 선교사들과 전도부인들의 복음 전도 활동

1. 복음 전도 여성 선교사들

1) 불 부인 선교사(Mrs. Elizabeth A. Alby Bull)

불 부인 선교사는 1904년에 전킨 부인이 군산에서 진행한 주일학교 사역과 지역 여성들을 위한 복음 전도 사역을 인계받았다. 1907년에 불 부부는 안식년 휴가를 받아 미국에서 휴식하였고, 불 부인은 1908~1912년 여학교 교장으로 활동하면서 지역 여성과 어린이 전도 사역을 하였다. 1914~1915년에 여성과 어린이에 대한 복음 전도 사역, 1916년 6월 1일부터 안시년, 1917년 군산 복귀 후 지역 복음 전도를 1920년까지 행하였고, 1918년에 여학교 교장으로 활동했다.

2) 해리슨 부인 선교사(Mrs. Margaret Edmunds Harrison)

해리슨 부인은 목포에서 군산으로 이전한 1913년부터 복음 전도 사

---

15 여기 이름들은 전북노회록과 장로회신학대학 동문회 명부에서 확인 가능하다. 이외 상당 수의 지도자들이 있을 것인데 보다 면밀하게 검토하여 추가할 필요가 있다.

역 특히 선교부가 요구하는 사역을 행하였다. 1914년부터 1920년까지 지역의 여성과 어린이들에 복음 전도 사역을 행하였고, 특히 1915년 멜볼딘여학교 산업교육을 서서평 선교사와 함께 행하였고, 1915~1916년에는 병원의 부간호사로 활동하였다.

3) 얼 부인 선교사(Mrs. Eunice Fisher Earle)

얼 부인은 1907~1910년까지 언어 공부와 지역의 여성과 어린이들에게 복음을 전하는 사역을 보조하였다. 그리고 1911년에 안식년을 떠났으나 군산으로 복귀하지 못하였다.

4) 독신 여성 선교사 다이사트(Miss Julia Dysart)

다이사트는 1907년에 군산에 도착하여 어학 공부를 1909년까지 진행하였고, 1908년에 여학교 사역을 했다. 1909~10년에는 군산항에서 여성 복음 전도를 행하면서 지역에 대한 순회 전도도 행하였다. 1911~1913년까지 시골 지역 복음 전도를 담당하고, 전주에서 행한 여성 성경 훈련반을 1달간 보조하고(1911), 이 훈련반을 담당했다(1912~1913). 1913년 6월 1일부터 안식년 휴가를 떠났다.

1914년 복귀 후 1920년까지 복음 전도(시골, 군산 등) 사역을 했다. 1915년에는 여학교의 임시 교장으로 활동했고, 1920년에는 전북의 여성 성경학원의 연합지도(Joint Control)를 했고, 1921년 6월 1일부터 안식년 휴가를 떠났다.

5) 독신 여성 선교사 그리인(Miss Willie Burnice Greene, 구리인)

그리인 독신 여성 선교사는 1919년 12월에 내한하였다. 1920년에 어학 공부를 하면서 여성과 어린이를 대상으로 복음 전도 사역을 보조하였다. 그러나 그리인 선교사가 향후 이끌 여성 성경 교육은 군산선교부에 큰 힘을 보탤 것이 기대되었다.

한편, 1920년 전후로 군산선교부의 여성 복음 전도 능력이 줄어들었다. 1921년에 안식년 휴가를 떠난 다이사트는 1919년 3월 병점 부근 교통사고로 상처한 유진 벨과 이 휴가 기간에 결혼하여 벨 부인(Mrs. Julia Dysart Bell)으로 변신하여, 1922년부터 광주 선교부로 소속이 바뀌었다. 또한 1919년 가을에 군산으로 복귀해야 할 쉐핑(서서평)은 광주로 복귀함으로써 복음 전도와 순회 전도, 성경교육과 여성인력 양성, 사회구제와 부인조력회 운동 등에서 드러낼 그녀의 탁월한 능력을 군산선교부에서는 발휘할 수 없게 되었다.

2. 초기 전도부인 양성과 한국선교회 여성성경학교

1) 1902년 한국선교회의 최초 여성성경대회[16]

여성 선교사들은 1901년 한국선교회 연례회의에서 교리공부반에 속한 여성들과 성경 공부에 관심을 가진 여성들을 위한 성경공부대회 개최를 인준받았다. 이 여성 지도자 성경대회를 열기 위하여 공문을 지역에

---

16 Mattie B. Tate, "A Bible Conference," *The Missionary* (Oct. 1902) : 482-484.

보냈는데, 교리반에서 공부하는 여성들을 초대하고, 가능한 많이 쌀을 가져와서 성경대회를 하자는 것이었다. 이 대회는 음력 정월 10일에 시작하여 10일간 진행되었다. 1897년 한국선교회의 최초 여성 의료 선교사로 입국한 잉골드(Mattie Ingold, M.D.)가 당시 전문 사역을 위하여 전주를 떠나있는 동안에 그녀의 진료소와 병동에서 열렸다. 이 기간에 42명이 하루 두 끼(아침과 저녁) 식사를 만들어 먹고 성경 공부를 하면서 친교를 하였다. 일과는 다음과 같다.

<표 2> 첫 여성 성경대회 일과표

시간	과목과 설명	강사
8:30-09시	성경 읽기, 찬양, 기도(경건회)	테이트(?)
09-10시	그리스도의 기적 연구: 원인, 진행, 결과	?
10-11시	구약성경 이야기	한국인 조사
11-12시	한국인의 성격 이해하기	몇 명의 여성들
12-13시	교리문답 공부	?
13-14시	교회예전: 세례와 성찬 준비와 진행, 참고 성경 구절 연구	?
14-15시	누가복음 연구	해리슨 부인
15시 이후	석식 준비와 만찬, 독서, 복습 및 토론	다 같이
마지막날 저녁	해리슨 부인 집 방문: 다과회, 오락, 찬양, 폐회기도	다 같이

2) 4~5일 사경회, 10일 지도자반, 1달의 여자성경학원 교육

1897년 군산 구암에서 여성 모임을 이끈 리니 데이비스는 여성들에게 글을 읽고 쓰도록 깨우칠 전도부인이나 여성 조사의 필요성을 강조하였다.17 이후 한국선교회의 개척선교단의 여성 맴버인 테이트(Mattie S.

---

17 Linnie F. Davis, *The Missionary* (Dec. 1897), 541.

Tate) 여성 선교사는 1904년 전주 지역의 여성들에게 복음 전도와 순회 전도를 책임 맡아 전도부인 이씨 부인과 복음 전도 조사 오씨 부인을 대동하였다.[18] 이들은 아마도 1902년 상기 여성성경대회에 참석하여 한글 성경을 읽고 쓰고 여성들에게 설명할 수 있는 능력을 가진 여성이었을 것이다. 당시 전도부인은 이러한 성경대회나 주 중 3~4일의 여성사경회에 참석하여 복음을 듣고, 그리스도를 믿음으로써 무학 여성들에게 복음을 가르치고, 이들이 글을 깨우쳐 성경을 읽게 하는 실력을 갖춘 여성이면 자격이 충분하였다.

초기의 여성 사경회는 여성 선교사가 한국인 조사를 대동하여 개교회에서 4~5일 동안 성경을 가르치고 한글도 가르쳤다. 한국선교회는 1905년에 미스 테이트와 스트레퍼 및 오웬 부인 등의 조사들을 위하여 일정 금액을 책정하였다.[19] 이들 여성 선교사들은 자기들의 필요에 따라 훈련을 시키고 전도부인이나 복음 전도 조사로 활용하였다. 1905년에 미스 테이트는 군산선교부에서 사경회를 이끌었다. 50명이 참가하였다. 그러나 여성사경회에 대한 구체적 내용을 다룬 자료는 마요셉빈의 글을 참고할 수 있다.[20]

1909년 한국선교회 최초로 여자성경학원이 전주 선교부에 개설되었다. 1908년에 메쿠첸(Luther O. McCutchen, 마로덕)과 결혼한 남감리교 독신 여성 선교사 하운셀(Josephine C. Hounshell)은 1902년에 한국에 도착하여 서울과 원산에서 선교를 하였다. 결혼 후 그녀(메쿠첸 부인, 마요세빈,

---

18 *Minutes of the Annual Meetings of the SPMK*, 1904, 15-16.
19 *Minutes of the Annual Meetings of the SPMK*, 1905, 20-21.
20 자세한 내용을 담은 보고서는 다음을 참조하라: Josephine Hounshell McCutchen, *Letter: My Dear Friends, Chunju, Chosen, Asia* (October 10, 1921), 1-3.

마요셉빈)는 남장로교 소속 선교사로서 1909년 전주에 도착하여 마로덕 선교사의 선교 지역인 전주 북부 지역에서 여성들에게 복음 전도를 하였다. 1910년에 메쿠첸 부인은 전주 여자성경학원의 원장으로서 활동하였다. 한국선교회가 최초로 세운 전주 여성성경학원은 10일간 성경을 교육하는 10일 지도자반인데, 이 과정은 원칙적으로 4년을 다녀야 1달의 교육을 채우게 된다.

그 상급 과정으로 1909년에 5년제 과정이 전주 여자성경학원에 개설되었다. 이 과정은 성경반과 연계하여 교육을 시행하였는데, 교회의 세례자 25명당 1인을 대표하는 여성을 보냈는데, 총 52명의 여성들이 입학하였다.[21] 분포를 보면, 도시(전주)에서 8명, 군산선교부에서 6명, 시골에서 37명, 기타 1인으로 52명이다. 학기 말에는 모두가 필기시험을 봐야 했는데 이것이 무척 힘들었다. 이 학원에 군산선교부의 여성 선교사들로 다이사트와 쉐핑 등이 교사로 참여하고 학생들을 보내기도 하였다. 교육을 5년간 받은 학생들 중 8명이 1914년에 첫 졸업생으로 배출되었다. 이 해에 입학한 제5기 수업에는 65~70명이 학생들이 등록하였다.

3) 1918년 3년제 한국선교회 여자 성경학교 개설

1918년 4월에 한국선교회는 선교회여자성경학교(Mission Bible School for Women)를 전주에 개설하였다. 이 과정은 1달 성경학원 과정을 끝낸 여성들을 위하여 2년 교육과정으로 문을 열었으나, 곧 3년으로 교육을

---

21 Mrs. Josephine Hounshell McCutchen, "Woman's Bible Institute," *The Missionary* (July 1910) : 354-355.

확장하였다. 1920년에 첫 졸업생으로 정 마리아와 정 룻을 배출하였다.[22] 이들은 1906년에 메쿠첸 선교사에게 복음을 들었고, 미스 테이트에게 성경을 배웠고, 1909년부터 메쿠첸 부인의 성경학원을 다녔다. 1918년에 선교회성경학교에 입학하여 3년 과정을 마치고 졸업장(Diploma)를 받았다. 15년의 성경 공부를 한 후 졸업할 때 이들의 나이는 각각 56살과 45살이 었다. 정마리아는 전도부인으로 정룻은 교사로 활동하였다.[23]

그동안 한국선교회의 성경반 과정, 제도 내지 체제가 끊임없이 변하였다. 성경을 읽고 이해하고 실천하는 것이 중요한 일인데, 이것은 공부를 통하여 그리고 사람마다 혹은 환경에 따라 그 깊이나 넓이가 다르게 나타난다. 이러한 면에서 누구나 성경공부를 해야 하지만, 똑같은 시간의 잣대로 또한 하나의 규정을 정하여 사람들을 측정하거나 판단할 수가 없게 되었다. 이에 따라 성경교육기관의 책임자는 시험 혹은 인터뷰 등을 통하여 학생들의 능력이나 자질을 평가하고, 급이나 학년 차를 정하고 자리를 배치하여 계속 공부를 하게 하였다. 이렇다 보니 확정된 성경 교육제도가 유연성 있게 운영되었지만, 한편 합리적으로 규정을 새롭게 만들 필요가 생긴 것이다. 이러한 변동이 1920년대가 되어서야 어느 정도 틀을 갖추게 되어 1922년에는 개정 시골성경반, 10일 성경반, 1달 성경학원 교육 규정이 만들어졌고, 선교회여자성경학교의 교육과정은 1924년 개정 확정되었다.[24] 이것들은 역시 잠정적인 것으로 후에 변화가 일어난다.

---

22 Mrs. L. O. McCutchen, "Mary and Ruth Chung, The First Graduates of Our Mission's Bible School for Women, Located at Chunju, Chosen," *The Missionary Survey* (Jan. 1921): 29-30.

23 임희모, "전북여성성경교육의 기획과 실천자: 마요셉빈 선교사(Mrs. J. H. McCutchen, 1902~1940)," 『미국남장로교 한국선교회의 여성·의료 선교사 연구』 (서울 동연, 2022): 51-79, 특히 68-76.

V. 주일학교와 확장주일학교운동(1912~1920)

1. 스와인하트 선교사(Martin L. Swinehart: 서로득):
한국주일학교연합회 실행위위원장

1911년에 광주에 도착한 스와인하트 장로 선교사는 1912년에 한국주일학교연합회 실행위위원장으로 활동하였다. 그는 어린이와 청소년을 대상으로 하는 주일학교 운동의 3가지 중요성을 강조한다.[25] 첫째는 어린이를 (복음으로) 인도하는 것은 쉽다는 것. 둘째는 어린이 시절에 (예수그리스도를) 배운 것은 결코 잊을 수 없다는 것. 셋째는 (하나님의 말씀에 터하여) 어린 시절부터 양육된 사람은 위대한 인물이 되지 않을 수 없다는 것이다.

이러한 확신을 가진 스와인하트 선교사는 한국선교회 내에 주일학교 운동을 벌였다. 이 주일학교에는 비기독교인들의 자녀들이 포함됨으로서 그 자체가 복음 전도의 성격을 지녔다. 한편, 이 학교 대부분의 비기독교 학생들을 이 교육에 호감을 가지고 있고 이들은 가족들을 교회로 이끌기도 하였다.

2. 군산선교부의 주일학교와 확장주일학교 운동

1914년 연례 회의록에 주일학교에서 복음 선교와 교육을 할당받은

---

24 임희모, "마요셉빈(Mrs. J. H. McCutchen) 선교사의 사역," 「장신논단」 50/3(2019. 9.): 235-262.

25 M. L. Swinehart, "Sunday School Work on the Southern Presbyterian Mission," *The Korea Mission Field* (1913): 15-16.

선교사는 2명이다. 하나는 독신 여성 선교사로 서서평이고 또 다른 선교사는 독신 남성 선교사로서 린튼이었다.

1) 쉐핑 선교사(Elise J. Shepping R.N.: 서서평, 1912~1934)

1914~1916년까지 어학훈련, 병원 사역과 복음 전도 사역, 지역 복음 전도 사역, 순회전도, 주일학교 운동을 하였다. 그녀는 1912년 광주에 도착하여 언어훈련과 병원 사역을 하다가 1914년 군산으로 소속이 변경되었다. 그녀는 1914~1916년까지 어학훈련과 병원 사역과 간호사 훈련과 지역 복음 전도 사역과 순회 전도와 주일학교 사역을 하였다. 1915년에는 스프루(만성장흡수부전증)에 걸려 무척 고통스러운 삶을 살았다. 1916년 패터슨 의료 선교사의 안식년 기간에 쉐핑은 병원 감독과 복음 전도를 하였다. 세브란스 병원 근무와 간호학교 교육을 위하여 1917년에 일본어 공부를 시작하였고, 제주도에서 사경회를 인도하였고, 9월 1일 이후 서울에서 근무하였다. 1919년 10월 서울 근무가 끝나면 군산 복귀를 환영한다는 군산선교부 선교사 전원의 무기명 비밀투표가 있었다. 그러나 광주 선교부가 선교회 연례 회의에 광주 복귀를 요구하는 안을 제출하고 그녀를 광주로 모셨다.

2) 린턴 선교사(William Alderman Linton: 인돈, 1912~1920)

1914~1917년까지 확장주일학교 사역과 운동을 책임졌다. 그는 1912년에 한국에 도착하여 1916년까지 어학 공부를 하였다. 1913~1916년까지 군산남학교 산업교육을 담당하였다. 1914~1917년까지 확장주일학교

사역과 운동을 책임졌고, 1916년 6월 1일 이후 베너블 선교사의 복귀까지 남학교 교장을 하였다. 1916년 4월 1일 이후 도서실 업무를 맡았고, 1916년에 안식년을 떠난 패터슨 의사 선교사의 복귀까지(1917) 군산병원의 회계로 활동했다. 1917~1918년 남학교 교장으로 활동하였고, 1918년에 일본어 공부를 시작하였고, 1919년 6월 1일 안식년을 떠났고 복귀하면서 전주 선교부로 이동하였다.

3) 통계

<표 3> 주일학교 수와 주일학교학생 수의 비교(1914~1920)[26]

년도	한국선교회 5개 선교부				군산선교부				전체 선교부 對 군산 비율	
	학교 수	증가 율	학생 수	증가 율	학교 수	증가 율	학생 수	증가 율	학교 수	학생 수
1914	209	–	8,907	–	47	–	1,897	–	22%	21%
1915	235	12	8,502	-4.5	31	-7%	1,602	-8	13%	19%
1916	244	4	9,745	14	40	29	1,973	23	16%	20%
1917	252	3	10,812	11	33	-8	1,697	-9	13%	16%
1918	302	20	11,874	10	42	27	2,232	32	14%	19%
1919	241	-8	8,612	-7	42	0%	1,468	-7	14%	17%
1920	292	21	12,359	16	45	7	1,960	34	15%	16%

이를 심층적으로 이해하기 위해서는 각 지역의 인구와 이 지역에서 활동하는 선교사의 수도 감안할 필요가 있다. 1915년 통계는[27] 한국선교

---

26 "Table of Statistics," *Minutes of the Annual Meetings of the SPMK*, 1912~1920.
27 *Minutes of the Annual Meetings of the SPMK*, 1915. 106.

회가 복음화해야 할 지역(전북, 충남 일부, 전남, 제주도)의 총인구는 대략 263만 5천 명인데, 군산선교부는 33만 6천 명을 대상으로 하는 것으로 비율은 13%였고, 선교사 수는 총 76명 중에서 군산선교부에는 13명이 배치되어 약 17%가 된다. 이들의 비율을 더하고 나누면 평균 15%가 산출된다. 그런데 군산선교부의 주일학교 수는 대략 15%가 되고 학생 수 비율은 약 18%가 된다. 이 둘을 더하고 나누면 평균 16.5%이다. 이 수치로 주일학교운동을 평가할 때 군산선교부의 경우 잘 했다거나 못 했다고 하기보다는 낙제점을 겨우 면한 정도로 이해된다. 좀 더 분발할 필요가 있다.

VI. 통계표: 1912~1920년의 변화

1. 군산선교부와 전북노회

장로교선교회공의회의 선교사들이 한국인 목사들과 장로들과 연합하여 1907년에 한국장로교회독노회(The Presbytery of the Presbyterian Church in Korea)를 조직함으로서 공적으로 한국장로교회가 설립되었다. 여기 독노회 산하에 전라대리회가 조직되었고, 1911년에는 전라노회로 변경되어 1912년에 한국장로교회 총회를 조직하였다. 1917년에 전라노회는 전남노회와 전북노회로 분립되었다. 한편, 한국선교회의 군산선교부 소속 복음 전도 선교사들이 전북노회 소속 교회들과 연대하고 협력하여 복음 전도를 하고, 한국인 지도자 양성에 기여하였다. 여기에서 군산선교부 지역의 주요 사항들 예컨대 조직교회, 교인들, 헌금 등 교회의 주요 활동과 지표 등을 살펴보고자 한다. 편의상 한국선교회가 처음으로 작성한 1912년 통계와 이후 매년 작성한 통계표 중 1920년의 통계표를 주요 자료로 활용하여 항목들을 비교하여 변화를 드러내고자 한다.

2. 통계

<표 4> 한국선교회와 군산선교부의 실적 비교(1912~1920)[28]

구분	1912년		1920년		1920~1912 (= + / -)	
선교부	군산 선교 부	한국 선교 회	군산 선교 부	한국 선교회	군산 선교부 증감	한국 선교 증감
선교사	11	60	11	65	0	+5
안수 설교자	1	2	2	5	+1	+3
전도사·교사·조사 ·전도부인	34	147	17	117	-17	-30
조직교회	7	22	10	74	+3	+52
미조직교회	58	332	51	269	-7	-63
자립교회	58	332	61	343	+3	+11
세례자	1,383	7,173	1,208	7,312	-175	+139
유아세례	-	-	278	1,407	+278	+1,407
세례자 외 신자들	3,072	15,268	2,634	15,876	-438	+608
안수 목사·장로·집사	-	-	32	175	+32	+175
평균 출석	2,700	15,439	1,963	13,841	-737	-1,598
주일학교 수	45	197	45	292	0	+95
주일 학생 수	2,400	6,654	1,960	12,359	-440	+5,705
헌금 총계 달러	1,307	4,637	8,290	34,098	+6,983	+29,461

3. 분석

(1) 우선 위의 표는 8년의 기간이 지난 후의 실적을 수량으로 나타내고 있다. (2) 군산선교부의 경우 전반적으로 향상된 사항들이 많지 않고, 변화가 크지도 않다. (3) 한국선교회의 선교부는 1912년은 4개(순천은 1913년)이고, 1920년은 5개이다. 이러한 의미에서 한국선교회의 실적은 단순하게 보면 군산에 비하여 4배 정도 더 높아야 정상이다. 좀 더 자세하게 분석하면 각 선교부가 관장할 선교 대상으로 인구수와 여기에 투입된 예산 등을 검토해야 할 것이다. 대개 전주와 광주는 큰 선교부였고, 군산, 목포, 순천은 작은 선교부에 속하였다. 여기 각각에 할당된 몫과 결과는 각각 다르다. 군산을 제외한 4개 선교부의 실적도 자세하게 분석할 필요가 있지만 여기에서는 생략한다.

---

28 "Table of Statistics," *Minutes of the Annual Meetings of the SPMK*, 1912~1920.

4장

군산선교부의 복음 전도의 절정기
(1921~1937)

I. 교세 확장을 이룬 주요 선교사들의 복음 전도

1. 불 선교사

1921년 불 선교사는 그가 지금껏 가꾸어 온 남부지방 순회 선교를 담당하면서, 안식년을 떠난 멕에첸이 복귀할 때까지 그의 북부 지역의 반을 맡았고, 군산과 궁말 지역 교회들도 맡았다. 1922~1923년에는 군산 선교부의 동부 지역을 담당하면서 안식년 중인 해리슨이 복귀할 때까지 임천군의 모든 지역을 맡았다. 1922년에는 궁말의 교회들에 대한 목회를 하며 평양신학교의 봄 학기에 강의를 했고, 1923년에는 군산과 궁말의 교회들을 담당하면서 평양신학교의 가을학기에도 강의를 했다. 1924년 4월 15일부터 안식년을 떠났다.

1925~1927년에는 군산선교부의 남부 지역 순회 활동과 한국선교회의 부흥 사역(Revival Work)을 맡았다. 1928~1930년에는 남부 지역 이외

에 멕에첸과 해리슨이 동시에 병가를 내어 서북 지역과 동북지역까지 맡았고, 군산영명학교 교장으로도 활동하였다.

1930년에는 조사들의 월급에 대하여 특히 충청도 시골 학교들을 위한 선교회의 지원금 지불 문제에 대한 회의가 열렸다. 불 선교사는 이후 1938년까지 지속적으로 충청도 지역 선교회 자금 지급에 대한 재정 감독을 행하였다. 1931년에 동남지방 사역을 하고, 영명학교 교장과 충청도 한산 지역 교회들을 담당하였다. 1932년 6월 1일 안식년을 떠났고 복귀 후 1933~1934년 동남 지역 순회 구역을 맡아 전도하고, 남학교 교장과 충청도 한산 지역 교회들을 담당하였다. 1935~1937년까지 동남 지역 순회 구역을 맡았다. 1938년에는 안식년을 떠난 베일 선교사가 없는 동안 영명학교 교장으로 활동하였다. 일제가 강요하는 신사참배 문제가 강하게 제기되어 1937년에 한국선교회는 단호하게 신사참배 반대를 표명했으나 1938년 9월 한국장로교회는 신사참배 가결을 결정하였다. 이로 인하여 선교회와 전북노회는 갈등하기 시작하였다. 불 부부는 1940년 4월 1일 자로 안식년을 떠났다. 11월 그 이전에 미국 정부의 요청과 일제의 강압에 의하여 한국선교회 대부분의 선교사들은 한국을 떠나야 했다.

2. 해리슨 선교사

안식년을 보내고 린턴이 복귀할 때인 1921년에 해리슨은 남학교 교장으로 활동했고, 동부 지역의 순회 책임을 다했고, 안식년을 떠난 맥에첸의 담당구역인 북부 지역의 반을 책임 맡았다. 그리고 전북 남자성경학원의 책임을 맡은 대표로 활동했다. 1922년에는 해리슨 부부는 안식년을 떠났으나 몸이 불편하여 한 해를 더 쉬고, 1925년에 복귀하여 동북부 순회 구역의 책임을 다했다. 1926~1927년에 동북부 순회 구역을 맡았고 도서실 업무를 수행했다. 1927에는 이외에도 남학교 교장으로 활동하다가 1928년 병가를 얻어 미국을 들어갔으나 회복하지 못하였다.

3. 맥애천 선교사

1921년 안식년으로부터 복귀한 후 그는 북부 지역 순회업무를 책임 맡았다. 1922년에 북부 지역을 담당하면서 안식년을 떠난 해리슨의 업무를 떠안았다. 해리슨의 업무는 동북부 순회 지역 담당과 전북 남자성경학원을 책임지는 위원회의 대표로 활동했다. 1923년에도 해리슨의 복귀가 늦어져 같은 일들을 진행했다. 1924년에 맥에첸은 북부 지역과 동북부 지역을 떠맡았고, 1926년에는 북부 지역 순회 구역을 책임졌다. 1927년 미국 휴가를 떠났으나 귀국하지 않았다.

4. 베일 선교사(배요한, Rev. John B. Vail)

1930년에 한국에 도착하여 어학 공부를 32년까지 하였다. 한편, 처음부터 가능한 한 지역 복음 전도를 시도했고, 군산 영명학교를 보조했고, 1932년 4월 1일 자로 이 남학교 교장으로 활동하기 시작하여 1932년에 군산선교부의 동남 지역 복음 전도를 담당하면서 남학교 교장으로 활동하였다. 불 선교사가 진행한 충청도 지역 선교회 자금 지급에 대한 재정 감독을 그가 1933년까지 진행했다. 1933년부터 동북지역 순회 전도, 남학교 교장, 불 부인의 복귀까지 멜볼딘여학교 교장을 맡았다. 1934~1936년까지 동북지역 순회 선교 사역, 영명학교 교장으로 활동했고 1937년 안식년을 떠났으나 복귀하지 않았다.

II. 군산선교부와 전북노회의 한국인 목사와 지도자들

1. 전라노회 한국인 목사들의 교회 담임과 교회 성장

1911년에 조직된 전라노회를 포함하여 전국의 7개 노회들이 1912년
에 총회를 조직하였다. 이에 앞서 1907년에 대한예수교장로회독노회가
조직되면서 선교하는 교회를 표방하고 실천을 강조하면서 이기풍 목사
를 당시 남장로교 선교 지역인 제주도에 선교사로 파송하였다. 이 전통
이 1912년 총회를 조직하면서도 이어져 1913년에는 중국 산둥으로 선교
사 3가정을 파송하였다. 이것은 세계 선교 역사에서도 찾을 수 없는 중
요한 사건이었다. 기존 기독교 국가라고 하는 서구나 미국의 교회가 파
송한 선교사가 비기독교 국가에서 복음을 전하고, 이를 수용한 신생교회
가 자체 선교사를 비기독교 국가에 파송한 것은 당시 1910년대에는 상
상할 수도 없는 엄청난 사건이었다. 이러한 사건이 일어나던 시기인
1912년에 한국장로교 총회가 열렸다.

그동안 남장 지역인 전라노회에서 1904년에 신학추천을 받은 4명
중 3명만 평신에 입학하여 제2기로 1909년 3명이 졸업했고, 2명(김필수,
최중진)은 전주에 1명(윤식명)은 목포에서 활동하였다. 그리고 1907년에
추천되어 평신에 입학한 최대진은 평신 5기로 1912년에 졸업하여 전주
에서 사역하고, 1908년에 추천된 김성식과 임성옥은 평신 제6기로 1913
년에 졸업하여 목포에서 활동한다. 1909년 3월에 군산선교부에 속한 번

드리(대창)교회 출신의 최학삼이 신학 공부를 하도록 추천되었다. 그러나 그는 무슨 이유인지 평신을 졸업하지 못하였다.[1]

1910년에 마로덕(메쿠첸) 목사가 리경필(리원필), 김성식, 최대진, 김인전, 최학삼, 리재언, 김영식, 신경운, 리자익 등 9인의 신학도를 공포하였다.[2] 여기 김인전, 리경필(리원필), 리재언, 유내춘 등 4인은 1914년 평신 제7기로 졸업하였고 이재언 목사는 군산 지역의 번드리(대창)교회, 냉정리교회 및 후독교회 등 세 교회를 맡아 부위렴 목사의 동사목사로 활동하고, 김인전 목사는 전주서문교회의 목사로 이눌서 목사와 동사목사로 활동하고, 리원필은 목포 양동교회에서 류서백의 동사목사로 활동하였다.

이렇듯이 각 선교부의 선교사들과 한국인 목사와 장로들이 어울려 신학생 추천부터 계속추천 및 졸업시험을 치르게 하였다. 여기 졸업시험은 곧 노회가 주관하여 치르는 목사고시였다. 예를 들면, 제7기 졸업생들의 목사 고사는 다음과 같이 치러졌다.[3]

1914년 8월 19일 오전 9시에 전라노회가 광주 숭일학교에서 계속 회집하여, 김성식 기도로, 군산선교부 출신 신학생 리재언은 유다서 23절로 강도하고, 김인전은 마태 10장 37절로 강도하고, 회장(이눌서)이 기도하였다.

신학준시위원(위원장 이눌서)이 아래와 같이 보고를 하자 이를 채택, 동의 및 가결하였다.

1. 동일 오후 4시 50분에 김인전, 리재언, 리원필, 류내춘 4인을 회장이

---

1 이에 대한 설명은 다음 86-90쪽을 참고하라.
2 전북로회록, 121.
3 『대한예수교장로회전북노회회의록』 제1권, 235-240.

강도사로 세운다.

2. 동일 하오(下午) 8시에 회장이 신학생 리재언 장립 예식을 행한다.

3. 장립 시에 강도할 사람은 부위렴이다.

4. 졸업생 권면은 최대진이다.

5. 문답은 회장이 주관한다.

6. 신학 졸업생에게 문답할 사람과 제목: 신도요론-배유지, 정치-이기풍,
   교회사기-김병롱, 신행-부위렴, 성경 내력-윤식명 등이다.

7. 강도는 노회 앞에서 행하는데, 리재언과 김인전은 오전 9시 30분까지
   15분씩 강도하고, 류내춘과 리원필은 11시 40분에 15분씩 강도한다.

8. 성경 본문 해석은 마태 16: 15-18절은 리재언, 마가 13: 14절은 김인전,
   마가 3: 9-15절은 류내춘, 누가 18: 8절은 리원필이다. 해석을 기록하여
   준시위원에게 드릴 것.(이하 광고 사항, 9-11항)

위원장이 신학생 준시 문답을 할 때 임시 서기로 이승두가 대리하게
하였다. 배유지 씨가 신학 졸업생 리원필·류내춘·리재언·김인전 등 4인
에게 신도요론을 묻고, 이기풍 씨가 정치를 묻고, 김병롱 씨가 교회사기
를 묻고, 부위렴 씨가 신행을 묻고, 윤식명 씨가 성경 내력을 물었다.
그 후에 회장이 신학 졸업생 문답을 어떻게 할 것인지 회중에게 묻자,
회중이 각자 채용하기로 가결하였다. "회중이 김인전 씨 문답을 잘 한
줄로 채용하다." 이와 같이 리원필 씨, 리재언 씨, 류내춘 씨도 기록되었
다. 다른 보고가 속개되고, 류내춘 씨가 엡 3: 3-15절로 강도를 하였다.
다른 보고가 이어지다가, 리원필 씨가 벧 2: 7절을 강도(예수는 좋은 생활에
보배라) 하였다.

리재언 목사 장립 예식은 오후 8시에 광주 북문안 예배당에서 회장

이 기도함으로 개식 되었다. 부위렴이 고후 5:14-21절, 히 5:4절로 목사의 직분에 대하여 강론하고, 리기풍의 기도, 회장이 리재언에게 문답하고, 이미 공포한 장로와 목사들이 안수 예식을 하고, 찬송가 132장을 부르고, 최대진 씨가 '부끄럼이 없는 일꾼이 되라'라는 권면을 하고, 폐회 기도로 동의 가결하다. 오후 10시에 회장(이눌서 목사)이 축복기도로 폐회하다.

선교사들과 한국인 장로와 목사들이 한국인 회중들을 교회에 모으고, 이들과 함께 지도자를 세우고 교회가 지역사회에서 복음 선교를 하였다. 선교사들과 한국인 지도자들과 교인들이 연합하여 한국교회를 세우고 이끌고 한국을 복음화 하였다. 여기 이재언 목사는 군산선교부에 속한 김제 번드리(대창)교회 출신으로 제1대 목사로 시무하였다.

전라노회는 1917년에 전남노회와 전북노회로 분립되었다. 이로 인하여 상호 발전을 위한 토대가 마련된 것으로 향후 교통하면서 제주도를 산북과 산남으로 나누고 두 노회가 협동 선교를 하였다. 전라노회가 목사를 제주도 근무로 보낼 때 그는 선교사라는 이름으로 파송되었다.

2. 평양신학교 졸업: 목사 장립의 필수조건인가?

일반적으로 당시 한국장로교회의 목사는 평신 입학 이전의 성경학원 시절부터 그 자신이나 가족의 신앙과 삶에 있어서 조그마한 잘못이 발견되면 결격사유가 되어 평양신학교(평신) 입학 추천이나 시험에 응시도 할 수 없었다. 그러므로 장로교 목사는 후보자 시절부터 엄한 교리적 훈련을 쌓고 신행이 올바른 자라는 공적 신뢰를 받은 자여야 했다. 앞에서 이재언 장로의 평양신학교 입학, 추천, 시험과 목사 장립에 대하여 장황하게 서술을 한 것은 여기 같은 교회에서 신앙생활을 한 선배인 최학삼 장로의 목사 장립에 대하여 논하려 하기 때문이었다.

최학삼은 이재언보다 앞서 1909년에 원입 목사 문답에 통과하여 평신에서 공부를 했고, 1910년에도 신학도 문답을 통과하여 신학계속추천을 받았기 때문에 평신에서 별 하자 없이 훈련을 받았을 것으로 추측된다. 그런데 그의 이름은 평신 졸업자 명단에 올라와 있지 않다. 그동안 그에게 무슨 일이 일어난 것일까? 그는 장로로서 목사가 되기를 바랐고 평신 교육정책에 따라 열심히 공부했을 것이다.

이를 규명하기 위해서는 먼저 남장의 선교 정책 특히 사회·정치적 입장을 살필 필요가 있고, 또한 당시 최 장로의 생활권에서 일어난 사회적 정치적 문제를 논할 필요가 있다. 우선 남장 선교 정책은 교회와 사회는 엄격하게 분리되어 교회는 사회에 대하여 입장이나 소신을 밝혀서도 안 되었다. 당시 1910년 최중진 목사 제명 사건이 있었다. 그는 선교사들이 주장하듯이 5가지 죄목이 서로 얽혀 선교회에서 재판을 받고 목사 제명을 받았지만, 그중의 하나는 교회에 상구위원 2명을 두고 가난한 자를 돕자는 안을 냈다. 그런데 이러한 가난하고 병든 자들에 대하여 교회가 사회적 책임을 가져야 한다는 건의도 하나의 죄가 되었다.

이러한 상황에서 최학삼은 1910~1912년 사이에 매국노 이완용과 관련되어 재판을 받는 사건에 휘말렸다. 이완용이 최 장로가 살고 있는 지역에 대규모 토지를 소유하고 농번기에 물꼬를 틀어쥐고 주변의 논에 물을 댈 수 없도록 했다. 이에 최 장로와 농민들이 논에 물을 대고 농사를 짓기 위하여 이완용의 수문을 부수었다는 것이다. 이에 이완용은 최 장로를 비롯한 몇 사람을 재판에 회부했는데, 재판부는 그에게 무죄를 내렸다고 한다.[4]

이 사건은 개인적 일탈행위로 보기보다는 오히려 사회정의 구현과 일종의 정치적 저항 행위로 보인다. 그러나 엄격한 순종을 강조한 한국 선교회의 선교 정책은 이를 용납하기가 쉽지 않았을 것이다. 이로 인하여 최 장로는 무고하게 학업을 중도에 하차했을 것이다. 그러나 한국선교회의 선교 정책은 1919년 3.1만세운동 이후에 변하기 시작하였다. 1919년 3월에 조용히 한국에 입국한 당시 남장의 실행위 총무인 스미스(Rev. Egbert W. Smith) 박사는 이 정치적 만세운동을 목격하고 미국에 돌아가 영웅들과 순교자들을 길러낸 불굴의 용기를 지닌 민족으로 특히 노인들은 진정한 능력을 지녔고 남·여 학생들은 희망의 행동을 보였다는 것으로 한국의 미래를 긍정적으로 보았다.[5] 남장 선교에서도 정치적 사건이 이해되고 용인된 것이다.

이렇듯이 변화된 상황에서 1924년 김제 죽동교회는 최학삼 장로를 목사로 장립하여 시무하게 해 달라는 청원을 했다. 이에 신학준시부(이하 준시부)가 이를 심사했는데, 그를 평양신학교에 보내 한 학기 동안 공부하게 한 후에 장립이 가하다는 보고를 하였다. 이에 최학삼은 신병으로 인하여 자신은 한 학기 동안 공부를 할 수 없다고 대답했다. 이에 대하여 준시부는 이 조건은 언급하지 않은 것으로 하고,[6] 다른 대안을 냈다. 즉 오는 추계 노회 때까지 교회 정치권에서 필요한 조례 등을 열람하여 검토한 후, 다음 노회에서 강도사로 세움이 가한 줄 안다고 답하였다(947쪽). 또한 이에 대한 시찰위원 보고가 있었는데, 죽동교회에서 최 장로를

---

4 "최학삼 장로와 매국노 이완용의 막전막후," 대창교회 역사관 자료(2024년 6월 탐방 조사)

5 Egbert W. Smith, *Essential Facts about Our Mission Work in Korea*(Nashville (TN) : Executive Committee of Foreign Missions, PCUS., 1923). 6.

6 『대한예수교장로회전북노회회의록』 제1권, 934.

부위렴 목사와 동사목사로 청빙한 일은 가한 줄 아노라고 하였다(956쪽). 이에 따라 전북노회 제15회 회록(1924년 6월)에 의하면, 준시부 주최로 신학생 최학삼을 다음과 같이 문답하고 합격시켰다. 즉 신도요론-최의덕, 신앙-윤식명, 성경 내력-리창규, 정치-리자익 등 4과목을 시험 문답하여 합격 처리하였다. 이에 따라 전북노회는 공식적으로 최학삼 씨에게 강도사 인허를 선언하였다.[7]

이에 대하여 헌의위는 죽동교회에서 최학삼 씨를 목사로 청빙하는 청원은 임사위로 보낼 일이라고 했고(985쪽), 임사위는 최학삼 청빙 건은 추계노회 결정대로 강도사로 세우고 장립하는 일은 총회에 상의하여 하시기를 바란다고 했다.(988쪽)

전북노회 제16회(1925) 회록에 의하면 서기가 보고하기를 문장이 서툴게 정리되었지만, "서기가 강도사 최학성 씨 장립할 사건으로 총회에 상의하였던 것을 보고함에 통과하다."(6쪽) 아마도 서기는 최 목사 장립 문제를 총회가 통과시켰다고 이해하였던 것 같다. 헌의위원 보고에 따르면, 김제군 죽산면 대창리교회에서 최학삼 씨를 목사로 청원함은 임사부로 보낼 일이고(16쪽), 또한 임사위원 보고에 의하면, "김제죽동교회에서 최학삼 씨를 해지방 선교사와 동사 위임목사로 청원함은 특별한 일인즉, 리창규·리자익·하위렴·윤식명·홍종필·배은희·고성모 등 7인을 전권위원으로 택하여 목사 장립과 위임식을 3월 첫 주일에 그 교회에서 거행케 하시기를 바라오며."[8] 또한 시찰위원 보고에 의하면, "김제군 죽산면 대창리 교회 장로 최학삼 씨를 위임목사로 청빙하는 일에는 허락하

---

7 앞의 책, 970-971.
8 앞의 책, 1045-1046.

시기를 바라오며."(41-42쪽)

최학삼 장로는 석연치 않은 이유로 신학도로서 공부를 중단한지 거의 10년이 지나 변화된 선교 환경과 정책에 따라 노회와 총회의 절차에 의하여 목사 장립을 받았고, 마침내 그의 모 교회인 대창교회의 제2대 위임목사로 1925년에 청빙되었다.

3. 군산선교부의 복음 전도 상황과 한계

미국의 실행위와 한국선교회가 행하는 선교사나 예산 배정에 있어서 군산선교부에 대한 관심은 전주 선교부보다 비교적 후 순위에 머물렀다. 1894년 선교부 입지 가능성을 찾아 레이놀즈와 드루가 전라도 해안가를 돌며 탐사 여행을 한 후 한국선교회의 대표적 선교사인 레이놀즈의 입장이 드러났다. 그에게 군산은 전라북도의 내륙에 있는 전라도의 수도인 전주에 선교 물자 공급을 위한 해안가의 배후도시 혹은 전초기지로서 역할이 중요하였다. 당시 선교부 입지를 선정하는 데 있어서 중요한 3가지 조건 중 하나가 내륙과 소통하고 연결하는 지리적 중요성이었다. 당시는 해안선 교통시대로서 배를 이용한 해상교통의 발달로 사람들의 왕래와 물자 수송과 무역이 흥왕하였던 것이다. 여기에 군산의 선교 전략적 중요성이 있었다.

이러한 조건적 상황에서 군산에 대한 실행위의 재정적 인적 지원이 특히 한국선교 초기에 제한적이어서 결국 군산 선교사들은 충청남도 일부의 외곽 기도처(Outstations)를 몇 개 확보하는 수준에서 그쳤고, 침례교와 감리교가 대부분의 충청도 지역을 차지하였다.

한편, 금강 하구에 놓여 있는 군산과 궁말을 거점으로 하는 군산선교부는 지리·행정상으로 전라북도에 속하여 강과 바다를 건너 충청도 지역에 진입하기가 쉽지 않았다. 1893년 1월 장로교선교회공의회의 선교지 예양 협정을 맺기 이전에 레이놀즈는 전주나 군산보다 공주와 청주를 먼저 여행하였다. 그리고 예양 협정 이후에 전킨도 전주나 군산보다 공주를 먼저 들렀다. 서울에서 볼 때 전라도보다 충청도가 가깝기 때문에 먼저 이들 도시를 찾아 정세를 확인하려 했을 것이다. 그러나 한국선교회나 군산선교부의 선교적 영향력은 충청도에서 크지 미치지 못하였다. 이로 인하여 1908년 한국복음주의선교회공의회의 예양 협정에 따라 기존 남장의 선교 지역으로 충남의 서남부 지역을 제외한 충남의 대부분은 북감리회에 할당되었다. 이렇듯이 지리적, 행정적 이유로 군산선교부의 충청도 진입은 한계를 가졌고, 선교적 영향력은 군산과 가까운 서천, 비인, 한산 등에 주로 머물렀다.

또한 군산선교부 선교사들이 건강상의 이유로 고생을 많이 했다. 이들이 부임한 지 몇 년 지나면 일부는 순직하거나 일부는 미국으로 퇴거하였다. 복음 전도 선교사로서 전킨은 1904년에 전주로 이적하였으나 1908년 1월 초에 순직하였다. 해리슨도 건강이 좋지 못하여 미국으로 1928년 귀국하여 곧 순직하였다. 얼 선교사, 맥어첸 선교사와 베일 선교사도 몇 년 활동하다가 자진 귀국하였다. 불 부부 선교사만이 건강하게 한국에서 복음 전도를 마치고 1940년에 귀국하였으나, 그 역시 1941년 12월에 미국 고향에서 사망하였다.

이러한 상황에서 군산선교부의 인재 양성을 위한 성경 공부는 한계가 있었다. 여성 성경 교육은 독신 여성 선교사인 그리인과 뒤푸이가 담당하였고 이들의 성경 교육에 대해서는 합리적으로 이해가 된다. 그러나 아래 표5를 보면, 군산의 남성 성경 교육은 충실하게 진행되었는지 쉽게 의문을 갖게 한다. 우선 교육의 회수가 타 선교부의 것에 비하여 절대적으로 적고 또한 등록 인원도 대략 기록한 것으로 보인다. 다른 선교부들의 기록들과 차별화가 확실하게 드러난다.

그러나 앞서 언급한 몇 가지 사항들은 일차적으로 실행위나 한국선교회가 정책적으로 조정하고 해결할 문제이지 군산선교부나 소속 선교사들이 책임질 일은 아니다. 군산선교부의 선교와 복음 전도의 어려움은 누구나 쉽게 알 수 있다.

<표 5> 1937년 한국선교회의 성경 교육 현황

항목	전주 선교부9	군산 선교부	광주 선교부10	목포 선교부	순천 선교부	제 주 도	합계
남자 - 한 달 등록 인원	1 129	–	1 90	1 45	1 44	1 35	5 343
여자 - 한 달 등록 인원	1 79	1 150	1 120	1 59	1 58	1 15	6 481
남자 - 4일 등록 인원	27 776	2 1,000	30 610	10 500	23 2,009	3 255	95 6,150
여자 - 4일 등록 인원	62 1,882	36 1,330	30 1,002	19 757	24 1,208	4 100	175 6,279
총계: 남자반(1+3) 등록 인원	28 1,255	2 1,000	32 715	11 545	24 2,053	3 290	100 5,855
총계: 여자반(2+4) 등록 인원	64 1,981	37 1,480	32 1,137	20 816	25 1,266	5 115	183 6,795

---

9 이외에도 한국선교회의 선교회여성성경학교는 교사 11명이 3개월 동안 여학생 82명을 가

III. 여성 선교사들과 전도부인 양성학교

1. 복음 전도를 행한 주요 여성 선교사들의 활동

1) 해리슨 부인 선교사

1921년 지역 복음 전도를 하였고, 1922년에 이들 부부 선교사는 안식년을 떠났다. 1924년에 복귀하여 해리슨 부인은 멜볼딘여학교 교장으로 활동하고, 1925년에 남편 해리슨이 순회 전도하는 동북지역의 여성 사역에 대하여 감독을 하였다. 1926년에는 지역에서 복음 전도를 하면서 간호 선교사 그레이(Miss Annie I. Gray, 엄엘라)가 복귀하기까지 병원의 전도부인으로 활동했고, 순회 전도 여행(Itinerating)을 하였다. 1927년에 지역 복음 전도 활동을 하였고, 1928년 남편의 병으로 인하여 병가를 얻어 미국으로 갔으나 그는 회복하지 못하고 순직하였다.

2) 맥애천 부인 선교사

1922~1926년까지 어학 공부를 하면서 지역 복음 전도를 했고, 1924년에는 안식년을 떠난 해리슨 부인의 복귀까지 멜볼딘여학교의 교장으로 활동을 했다. 1926년부터 지역의 복음 전도에 헌신하다가 1927년에 미국에서 휴가를 떠난 후 군산으로 복귀하지 않았다.

르쳤다. "Table of Statistics," *Korea Mission, PCUS, for the Year 1937.*
10 이외에도 광주 선교부는 3개월 성경반을 열어 각각 여성성경반 15명과 남성성경반 15명을 교사 3명이 가르쳤다(Ibid.).

3) 독신 여성 선교사 그리인 (구리인, Miss W. B. Greene)

1919년에 한국에 도착한 미스 그린은 1921~1922년까지 어학 공부를 하였다. 1922~1923년에 지역 복음 전도, 여성성경반 책임, 전북 여자성경학원의 책임위원회의 대표로 활동을 했고, 1924년에 군산 지역 여성 사역 책임을 맡았고, 1925년 6월 1일 이후 안식년을 떠났다.

1926년에 복귀 후 복음 전도 사역, 선교부가 할당하는 사역들을 수행했고, 1927년에는 금강 남쪽의 복음 전도 사역, 병원 전도부인 감독, 지역 전도사로서 사역, 1928년에는 금강 북쪽의 전도 사역, 1929년에는 금강 남쪽 사역을 했고, 1930년에는 여성 사역을 담당하다가 1931년 6월 15일 안식년 휴가를 미국에서 보냈다. 1933~1937년에 전북의 군산 지역의 복음 전도 사역을 주도했고, 1936~1937년에 일시적으로 병원 감독을 맡았고, 1938년 6월 15일 안식년을 떠났다가 다시 복귀하였다. 1940년 9월까지 남아 여성들에게 성경 교육을 하였다.[11]

4) 독신 여성 선교사 두퓌이(두애란, Miss Lavalette Dupuy)

1925년 안식년 후 복귀하여 군산 지역 여성 사역을 감독했고, 1926년 복음 전도 사역 이외에 선교부가 할당하는 사역을 했다. 1927~1929년에 충청도 지역에서 여성들에게 복음 전도 사역을 했다. 1930년 7월 1일 안식년으로 한국을 떠났다가 다시 복귀하였다. 1932년부터 1936년까지

---

11 Willie Burnace Greene, *Letter: Miss W. B. Greene to her Mother, Kunsan, Korea, Asia* (Sept. 9, 1940).

충청도 지역 여성들에게 복음 전도를 하였고, 1937년 6월 15일 이후 안식년 휴가를 받아 미국으로 갔다가 복귀하여 1938년부터 정상 근무를 하였고, 1940년 10월까지 복음 선교를 하다가[12] 미국 정부의 요청과 일제의 강제 출국으로 인하여 한국을 떠났다.

2. 1923년 전도부인 양성학교: 한예정기념여자성경학교 개설

<표 6> 한국선교회의 전체 교인 통계(1918~1922)[13]

연도	세례자		학습자		일반 신자	유아세례		교인 총계	주일학교		전도 부인
	금년	합계	금년	합계		금년	합계		학교	학생수	
1918	520	7,929	651	2,012	4,979	47	1,345	16,265	302	11,874	12
1919	368	7,073	153	1,502	4,766	-	-	13,341	241	8,612	13
1920	516	7,312	857	1,957	6,607	38	1,407	17,283	292	12,359	16
1921	1266	8,487	3,102	4,307	12,056	373	1,671	26,521	483	23,448	27
1922	1534	9,524	2,764	4,632	12,241	343	1,706	28,103	560	30,412	33

1919년 '조선독립만세운동'을 통하여 각성한 한국교회의 교인들과 주일 학생들이 갑자기 늘었다. 아래 표를 보면 확인할 수 있다. 1918~1919년에 비해 1920년과 1921~1922년에 갑자기 수가 커지고 많아졌다. 여성 교인들과 주일학교 학생들을 돌보고 가르칠 전도부인의 수는 10여 명이 늘어난 반면, 교인들과 학생들은 10,000~18,000명이 늘어난 것이다. 이러한 상황에서 이를 타개하기 위해서는 새로운 개념이나 전략이 필요하

---

12 Lavalette Dupuy, *Letter: My Dear Friends, Kunsan*, Korea (Oct. 7, 1940).

13 "Table of Statistics," *Minutes of the Annual Meetings of SPMK*, 1918~1922.

였다.

1920년부터 광주 지역을 순회 전도하면서 전도부인 양성을 머리에 담고 있었던 쉐핑(서서평) 선교사는 이미 1922년 6월에 여성성경학교를 개인적으로 시작하였고 이를 한국선교회의 연례 회의에서 공론화하려고 하였다. 이것이 1923년 연례 회의에서 논의되었고 전북 전주와 전남 광주에 각 1개교씩 전도부인 학교를 세우기로 하였다. 그 즉석에서 자세한 사항을 논의할 전문위원회가 구성되면서 1924에 교과과정과 다른 학제와 연관을 맺으며 운영되도록 했다.[14]

이러한 논의를 거쳐 1년 6개월, 2년제 초급여자성경학교를 전남과 전북에 각각 설립하자는 안이 확정되었고, 1924년에 교과과정이 확정되어 운영되었다.[15] 전북의 초급여자성경학교는 1928년에 건물기부자의 이름을 따서 한예정기념여자성경학교로 명명되었다. 전남의 초급여자성경학교는 기부자의 이름을 따서 이일(니일)여자성경학교로 불렸다. 이들은 2년의 과정이 끝나면 졸업을 했다. 그러나 상급학교인 선교회여성성경학교를 곧바로 입학할 수 있었다. 1925년 한예정 여학생 15명 중 최소 4명은 군산선교부 출신으로 나타났다.[16]

---

14 임희모, "미국남장로교 한국선교회의 전도부인 양성과 교육정책 연구(1902~1925)," 「선교신학」 71 (2023) : 267-276.

15 앞의 책, 272; 해방 후의 성경 교육(호남성경학원, 이일여자성경학교, 한예정여자성경학교)은 임희모, "미국남장로교 한국선교회의 성경학원 성책(1946~1961)," 「선교신학」 72 (2023) : 243-273.

16 이들은 임보라, 셔근명, 박순자, 최지현 등이다. Mattic Ingold(Mrs. Ingold Tate), "Bible School," (PHS소장 자료) ; 임희모, "미국남장로교 한국선교회의 전도부인 양성과 교육정책 연구," 274.

3. 한국선교회의 여성 성경 교육의 최고위 과정인 선교회여성성경학교

위에서 언급한 설명과 관련하여 이 두 학교는 과목 풀을 만들어 서로 중복이 되지 않도록 과정을 운영하였다. 또한 시기도 역시 조절되어 3월 초 혹은 중순에 초급학교가 졸업을 하게 되는데, 곧바로 이어서 선교회 여성성경학교에 입학하여 4월 초부터 3개월의 공부를 시작하여 6월에 과목이 끝나도록 교과를 만들었다. 이 공부 기간은 처음에는 3개월 2년 과정이었으나, 공부를 더 심화시키기 위하여 년 3개월 3년 과정으로 확정하였다.

한국선교회는 1918년에 이 선교회여성성경학교를 시작하였지만, 이 과정에서 공부를 하기 위해서는 개교회에서 4~5일, 사경회 과정을 1~2번 정도 마쳐야 했고, 지역 선교부에서 하는 10일 성경반에서 4~5년을 공부했고, 또 1달 성경학원에서 4년을 공부해야 했다. 이로 인하여 공부하는 기간이 10년을 넘어 무척 힘들었다. 이를 해소하기 위하여 서서평 선교사가 년 6개월 2년의 집중 강의를 하는 초급여자성경학교를 제안하고 실천하였다. 바로 이 과정을 졸업하면서 최고위 과정을 입학할 수 있게 된 것이다.

1920년에 제1기 졸업생들로 2명이 배출되었는데 이들은 정마리아와 정롯이라는 과부들이었다. 정마리아는 전도부인으로 맹활약을 하였다. 1926년 6월 9일에 졸업한 제5기 졸업자들은 무려 10명이었다.[17] 이들은 삼베 치마를 입고 순종의 인산을 슬퍼하였고 한편으로 하얀 장미를 들고

---

17 Josephine H. McCutchen, "Korean Graduates Great Help in Work," *The Presbyterian Survey* (Nov. 1926), 681-682.

졸업을 축하했다. 서서평 선교사가 여성들을 교육시킨 광주금정교회(오늘날 광주제일교회) 출신으로 엄현숙, 염마리아, 구영애, 김영신 등 4명이 졸업하였다. 그리고 목포의 박수은과 제주의 김명숙, 삼례교회 출신의 주숙경, 전주 서문교회 출신의 서경운, 임실과 남원 출신으로 각각 장성이와 허봉림이 졸업하였다. 선교사 교사로는 서서평(쉐핑)과 마요셉빈 외 4명이 함께 사진에 찍혔다. 이들은 주로 전도부인으로 활동하였고 부인조력회(여전도회)나 주일학교에서 간사로도 활동하였다.

IV. 여성 선교사들과 부인조력회(여전도회) 운동

1. 서서평 선교사와 미국 부인조력회의 전국 총무 윈스보로 여사

서서평 선교사는 교회의 모든 여성들이 함께 협력하여 교회의 모든 존재 목적을 실현하기 위하여 땅끝까지 이르러 복음을 전하는 비전을 품고 있었다. 1920년 어느 날 300명의 한국 여성들이 모인 사경회를 인도하고 있었는데, 마침 미국의 전국 부인조력회의 회장인 윈스보로 여사가 한국을 방문하여 사경회를 참관하려고 나타났다. 이에 서서평은 그녀에게 특강을 청하였는데, 그녀는 미국 교회에서 1912년부터 활성화되고 있는 부인조력회 운동을 소개하였다. 그녀는 부인조력회의 목적과 방법 및 실천 사항 등을 간략하게 소개하였다.[18] 서서평은 그녀의 강의를

---

18 Mrs. M. L. Swinehart, "Missionary Deborah Elisabeth J. Shepping," Hallie Paxson Winsborough, Compiled, *Glorious Living* (Atlanta(GA)： Committee on Women's Work Presbyterian Church, U.S.(1937), 145-184; 스와인하트 부인 지음/임수지 번역,

경청하면서 이 운동이야말로 한국 여성들을 깨우쳐 교회의 여러 목적을 실천하여 교회를 성장시키고 성숙시킬 것으로 확신하였다. 이에 앞서 호남지방에는 작은 규모의 모임으로 전도부인 등을 돕는 여성 조직이 있었으나 영향력은 크지 않았다.[19]

2. 개교회 혹은 작은 단위의 부인조력회와 부인조력회 연합회 조직

서서평은 1922년 12월 22일에 광주에서 부인조력회를 조직하고, 1923년에 전주와 목포에서 1924년, 제주에서 1925년, 군산은 1927년, 순천은 1930년에 조직하였다. 그러나 서서평은 이러한 지역에 산발적으로 흩어져 있는 개교회 혹은 작은 단위의 부인조력회 등을 보다 큰 단위, 예를 들면 전남 부인조력회 연합회 등으로 조직하였다. 이러한 상황에서 1927년 한국장로교 총회는 전도부에 여전도회를 만들었다. 여기에 서서평은 전남부인조력회의 대표로 한국교회 여성들의 연합회 조직에 힘썼다.[20] 그녀의 직책은 전국 총무와 부회장까지 이르렀으나 건강이 좋지 못하여 한국 여성인 한영신에게 회장의 기회를 넘겼다.

"엘리제 요한나 쉐핑: 선교사 드보라," 서서평연구회, 『'주를 공경하는 자'(잠 14 : 31)로서 서서평 선교사의 삶과 사역』 서서평 연구논문 8집 (2021), 39-77.

19 Maie Borden Knox, "Women's Work on the Presbyteries of North and South Chulla, Soonchun, and Cheiju," *The Presbyterian Survey* (Oct. 1936) : 593-595.

20 김혜정, "서서평의 여전도회 활동과 영향에 관한 고찰," 「서서평연구논문」 8집 (2021) : 81-110.

3. 부인조력회의 운영 세칙

운영 세칙은 다음과 같다. 이는 서서평과 김필례가 미국 남장의 부인
조력회 운영과 세칙을 번역하여 한국교회 상황에서 적용한 것이다.[21]

1) 지역교회와 부인조력회의 영적 성장을 위하여 반드시 필요한 일

① 성경공부반을 반드시 운영한다.
② 청지기 사명: 선교 연구를 통해 청지기직을 어떻게 수행하는가를
　　배운다.
③ 절기별 특별기도: '기도의 일정'에 따라 예컨대, 해외 선교 주간
　　등에 기도한다.

2) 운영 세칙: 등급제(3등급)

① 1등급(Gold: 골드): 20점
② 2등급(Silver: 실버): 16점
③ 3등급(Blue: 블루): 12점

---

21 양국주, 『하나님의 나팔수: 여전도회-전남노회 여전도회 연합회』 (서울: Serving the
　People, 2015), 75-78.

3) 아래 열 항목을 지켜야 한다

한 항목을 통과하면 2점이 부여된다.

①~⑦ 조력회 내에 최소 1개 이상의 성경공부반이 있어야 하고, 회원 중에 최소 15%는 십일조 생활, 회원의 최소 50%는 가정예배, 또한 최소 50%는 가정에서 기도 달력에 따라 기도, 50%가 가정에서 교회신문이나 선교잡지를 구독, 조력회 모임에 회원들의 출석률이 50% 이상, 또한 회원들은 아동과 청소년을 위한 신앙교육을 잘 진행해야 한다.

⑧ 교회 내 여성은 모두 조력회 회원으로 등록할 수 있도록 해야 한다. 여기에는 교회 내 사항들로 조력회 임원 선출, 훈련과 공부, 규정 등이 원만하게 갖추어져야 한다.

⑨ 국내 선교를 위한 연구반 1개와 해외선교 연구반 1개가 있어야 했다.

⑩ 모든 교회가 구제에 힘쓰도록 전년 대비 구제 예산이 5%가 증가해야 한다.

이러한 세칙은 당시 한국 여성 상황에서는 불가능한 것들로 보였다. 그러나 서서평은 여성들을 훈련하고 또 훈련하여 이를 시행하였다. 경제 생활로 보면 당시 조선 사회는 돈 즉 화폐보다는 물물교환의 삶을 살았다. 이에 서서평은 십일조를 성미 제도로 바꾸었다. 밥을 지을 때 쌀 한 줌을 성미로 따로 구별하여 이를 십일조로 교회에 바치게 했다. 그리고 세칙 중 몇 가지는 한국 여성 상황에 맞도록 조정하였을 것이다. 사실 이 운동은 미국에서도 쉽지 않았다. 그러나 서서평은 부인조력회 운동을 한국에서 조직하고 성공적으로 정착시켰다. 이에 대하여 해방 이후 남장로교 한국선교를 기획하고 실천하고 연구한 선교 역사 연구자로서 선교 전략가인 브라운(George T. Brown, 부명광) 박사는 서서평은 "참으로 위대한 한국 선교사(Truly a Great Korea Missionary)"로서 그녀의 삶과 업적은 전설적(Legendary)이었다고 기록하였다.[22]

V. 통계

<표 7> 군산선교부와 한국선교회(5개 선교부)와 실적 비교(1921~1937)[23]

구분	1921년		1937년		1937 - 1921 = + / -	
선교부	군산 선교부	5개 선교부	군산 선교부	5개 선 교부	군산선교 부 증감	5개 선교 부 증감
선교사 수	12	77	6	72	-6	-5
외국 전도자 (Evangelists)	-	-	4	29	+4	+29
전도사·교사· 조사·전도부인	21	162	54	298	+33	+136
조직교회	12	87	45	182	+33	+95
미조직교회	49	281	62	478	+13	+197
교회당 수	61	360	105	664	+44	+304

---

22 윈스보로 여사가 회장 겸 총무로 활동하는 부인조력회의 여성위원회가 1937년에 세계에서 가장 자랑스럽고 영광스럽게 선교하는 여성 7명을 선정하여 책으로 출판했다. 이 책은 각주 78번에 언급된 *Glorious Living*이다. G. T. Brown, *Mission to Korea* (Board of World Missions, Presbyterian Church, U.S., 1962), 119-122, 특히 121; 조지 톰슨 브리운 지음, 천사무엘·김균태·오승재 옮김, 『미국남장로교한국선교역사(1892~1962): 한국선교이야기』 (서울: 동연, 2010), 169-172, 특히 170.

세례자	1,457	8,487	3,071	13,858	+1614	+5,371
유아세례	207	1,671	739	4,245	+522	+2,574
세례자 외 신자들	4,201	16,363	5,105	24,178	+904	+7,815
안수 목사· 장로·집사	32	202	156	455	+124	+253
평균 출석자	5,442	20,890	8,405	37,922	+2,963	+17,032
주일학교 수	60	483	95	1,008	+35	+525
주일학교 교사	–	–	833	3,420	+833	+3,420
주일학교 학생 수	4,880	23,448	10,405	54,157	+5,525	+30,709
부인조력회 수	–	–	50	329	+50	+329
부인조력회 회원	–	–	1,500	9,760	+1,500	+9,760
헌금 총계 엔(¥)	10,689	54,349	27,940	113,025	+17,251	+58,676

이 통계 <표 7>을 분석하면 다음과 같다.

1) 1937년 신사참배 문제로 한국선교회와 연관된 전북, 전남, 순천 및 제주노회 등의 복음 전도와 교회 관계 활동과 소통이 거의 단절되었다. 이후 한국선교회는 1938년과 1939년의 통계를 산출하지 않았고, 1940년의 통계는 의료 항목을 주로 다루면서 선교회 활동을 마감했다.

2) 신설된 항목과 변경된 항목이 있다. 외국인 전도자, 주일학교 교사, 부인조력회 등이 신설되었고, 변경된 항목은 이전에는 자립교회 수가 들어갔는데, 1937년 통계에는 그 항목은 없어졌다. 이에 따라 교회당

---

23 "Table of Statistics," *Minutes of the Annual Meetings of the SPMK*, 1921~1937.

수로 변경하였다.

　3) 한국선교회의 선교부는 편의상 큰 선교부 2개(전주, 광주)와 작은 선교부 3개(군산, 목포, 순천)로 구분되는데, 복음 전도 대상 인구나 이에 대한 선교사 수나 예산 배정에 있어서 비율은 5:3 정도다. 이를 감안하면 각 선교부의 통계를 대략 이해할 수 있을 것이다. 이 비율을 감안하면 군산의 경우 3(군산):19(5개 선교부) 비율로 따지면 대략적 평균값이 계산될 것이다.

5장
한국선교회의 복음 선교 활동 쇠퇴기
(1937~1940)

I. 시대적 상황

일본제국주의는 1930년대에 들어 천황의 통치 이데올로기를 삼위일체 모형으로 완성하고 가동하였다. 최고 정점에 천황을 두고 이 체제를 실행하는 조직으로서 무력적 군국주의를 강화하여 전쟁을 일으키고 침략을 일삼았다. 한편, 민간(신민)을 통치하기 위하여 천황을 신으로 모시는 종교 즉 신도 종교를 만들고 여기에 복속하여 참배하도록, 즉 신사참배를 의무화하여 한국인들이 순종하도록 강제화하였다. 일제는 천황 이데올로기를 확장하는 기능을 일본 군국주의가 수행하게 하면서 이 시기에 만주와 중국을 침략하기 시작하였다. 이를 지원하기 위하여 조선총독부는 천황의 신민들로 일본인과 한국인들에게 신사참배를 강제하였다. 총독부는 한국인들뿐만 아니라 기독교 학교와 기독교인들에게도 신사참배를 강요하였다. 이러한 신사참배는 한국인들을 일제의 침략전쟁에 동원하기 위하여 일제와 총독부가 설계한 전략이었다.

II. 풀턴의 성명서: 한국선교회의 신사참배 반대와 한국장로교회의 신사참배 가결

이러한 일련의 과정에서 한국기독교와 교회는 천황제 군국주의의 다른 면인 신도 종교의 신사참배를 반대하고 저항하기 시작하였다. 급기야 남장의 기독교 학교에 압박을 가하자, 미국 실행위의 총무 풀턴 박사가 움직이기 시작하였다. 그는 남장 선교사의 아들로 일본에서 성장하여 일제와 신도 종교를 잘 알고 있었다. 그는 1937년 1월과 2월에 일본에서 미국 대사를 만났고 한국에 들어와 각계 요로의 인물들을 만났다. 이에 13개 조항으로 이루어진 풀턴(C. Darby Fulton)의 성명서를 2월 24일에 공표하였다.[1] 이로 인하여 남장의 기독교 학교들은 1937년 9월에 학생 모집을 하지 않았다. 이러한 폐쇄 조치에 대하여 한국 사회의 민족적 지식인들과 학생들은 이를 비판하고 이의 제기를 하는 등 적지 않은 항의와 소동이 있었다.[2]

여기에서 복음 전도와 관련하여 풀턴 성명서가 중요한 것은 이로 인하여 남장의 기독교 학교들을 폐쇄함으로써 신사참배를 공공연하게 반대한 것이었다. 이러한 상황에서 1938년 9월 9일에 조선예수교장로회 제27회 총회는 평양에서 신사참배를 가결하였다. 이것은 남장의 정책과 완전히 다른 길을 간 것이다. 이에 대하여 한국선교회의 조정위원회 (AIC)는 1938년 9월 27일 광주에서 회집하여 다음과 같이 결정하였다.[3]

---

1 "Policy Regarding Schools in Korea," *Minutes of the Forty-Sixth Annual Meeting of the SPMK* (1937) : 43-46.

2 안종철, 『미국 선교사와 한미관계: 1931~1948』 (서울: 한국기독교역사연구소, 2010), 126-132.

1) 현재 상황에 비추어 우리(선교회)는 한국교회에서 행정업무를 계속하여 행하는 것이 불가능하고, 따라서 노회의 활동 회원(정규회원)으로 남아 있을 수 없다(노회에서 탈퇴하여 당회장 등 모든 책임에서 물러나 무임 목사로 남는다). 2) 그러나 우리는 교회와 노회 간 연락, 교회부흥회, 성경 교육, 신자 심방, 개인 전도와 설교 등을 원한다. 3) 한국선교회의 전도사(조사)에 대한 보조비는 향후 6개월(10월 1일~3월 31일)을 지급하고, 이들은 미전도 지역에서 활동하도록 한다는 것 등이었다.

위의 결정 사항을 한국선교회 회장인 마로덕 목사가 전북노회에 보고하였다. 이에 전북노회는 선교사들에게 선교사업을 계속하여 주실 것, 이것이 어려울 경우 사업비를 노회에 보조해 주실 것, 또한 교육기관을 대여해 주실 것을 교섭하였으나, 하나도 성사되지 않았다. 결국 전북노회장 김세열 목사로부터 마로덕 선교사와 서국태 선교사가 무임 목사로 허락을 받았고, 또한 군산의 부위렴 선교사도 모든 책임에서 벗어나 무임 목사가 되었다.4 양측의 타협이 없는 이러한 결정에도 불구하고 한국선교회는 성경반, 성경학원, 성경학교 사역은 계속하되 한국선교회의 일반정채에 따른다는 결정을 하고 추진하였다.

III. 우애 넘치는 화해와 미담

이러한 갈등 상황에서 실행위(한국선교회)와 한국 교회(군산동부교회)

---

3 *Minutes of the SPMK*, (1939), 39-42.

4 "조선예수교장로회 전북로회 제32회 제2차 임시회록," 6-9; 대한예수교장로회 전북노회, 「전북노회 회의록」 37회-69회, 282-285.

간에 일어난 우애 어린 미담을 여기에서 간단히 소개한다. 군산동부교회가 개교회 수준에서 남장로교 총회 창립 75주년(1936년)을 축하하고, 선교사들을 군산에 파송하여 구원을 얻게 하였음에 감사를 드리면서, 고급 대형 한반도 지도 자개 액자를 남장 총회에 선물로 증정하였다. 이 자개 지도에는 그동안 군산에서 활동한 선교사들의 이름이 빽빽하게 작은 글씨로 적혀 있다. 또한 동봉된 편지가 있었는데 내용은 총회 창립 축하와 동부교회가 새롭게 건축하는 교회건물에 대한 재정후원을 간청하는 것이었고, 이에 대한 연락은 불 선교사에게[5] 하라는 것이었다. 그리고 건축 진행 중인 교회의 모형도를 동봉했다고 했다.[6] 이러한 축하와 선물과 청원을 요청한 군산동부교회에 대하여 실행위는 한국선교회에 해결을 요청하였다.

한국선교회는 동부교회가 속한 전북노회의 메쿠첸 박사와 린턴 교장과 윈(Rev. Samel D. Winn) 선교사로 3인의 화해위원회를 구성하여 동부교회와 교섭하였다.[7] 동부교회가 그동안 입은 손실과 오해를 풀고 우애 어린 화해를 한다면 실행위가 특별보상금으로 300달러를 지불한다는

---

5 당시 이 교회의 담임은 전북노회장을 역임한 최대진 목사였고, 이 교회를 관할하는 선교사는 불 선교사였다. 편지 내용(영문)과 액자 지도 안의 영문을 살펴보면 다소 엉성하거나 오자와 오류가 가끔 보인다. 사전에 불 선교사와 상의하고 조언을 들었다면 아마도 이러한 중재와 화해 노력은 없었을 것이다. 이후 1938년에 최대진 목사는 이 교회를 이임하였다.

6 본 필자는 2023년 3~4월 개인적인 미국 방문길에 PHS(미국 필라델피아 장로교역사사료관)를 들렀다. 약간의 후원금을 냈더니 직원이 사진 자료들과 자료보관함을 서고에서 가져왔다. 커다란 자료함 1개를 열어보니, 덩그러니 봉투에 들어있지 않은 서신 2장만이 보였다. 내용을 살펴보니 자개 액자와 교회 건축 모형도를 첨부했다는 것이다. 이에 본 필자가 담당자를 불러 이 보관함에 왜 모형도가 없냐고 질문하니, 그의 대답은 이것이 전부라 한다. 그것이(모형도) 왜 없는지는 자기도 모른다고 했다.

7 "Special Committee on Kunsan East-Side Church Report," *Minutes of the 46th Annual Meeting SPMK*, (1937), 26.

내용이었다. 이 문맥을 당시 선교 현장으로 돌아가 분석하면 동부교회가 한국선교회의 규정을 알지 못하거나 무시하고, 선교사들과 상의도 하지 않고 혹은 한국선교회와 선교사들의 존재를 무시하는 듯 무작정 개교회 차원의 서신을 보내고, 값비싼 자개 액자를 보내고 당연하다는 듯이 건축 재정지원을 요청하였다. 이를 접한 미국 실행위는 우선 무척 당황했을 것이다. 우선 총회 창립 75주년 축하를 군산동부교회라는 개교회에 요청했나? 선물 예컨대 값비싼 자개 액자 등을 보내라고 했나? 이에 따라 실행위는 동부교회가 요청한 대로 이에 상응하는 교회 건축 후원금을 보내야 하는가? 이러한 이해 못 할 상황에서 좋게 이해하여 실행위는 축하 서신과 자개 액자를 선물로 받을 수도 없고, 또한 선교 정책과 규정에 어긋남으로써 후원금을 한국에 보낼 수도 없는 궁지에 몰린 것이다. 이러한 상황에서 실행위는 한국선교회에 이를 해결하도록 긴급 요청을 했을 것이다.

한국선교회는 3인 화해위원회를 조직하고 선교 현장의 교회인 동부교회 측과 교섭과 상호 이해와 해결을 바랐다. 동부교회가 오해를 풀고 화해를 하면 300달러를 보전할 수 있을 것이고, 한국선교회 측은 동부교회가 오해를 풀지 않으면 그만큼 선교 교육적 무력감을 느낄 것이다. 이러한 약간의 갈등은, 당시 상대방의 의사를 묻지 않고 축하와 선물을 보내도 되는 한국문화 속의 동부교회가, 미국인들 혹은 선교사들의 문화를 모르고 축하와 선물을 일방적으로 보내고, 이에 따른 답례로 공적인 교회 건축을 위한 재정지원을 요청한 것에서 비롯되었다. 이에 대하여 선교사 측은 한국문화 이해에 넓은 마음을 가지고 대응한 것으로 보인다. 이것은 쌍방 간에 좋게 이해하고 화해를 하면 우애 넘친 미담이 될 것이었다. 본 필자는 300달러 송금(전달)과 영수증에 대하여 여러 자료

들을 검토하였지만 구체적 자료를 확보할 수 없었다. 그러나 아마도 양
자 간에 훈훈한 화해와 이해가 되었을 것으로 추정된다. 자개 지도 액자
는 지금도 변함없이 필라델피아역사자료관(PHS) 건물 내의 어느 벽면에
걸려 있을 것이다.

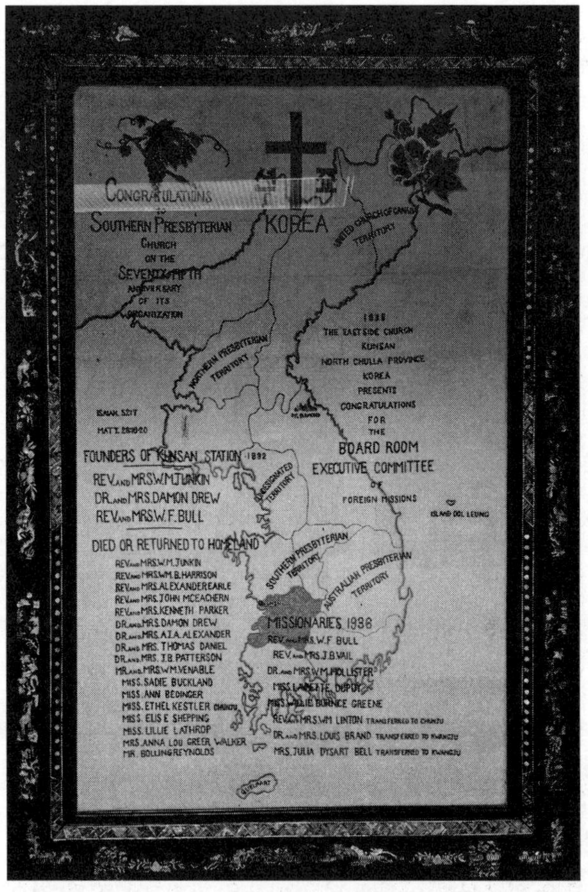

군산선교부 선교사들의 이름을 기록한 한반도 지도 자개 액자

IV. 1939~1940년의 한국선교회의 성경 교육 운동

신사참배 반대 이후 한국선교회의 선교사들은 지역에서 복음 전도 활동을 할 수 없는 상황에서 한국선교회의 복음 전도위원회는 각 선교부마다 성경학원을 개설하고 전도부인이나 전도사들을 양성하려고 하였다. 한국선교회는 짧은 기간이지만 예산을 세우고 성경 교육 운동을 벌였다.

1. 1939년 성경학원[8]

1) 3주간 교육을 실시하는 여성고등성경학원 과정을 4개 선교부에 개설하였다.

광주 3월 26일~4월 1일 — 순천 4월 7일~5월 8일
목포 5월 9일~5월 30일 — 군산 5월 31일~6월 21일

2) 군산 여자성경학원

여성반 — 1차: 1월 2일~2월 6일, 2차: 2월 9일~3월 16일
10일 여성성경반: 3월 19일~3월 29일

3) 광주 성경학원: 남성반, 여성반 등 다양하게 열었다.

---

8 *Minutes of 46th Annual Meeting of SPMK*, (1939), 21, 28.

2. 1940년 성경학원[9]

1) 군산 성경학원 개설

제1학기: 1월 10일~2월 8일(Miss Winn 담당)
제2학기: 2월 12일~3월 14일(Mrs. Wilson 담당)

2) 광주 성경학원: 여성 10일 성경반

3) 목포 1달 성경학원

10월 2~10일/31일(1940)
2월 4일~3월 6일(1941)
3월 1~4일/11일(1941)

4) 전주 3개월 특별 성경반: 3월 9~6일/11일(1941)

3. 1940년 전주 한예정여자성경학교와 광주 이일여자성경학교

이 시기 어떻게 얼마나 많은 수가 모여 강의가 진행되었는지 면밀히
살필 필요가 있다. 그러나 모임 자체를 감시하는 일제 스파이들의 준동
으로 원활한 교육은 이루어지지 않았을 것이다. 한예정학교는 1940년

---

9 *Minutes of the Annual Meetings of SPMK,* (1940), 13; 15-17.

4월 4일에 개강하였다. 그러나 제3일인 4월 6일에 경건회를 열었으나 강제로 문을 닫을 수밖에 없었다. 이일학교는 1940년 봄 일제 경찰의 감시를 피하여 학생들을 거의 1달간 기숙사에 숨기고 교육을 하였으나 더 이상 지속할 수 없었다.

V. 미국남장로교 선교사들의 한국 철수

그동안 일제는 온갖 방법과 수단을 다 동원하여 한국교회와 교인들을 압박하고 감시하여 선교사들이 한국교회를 방문하거나 교인들과 접촉을 할 수 없게 만들었다. 사태가 이렇게 악화되자 선교사들은 귀국할 수밖에 없다는 생각을 가졌다. 이 때 미국 정부는 이들을 한국에서 철수시키기 위하여 마리포사(S. S. Mariposa)호를 준비하여 귀국을 종용하였다. 아동 19명을 포함한 49명의 남장로교 선교사들은 인천에서 다른 선교회들의 선교사들과 만나 11월 16일 배를 타고 미국을 향한 귀국 길에 올랐다.[10]

그러나 한국선교회의 7인 선교사들(Mr. & Mrs. R. M. Wilson, Miss M. L. Dodson, Miss F. E. Root, Dr. Rev. J. C. Crane, Rev. & Mrs. J. V. N Talmage)은 한국에 남아 각각 나병원 처리, 평양신학교 교육 및 한국선교회 법인의 재산 문제 등을 처리하였다. 그 후 순천 선교부의 윌슨 의료 선교사 부부는 1941년 봄에, 평양신학교의 조직신학 교수로 활동하던 크레인 선교사

---

10 안종철, 『미국선교사와 한미관계』, 126-131; 김승태, 『한말·일제강점기 선교사 연구』 (서울: 한국기독교역사연구소, 2006), 229-230.

는 1941년 8월에 귀국했다. 그러나 광주 선교부의 도마리아 선교사, 유화례 선교사 그리고 한국선교회 유지재단의 재산을 지키면서 옥고를 치른 타마자 선교사와 부인 등 4명은 마지막 출항선을 타기 위하여 1942년 6월 1일 광주를 떠나 배를 타고 일본 요코하마로 이동하였다. 이들은 인도양을 항해하여 아프리카 모잠비크의 로렌조 마르끼스(원주민 언어로 마푸토) 항구에 정박한 후 중립국인 스웨덴의 배 그립스홀름(S. S. Gripsholm) 호를 타고 대서양을 북상하여 1942년 8월 25일 뉴욕에 도착하였다. 도마리아 선교사는 동료 선교사들을 만나고 1942년 12월 10일에 고향 텍사스 오스틴에 안착하였다.[11]

VI. 결론

1892년 10월과 11월에 서울에 도착한 7인의 개척 선교사들은 치밀한 계획으로 3년 반 동안 언어 공부와 선교 현장을 답사하고, 호남 지역 선교에 대한 준비를 하였다. 특히 전킨 복음 전도 선교사와 드루 의료 선교사는 그동안 서울과 충청남도와 전라북도를 답사하면서 언어를 익히고 복음 전도를 행하였다. 1896년 봄에 이들 부부와 11월에 합류한 독신 여성 선교사 데이비스 등 5인 선교사는 군산선교부를 세웠다. 복음 전도 선교사 전킨은 군산에서 한국인들에게 복음을 전하고 세례를 베풀어 호남의 첫 교회를 세웠다. 드루 의료 선교사는 자비로 돛단배를 구입

---

11 Mary L. Dodson, *Letter: Dear Friends, Austin, Texas, December 14*, 1942 (Received at Nashville Tennessee, December 18, 1942).

하여 금강과 바다를 다니며 수많은 한국인들을 진료하고 치료하여 복음 전도의 문을 열었고, 데이비스는 여성들과 청소년과 어린이들에게 복음을 효과적으로 전하였다.

군산이 1899년 개항장으로 지정되자 1900년 군산에서 구암(궁말)으로 선교부를 옮긴 선교사들과 한국 기독교인들은 전북 서부 지역 일부와 충남 일부에서 복음을 전하였다. 그리고 성경 공부를 통하여 한국인 남·여 지도자를 양성하였고, 부인조력회 운동과 주일학교 운동을 벌여 교회 성장을 도모하고 활성화하였다. 그러나 1930년대 후반에 일제가 강요하는 신사참배로 인하여 선교사들과 한국교회가 갈등하는 가운데 일제의 강압과 미국의 종용에 따라 1940년 11월에 군산선교부의 선교사들은 다른 4개 선교부의 선교사들과 귀국할 수밖에 없었다.

1939년 10월 5일에 조선예수교장로회 전북노회로부터 조선예수교 장로회 군산노회가 분립하였다. 이날 오후 7시 30분에 목사 11인과 장로 49인이 군산 개복동교회에 회집하여 상기 군산노회를 조직하였다. 회장 이창규 목사, 부회장 리춘원 목사, 서기 윤석구 장로, 부서기 김광수 장로, 회계 계원식 장로, 부회계 조인순 장로 등이 선임되었다. 이들의 소속 교회는 전북의 군산·이리·익산·옥구·김제·부안, 충남의 부여·서천·보령 등에 산재하였다.[12]

---

12 「조선예수교장로회군산로회 제1회 회의록」, 3–5.

제 3 부

군산선교부의 의료, 교육 선교

6장
군산 선교병원의 질병 치료 공동체 활동

I. 군산 지역의 의료 상황과 군산선교부 개설[1]

1. 군산의 지리적 역사적 위치

군산이 남장로교의 한국선교 역사에 처음으로 등장한 시기는 1894년 2월 이후였다. 1893년 1월 28일 장로교선교회공의회가 모여 선교지 분할을 할 때도 군산이라는 이름은 언급되지 않았고, 1894년 2월 13일 개최된 제2차 한국선교회 연례 회의는 구체적으로 전라도 해안선을 따라 선교부가 세워질 가능성이 높은 성읍들을 살피기 위하여 탐사 여행을 하기로 결정하였다. 여기에는 한국선교회의 회장인 레이놀즈와, 3월 12일에 입국한 의료 선교사 드루(Alessandro D. Drew, M. D.)와 만주에서 로

---

1 제6부의 내용은 본 필자가 2025년 4월 8일에 연세대학교 의과대학 주관으로 "연세대학교 창립 140주년 및 제중원 개원 140주년 기념 학술 심포지움: 제중원과 한국 기독교의료 140년"이라는 제목으로 열린 학술대회에서 발표하였다. 상기 「심포지움 자료집」 226-244를 참조하라.

스(John Ross) 선교사와 한국어 성경을 번역하여 한국에 반입하고 당시 서울에서 활동하면서 한국의 선교사들 사이에서 가장 신용이 높은 서상륜(Saw Sang-yun)과 옥선이라는 소년 등 4명으로 공식 탐사단이 구성되었다.

이들은 3월 27일에 서울을 떠나 제물포를 거쳐 3월 30일 새벽 4시 30분에 군산에 도착하였다. 당시 육로 교통이 발달하지 못하여 배로 이동이 보다 편리한 해안선 선교 시대에 군산은 중요한 선교거점이 되었다. 군산은 제물포까지 120마일(196km), 전주까지 36마일(57km) 그리고 목포까지 110마일(176km)의 거리에 있었다. 이러한 지리적 이점을 가진 군산은, 이외에도 금강을 따라 충청도 내륙의 공주와 전북의 내륙인 전주에 선교 물자들을 공급할 수 있는 관문 역할을 하였다.

여기 탐사단은 보고서를 만들어 선교부 자리로 군장(군산), 전주, 목포와 좌수영(여수) 등에 시급히 선교부를 개설할 것을 강조했다. 그러나 1895년 4월 4일에 유진 벨(Eugene Bell) 선교사가 부산에 도착하고 이후 서울에 거주하면서 전남 지역의 개척 선교를 책임 맡았고, 나주 선교부 개설을 추진하였다. 이미 군산은 선교부 소재지로 거의 확정되었으나 1896년 한국선교회는 군산의 기후와 생활 조건 등의 열악성으로 인하여 전킨 선교사의 건강 문제가 제기되자 군산 대신 나주에 선교부를 세운다고 결정하였다. 그러나 나주 거주민들이 결사적 보수 분위기를 조장하면서 선교사에 대한 반감과 배척을 강하게 드러냈다. 이에 한국선교회는 군산선교부를 존속시키고, 1897년에 개항장으로 공표된 목포에 선교부를 세우기로 결정하였다.

1899년 5월 군산 개항장이 결정되고 구체화 되자 지역사회는 크게 변화하였다. 먼저 인구 이동이 일어났다.[2] 전통적으로 바다를 낀 농업사회에 속한 군산 지역의 농·어민들이 새로운 일자리를 찾아 군산의 개항장으로 대거 몰려들었고 일본인들의 유입도 크게 늘었다. 일본인 대부분은 곡창지대의 대토지 소유자와 쌀 무역에 종사한 자들로서 군산 인구의 거의 반을 차지하였다. 표1을 참고할 수 있다.[3]

<표 1> 1899~1910년 군산 내 인구 변동 (단위: 명)

구분	조선인	일본인	기타 외국인	합계
1899	511	77	-	588
1900	780	422	24	1,226
1905	3,451	1,620	85	4,156
1910	3,830	3,448	95	7,373

이에 농업과 어업의 생산량이 줄고 사회구조의 변화가 일어나고 사회문제와 재해가 발생했다. 군산의 개항은 일제가 전북 곡창지대의 쌀을 일본으로 반출하기 위한 전략의 일환이었다. 일본인 지주와 간부들이 대규모의 농토를 소유하고 운영하여 쌀을 수탈하고 이를 직접 수출하는 항구로 군산이 역할하였다. 이러한 사회변동 과정에서 개항 후 2년이 지난 1901년부터 군산 지역 농민들의 대부분이 가난과 기근에 시달리다가 질병에 걸려 고통을 겪었다.

2. 전북과 군산 지역의 전통적 의료 상황

근대적인 의료지식을 갖춘 알렌(Horace N. Allen) 선교사가 1884년 9월에 서울에 도착하였고, 이듬해에는 광혜원(2주 후 제중원으로 개명)을 개

---

2 이진영, "문호 개방과 일제 수탈의 시작," 동학농민혁명기념사업회 편, 『전북의 역사와 문화』(서울: 서경문화사, 1999), 239-252.

3 앞의 논문, 245.

설하였다. 그러나 이 병원의 치료를 통하여 한국의 전통적인 의료 상황이 크게 변하지는 않았을 것이다. 또한 여기에서 다루는 전북(군산)의 의료 상황 역시 달라지지 않았을 것이다. 이러한 근대 의료 도입 초기 상황에서 한국의 전통적 의료에 대하여 헌틀리(Martha Huntley)는 1885~1910년에 한국에서 활동한 의료선교사들의 눈에 비친 전통적 질병 치료와 처방 특히 기괴하게 보이고 이해 불가능한 의료 행위 등을 설명했다.[4] 여기에는 전통적 의학과 한약, 한의사들의 진료와 치료, 한약의 의학 체계, 침술, 뜸, 한약의 주된 재료로 인삼, 민간 치료사로서 무당, 박수, 축귀사 또한 민간 처방과 가내 치료 등을 포함했다. 이 외에 개화기 한국의 질병 원인과 유행병 등에 관하여 에비슨(O. R. Avison) 의사 선교사가 비교적 상세하게 서술했다.[5]

　　전북과 군산에서 활동한 의료선교사들의 전통적 의료 치료에 대한 관점을 살필 수 있다. 특히 여성 의료선교사로서 전주와 군산 등에서 1899~1904년에 활동한 마티 잉골드(Mattie Ingold)가 치료한 여성과 아동의 질병에 대한 민간 치료사들의 진단과 처방은 엉뚱 맞다.[6] 예를 들면, "한 아이가 영양부족으로 전신이 쇠약해 이곳(진료소)에 왔는데, 그 마을 사람들은 이 아이의 병은 태어난 지 삼칠일이 되기 전에 이웃 사람이 개를 잡아먹었기 때문이라고 했다."(1903년 11월 18일 일기) 또한 미국 루이빌 의과대학에서 학위를 마치고 군산 선교병원 등에서 활동하다가

---

4 Martha Huntley, *To Work A Start: The Foundations of Protestant Mission in Korea (1884~1919)* (Seoul: Presbyterian Church of Korea, 1987), 315-334.

5 O. R. Avison, "Disease in Korea"(I), *The Korean Repository*. Vol. IV(1897), 90-94; "Disease in Korea"(II), ibid., 207-211.

6 Mattie B. Ingold, *The Diary of Mattie B. Ingold*, 고근 옮김, 『예수병원 설립자 마티 잉골드 일기』, (전주: 예수병원, 2018), 253-269.

세브란스 의전 교수로 활동한 오긍선 박사가 기술한 한의학의 구조와 체계 및 치료 방법 및 평가는 인상적이다.7 그는 기독교인들도 양의학과 한의학을 동시에 이용하는데, 유효성이 더 높은 양의학 치료를 직접 '와서 보라'는 결론을 냈다. 이 외에도 인류학 차원에서 이정덕은 이러한 질병에 대한 초자연적 접근이나 의례적 차원에서 접근한 전통적 방식을 서술한다.8 이렇듯이 전통적 의료 치료 방식으로는 해결할 수 없었던 육체적 고통과 질병을 19세기 말에 한국에 입국한 알렌 의료 선교사와 제중원이 치료하기 시작하였다.

3. 1896년 군산 진료소를 개설한 의료 선교사 드루와 알렉산더 의사의 활동

여기에서 초기 군산 지역의 의료선교사와 사역을 논의하려 한다. 한국선교회의 첫 의료 선교사로 드루(유대모, Alessandro Damer Drew, M.D.)가 1894년 3월에 서울에 도착하였다. 그는 1896년 3월에 군산으로 이거(移去)하여 군산선교부를 개설하는 데 일조하였다. 그는 1901년 6월까지 군산에 머물렀고, 그 후 1년 기간의 안식년을 떠났으나 1902년에 한국으로 복귀하지 못하였다. 1902년 11월 말에 알렉산더(A.J.A. Alexander. M.D.)가 한국에 도착하였으나, 도중에 그의 부친의 사망으로 인하여 1903년 2월에 한국인 의사 지망생 오긍선을 대동하고 미국으로 귀국하였다. 그

---

7 K. S. Oh(M.D.), "The Native Doctor," *The Korea Mission Field* (July 1914): 214-216.
8 이정덕, "전북 주민들의 생활 변화 1894~1945," 국립전주박물관, 『옛 사진 속의 전북 1894-1945』(서울: 통천문화사, 1998), 127; 공은숙. "의술의 변화: 굿에서 병원까지," 이정덕 외 공저, 『전북 생활문화 100년』(전주: 신아출판사, 2001), 82-88.

이후 1904년 4월에 의료 선교사 다니엘(단 의사, Thomas Henry Daniel, M.D.)이 군산에 도착하였다.

이러한 이해를 배경으로 군산선교부의 초기 의료선교를 분석할 수 있다. 드루는 1894년 3월 말부터 5월 초까지 6주간 전라도 지역 탐사 여행을 하다가 흥양(고흥)에 접근하여 계속 배를 타고 부산을 거쳐 서울로 돌아왔다. 그는 서울에서 한국어를 배우고 전킨의 복음 전도 사랑방에 오고 가는 한국인들 1,500명[9]을 진료하면서 전킨을 도왔다. 또한 이 시기에 만주의 일본군으로부터 전염된 콜레라 균이 서울까지 미치자 이를 퇴치하려는 의료선교단에 드루도 합류하였고 그의 명성이 서울에서도 알려졌다.

드루는 1894년 겨울과 1895년 봄에 서울 서대문의 전킨의 사랑방에서 진료하였고 또한 전킨과 군산으로 내려가서 약방을 만들었고, 곧 서울로 올라와서 콜레라 환자들을 치료했다. 한편 그는 한국선교회를 대표하여 부산에 가서 환자들을 치료했고, 9월 29일 이후에는 서울에서 11일을 제외하고 줄곧 군산에서 지냈다. 1895년에는 2,000명[10]의 환자들을 진료했다. 1896년 3월에 전킨 가족과 드루 가족은 군산으로 이사하여 군산선교부를 개설하였다.

생활환경의 열악성으로 인하여 우선 1897년 드루 가족이 서울에 가서 치료를 받았다. 전킨은 오랫동안 몸이 아파 병석에 누워 있었고 드루

---

9 *Annual Report of the Executive Committee of the Presbyterian Church in the United States for the Year Ending April 1,* 1895 (Nashville, Tenn: Cumberland Presbyterian Publishing House, 1895), 24-25. 여기 보고서에 기록된 통계는 잡지 기사로 인쇄된 발행일부다 적어도 3개월 전의 기록이다. 서울에서 발송한 우편물은 대개 3개월 후 내쉬빌에 도착하기 때문이다.

10 *Annual Report of the Executive Committee... April 1, 1896,* 39-40.

자신도 가을에 몸이 아팠다. 이러한 이유로 드루는 200일 동안 2,700 건[11]의 진료를 했는데, 이 중 600건은 가벼운 외과 치료를 했다. 그러나 적당한 시설 즉 병실 등이 부족하여 치료를 제대로 할 수 없었다. 그러나 의료 활동에 대한 준비와 수술 보조(붕대 감기 등) 및 환자 식사 등은 드루 부인 선교사가 맡았다.

1898년 두루는 자신의 질병과 급한 용무 등으로 4개월간 진료소 문을 닫았다. 이후 8개월간 총 1,435건[12]을 처리했는데 반 정도는 가벼운 외상 치료였다. 그러나 큰 수술을 받아야 하는 160명의 환자들은 돌려보내야 했다. 이들을 수술하기 위한 적당한 수술실과 입원 치료에 필요한 병실 등이 전혀 갖추어져 있지 않았기 때문이었다.

이렇듯이 의료시설 보완이 절실한 상황에서 1899년 이후 드루의 의료 활동과 진료소 기록은 더 이상 찾아지지 않는다. 그런데 이즈음 드루의 의료선교 중단과 복음 전도 집중에 대한 글이 2개가 나타났다. 하나는 1899년 말과 1900년 초에 서울과 군산과 목포를 여행한 존슨(Cameron Johnson)이 쓴 글인데, 드루가 책임 맡은 의료선교를 하기에는 의료 장비가 너무 부족한데, 이는 재정 지원의 부족에 있다는 내용이다.[13] 이로 인하여 드루는 의료선교를 등한히 하고 전도에 집중하였다는 추측이 가능하다. 또 다른 기사는 드루 부인(Mrs. Dr. Drew)이 당시 미국에서 안식년을 보내고 있는 해리슨 부인(Mrs. Linnie Davis Harrison)에게 보낸 글인데, 미셔너리 편집인이 이 글을 전달받아 드루 부인 이름으로 기사화

---

11 *Annual Report of the Executive Committee... April 1, 1898*, 64.

12 *Annual Report of the Executive Committee... April 1, 1899*, 57.

13 Cameron Johnson, "Notes on a Recent Visit to Korea," *The Missionary* (April 1900): 162-179, 특히 167-168.

하였다.[14] 내용은 영국성서공회의 사익스(Mr. Sykes) 씨가 서울에서 내려와 드루와 함께 11월에 선교용 배를 타고 12~13일간 전도 여행을 했는데, 이들이 김제 송지동에서 여성 10명과 어린이 6명을 데리고 왔다는 것이다. 이들이 세례를 받도록 전킨이 시험하여 여성 9명을 합격시켰다. 후에 이들의 남편들과 어린이를 포함하여 총 46명이 군산에서 세례를 받았다는 복음 전도 소식이었다.

이러한 복음 전도 집중은 드루가 작성한 1902년 실행위 보고에도 나타난다.[15] 1901년 초에 미국에서 조달한 자금으로 그는 한국인 7명을 선발하여 서울 신학반에 보내 성령의 불을 받게 하였다. 이들은 서울로부터 군산까지 설교를 하면서 내려왔다. 드루는 이들을 군산 남쪽 5마일(8킬로미터) 내의 모든 마을로 보내 830권의 성경책을 팔고 2,000부의 전도지를 돌렸다. 그는 또한 11명의 한국인을 군산 부근의 섬으로 보내 성경책 7,000권(1,300엔 혹은 120달러 골드)을 팔고 전도지 17,000부를 배포하였다. 그는 이러한 정규 사역 외에 궁말에 거주할 집을 짓느라고 건강을 심하게 잃었다. 결국 드루 가족은 1901~1902년 안식년을 미국으로 떠났다.

이 기사들의 내용을 종합하면 드루는 의료 장비와 시설을 갖추기 어려운 의료선교보다는 복음 전도에 최선을 다했다는 것이다. 여기에서 의료선교사 드루는 그의 본분인 의료 치료와 의료행위보다 복음 전도를 더 열심히 하였다. 이러한 그의 태도는 의료선교사로서는 적절하지 않은 것으로 보인다. 1901~1902년 안식년이 끝난 이후 그는 의료선교사로서 재신임 혹은 인준을 받지 못하여 한국에 입국할 수 없었을 것이다.

---

14 Mrs. Dr. Drew, "Korea: Recent Events at Kunsan," *The Missionary* (April 1900), 179-180.

15 *Annual Report of the Executive Committee... April 1, 1902*, 61-62.

이러한 상황에서 알렉산더(A. J. A. Alexander, M.D.)가 1902년 10월 켄
터키 집을 떠나 목포 임지로 오는 도중에 임지가 군산으로 바뀌었다.[16]
알렉산더는 서울에서 11월 말에 비자 문제를 해결하고 12월 초에 군산으
로 내려왔다. 이러한 과정에서 그의 부친이 소천했다는 부고(전보)를 군
산 도착 즉시 받았다. 유산상속 문제로 그는 한국을 떠나기 전에 군산
선교 현장을 돌아보며 의료선교의 중요성을 주의 깊게 관찰했다. 이후 그는
의료로 한국을 새롭게 세우려는 한국인 오긍선을 대동하고 2월 말에 한국
을 떠났다. 본국에 도착한 알렉산더는 우선 1904년 군산 선교병원 건축을
위한 재정을 지원하였고, 1914년에는 순천 선교병원 건축에도 기부하였다.
순천병원 당국은 그를 기념하여 안력산(알렉산더) 기념 병원을 세웠다.

II. 군산 질병 치료 공동체의 구조와 활동 : 의료 인력과 시설·
   장비, 병원 운영

1. 1896~1940년 군산선교부의 의사 선교사와 간호 선교사 공동체의
   형성

남장로교 총회 실행위는 앞에서 언급한바 드루 의사 선교사를 처음
으로 한국 군산에 파송했고 1905년에는 첫 간호 선교사로 케슬러(계슬라,
E. E. Kestler)를 군산에 배치하였다. 이후 지속적으로 의료선교사들은 군

---

16 *My Dear Boy, Letter dated 28th of November 1902. 1.* 양국주, 『알렉산더 존 애치슨 알
   렉산더』 (서울: Serving the People, 2023), 46.

산으로 모여들었다. 이들은 표2와 표3과 같다.

1) 의사 선교사 공동체

<표 2> 군산 의사선교사 공동체

	이름/생애	군산 근무	출생지+대학	의대+인턴	비고
1	Dr. A. D. Drew(1859 ~1926)	1894 (1896~1901)	영국 채널제도 -미국 이민 -VA, 햄든시드 니대학	필라델피아약 대-버지니아 의대	안식년, 의료 선교사로 재신임 문제
2	Dr.A.J.A. Alexander (1875~1929)	1902. 11. ~1903. 2. (3개월)	KY, 우드포드 -프린스턴대 학교	컬럼비아 의대	오긍선 대동하고 루이 빌 의대 교육 지원
3	Dr. T. H. Daniel(187 9~1964)	1904~1909	TN, 코빙돈-버 지니아대학교	버지니아의대, 뉴욕-인턴+ 레지던트	1907년 오긍선의 유입 으로 군산병원은 국내 에서 더욱 유명해짐
4	Dr. Jacob B. Patterson (1876~1933)	1910~1924	PA, 로스버그 -오하이오우 스터대학교	St. 루이스 소재 워싱턴대학 의 대-레지던트	1인 의사 선교사가 담당 하는 한국의 선교병원 중 최고 실적(1910~ 1924). 스프루에 걸려 안식년, 결국 순직
5	Dr. J. K. Levie(1890 ~1977)	1922~1923	ALA, 알렉산더 시티-아틀란 타 약대	아틀란타 남부 치과대학	순회 치과 진료(군산, 광주, 순천, 목포, 전주)
6	Dr. L. C. Brand(1894 ~1938)	1924~1929	VA, 어거스타 -데이비슨, 조 지워싱턴대학	버지니아 의대	간호학교 건축 비축 자 금을 병원 수리에 전용, 지역 순회진료
7	Dr. W. Hollister (1893~1977)	1931. 11. ~1933: 1935~1936	NC, 뉴베른 - 데이비슨대학 교	존스 홉킨스 대학교 의대	2회의 병가, 1937년 선 교사직 사임
8	Dr. J. S. Wilson (1911~1995)	1939. 8. ~1940	한국, 광주-데 이비슨대학교	듀크대학교 의 대, 더럼 왓츠병 원 인턴	한국어 공부, 군산병원 치료 및 경영, 복음 전도,

2) 간호 선교사 공동체[17]

<표 3> 군산 간호선교사 공동체

	이름/생애	군산 근무	출생+대학	간호학교 +훈련	업적
1	E. E. Kestler (1877~1953)	1905~1911	NC. 스테이츠빌 샬롯대학	St. 피터스간호대학	1912~1940년 전주선교 병원 근무
2	E. J. Shepping (1880~1934)	1914~1917	독일 태생, 뉴욕성경교사훈련학교, 컬럼비아대학교 사회교육, 복수전공	뉴욕 성 마가 병원 간호학교, 유대인 요양소와 이태리인 수용소 근무	세브란스 간호학교 교수. 광주이일여자학교 설립. 부인조력회 창립. 조선간호협회 창립. 10년 회장
3	Mrs. Edmunds Harrison (1871~1945)	1915~1917 Associate Nurse(부간호사) 활동. 1913~1928	캐나다, 온타리오 스미스 폴스, 가족을 따라 미국 미시간주에서 성장.	미시간대학교 간호 학교. 오하이오 '킹스도터스유니온'의 방문간호사 — 북감리회 선교사	1903년 입국. 서울 보구녀관 간호학교 설립·교장(1903~1908) 남장의 해리슨과 결혼(1908). 1929년 남편의 질병으로 귀국
4	L. O. Lathrop (1879~1963)	1917~1930	GA. 디케이터, 아그네스스캇대학	피드몬 요양소 결핵간호학교	1930년 선교사 사직
5	A. I. Gray (1894~?)	1921~1926	NC, 프랭클린	뉴욕 롱아일랜드 대학 간호학	1926년 선교사 사직
6	Anna L. Greer (1883~1973)	광주(1912) 순천(1913~1927)	TX, 갈베스톤	John Sealy 병원 간호학교	병원 운영(1929~1931). 1932년 안식년 — 결혼과 사직. 홀리스터가 병가를 떠나자, 선교사로 복직, 군산병원 경영
	Mrs. Greer Walker (1883~ 1973)	군산(1928~1935)			
7	Mrs. Woods Decamp (1908~2002)	1937~1941	VA, 샬롯테 빌 메리볼드윈대학 심리학	드와트 리드 간호학교 — 뉴욕 코넬 메디컬센터 근무	1940년 북장로교 Decamp와 결혼, 그의가 마다나 철거로 알제가 그를 1941년까지 억류함
8	Mrs. Newton / *Wilson (1912~?)	1939~1940	NC, 버가우 플로라멕도날드 대학, 역사학	스튜어드서클 간호학교 졸업	한국 내 모든 선교사와 함께 철수함

17 임희모, "미국남장로교 한국선교회의 간호 선교사 활동 연구(1905~1940)," 「선교와 신학」 61집 (2023, 가을호) : 287-315; 장승익·임희모 외 7인, 『간호선교사 서서평(쉐핑, Elisabeth J. Shepping, R.N.)의 한국사회에 미친 영향』 (서서평연구논문 10집 : 2023) : 45-71.

3) 종합적 분석

여기 군산에서 활동한 8인의 의사 선교사들의 인적 사항과 선교적 실천을 분석하면 모두 대학 졸업 이후 대학원 과정에서 의학을 전공한 자들이었다. 의과대학에서 공부하기 이전에 약학을 전공한 사람도 2인이 된다. 대학별로 분류하면 버지니아 의대 졸업자가 3명이고 이외 5명은 각기 다른 의대를 졸업하였다. 이 중에서 북부에 속한 의대는 워싱톤 의대와 컬럼비아 의대이고, 이외 3개 의대(애틀랜타 남부 치대, 존스 홉킨스, 듀크)는 남부에 속한다. 인턴이나 레지던트 과정을 거친 선교사는 다니엘과 페터슨, 윌슨 등 3인이다. 특이 사항으로 치과의사 레비는 호남 지역에서 순회 치료를 하였지만 서울에서도 활동하였다.

한편, 1930년대 초기 미국의 경기침체 시기에 의사 선교사 자원이 부족할 때 한국선교회는 목포에서 활동하는 홀리스터를 군산으로 배치하여 특히 군산의 의료 공백이 없도록 배려하였다. 그 후 목포 선교부는 의료 선교사가 더 이상 배치되지 않았지만, 한국인 의사들이 근무했다.

또한 여기 8인의 간호 선교사들의 대부분은 대졸 후 간호학교를 다녔거나 대학급의 간호학교를 졸업하고 현장 근무를 하는 등 간호사로서 질 높은 경력을 소유하였다. 환자 개인에 대한 간호 활동의 외연을 넓혀 이들은 지역사회 간호를 행하였다. 특히 쉐핑(서서평)[18]은 1920년 부인조력회(여전도회) 창립, 1922년 광주이일여자성경학교 설립과 교육, 1923년 조선간호부협회 창립과 10년 회장 등 여성 지위 향상과 교육 및 계몽

---

18 서서평 간호 선교사의 군산선교부 소속 시기(1914~1917)의 활동은 다음의 자료를 참고하라. 임희모, "서서평 선교사의 초기 사역(1912~1919) 연구: 군산 구암예수병원 사역을 중심으로," 동저자, 『서서평 선교사의 통전적 영혼구원 선교』 (서울: 동연, 2020), 65-99.

활동 등으로 1969년에 국민훈장 동백장이 추서되었다. 또한 여성 간호 교육과 간호 제도 등을 세운 공로로 에드먼즈(Margaret Edmunds, 1908년 이후 해리슨 부인)에게 2015년에 동백장이 추서되었다.

의사 선교사들과 간호 선교사들은 지역의 복음 전도에 투입되어 복음을 접한 환자들을 복음 전도 선교사들에게 안내하였다. 또한 이들은 때때로 주말에 특정 지역을 방문하여 복음을 전도하였다. 특히 이들 선교사 의사나 간호사들에게 중요한 일은 각각 한국인들을 교육하고 지도하는 일이었다. 한국인들은 병원에서는 선교사의 협력자로 활동하였고, 한국 현장에서는 의료 훈련을 받은 의사나 간호사 등 의료 전문가로 활동하면서 지역사회를 계몽하였다.

2. 군산선교부의 이름난 한국인 의사들과 간호사

앞서 언급한 오긍선은 1907년 미국에서 의사면허(Doctor of Medicine, M.D.)를 취득한 이후 군산 선교병원에서 활동하였다. 그에 대한 예우는 선교사에 준하는 것으로서, 일반 한국인보다는 우월한 것이었다. 한국선교회는 그에게 연봉과 주거비, 일본 동경대학교 대학원에서 피부비뇨기과 전공 시 유학비 지원, 그의 아들 오한영의 유학 지원, 그가 속한 세브란스 병원에 재정 지원을 하였다.[19] 그는 군산선교부에서 의사와 교육자로 활동하였고, 1911년 목포에서도 같은 일들을 하였다. 이후 그는 1913년에 세브란스 교수로 부임하여 주요 보직을 거쳐 1934년 에비슨 교장의 뒤를 이어 한국인 첫 교장이 되었다.

---

19 임희모, "미국남장로교 의료선교사 오긍선 연구," 363-402.

1910년에 군산에 도착한 페터슨(손배순, Jacob B. Patterson)은 군산병원을 다니엘에 이어 더욱 발전시켜 군산병원의 명성이 한국에서 더욱 높아졌다. 그의 탁월한 역량은 간호 선교사들과 한국인 동료들의 도움으로 빛을 발하였다. 그를 보조한 한국인 의사로는 육공필과 정공선 등이 있었다. 한국선교회의 연례 회의록에 의하면 의료위원회가 이들에게 각각 매월 18엔을 지급하기로 결정하였다.[20] 이보다 앞서 1911년에 각 선교부는 2인까지 의학생을 지원하되, 1인당 연 50달러를 보조하기로 하였다. 1912년에는 모든 간호 선교사는 1년 차 어학 시험(구두, 필기)에 합격할 때까지 의료 사역을 못 하도록 했고, 의사 선교사는 응급사태 이외에는 이들을 소환해서는 안 된다는 규정을 만들었다.

1915년부터 서서평 간호 선교사와 해리슨 부인 선교사(부 간호사)는 군산병원에 자체 간호학교를 세우고 개항장인 군산의 특성에 따라 간호사들에게 영어, 중국어, 일본어를 가르치고 간호학의 기초과목들을 가르쳤다. 서서평은 1917년 세브란스 간호학교 교수로 파견 갈 때 이들 중 3인을 데리고 가서 입학시켰다. 이들 중 이효경은 졸업 후, 서서평의 후임으로 세브란스 교수로 부임한 캐나다 장로교의 간호 선교사인 화이트로우(Jessie G. D. Whitelaw)가 용정 제창병원으로 부임할 때 함께 가서 동역하였다.[21] 그리고 1929년 서서평 선교사가 조선간호부 회장으로서 캐나다 몬트리올 국제간호협의회 총회에 참가할 한국대표단의 일원으로 이효경을 데리고 갔다. 조선간호부회의 부회장으로 활동하면서, 이효경은 1934년 서서평의 순직

---

20 *Minutes of the Twenty-Second Annual Meeting of the Southern Presbyterian Mission in Korea, Chunju, August 21-September 1, 1913*, 57.
21 "화이트로우(Whitelaw, Jessie G.D.)," 내한선교사사전 편찬위원회 편, 『내한선교사사전』 (한국기독교역사연구소, 2022), 1380.

으로 광주시민사회장으로 장례를 치를 때 조선간호부회의 대표로서 추도
문을 낭독하였다. 이렇듯이 유명인들도 있었지만, 대부분은 보조인들이었
다. 군산의 한국인 간호사로서 이들은 1910년대에는 매년 15~25명이 근무
하였으나, 1920년대에는 매년 25~34명까지 늘어났다.[22]

3. 의료 시설과 장비 및 통계

페터슨의 일류 병원 만들기에는 나름대로 정책이 있었다. 이는 의사
들의 시술 능력과 간호사들과 의료보조인들의 협조와 능력, 수술실 등
각종 시설 및 의료 장비, 운영 시스템 등이 제도화되어 원활하게 작동되
어야 한다는 것이다.[23] 여기에는 건물 양식을 서양식과 한국식 특히 병
실을 침대 대신에 온돌방으로 만들었다. 그리고 일본인 환자들을 위한
1등실 2등실 등 남·여 병동을 구별하여 만들었고, 이를 통해 병원이 자립
할 수 있었다. 그리고 군산 선교병원은 1915년부터 숙원사업으로 간호학
교를 세우는 계획을 세웠는데, 드디어 1924년에 의료위원회가 이를 허
락하였다. 그러나 페터슨 의사의 병가 소식이 두루 퍼지면서 그 허락이
보류되었다. 1924년에 취임한 브랜드 의사 선교사는 군산병원이 마련한
간호학교 건축예비금을 병원 내 건물 수리비로 전용하였다. 한국선교회
가 선교통계를 공표하기 시작한 1912년 이후 각 선교부의 선교병원의
통계는 다음 표4와 같다.[24]

---

22 임희모, "미국남장로교 선교사 야곱 패터슨(Jacob Bruce Patterson)의 군산 예수병원 의
　료사역 연구(1910~1925)," 「장신논단」 52/3 (2020. 9.), 182.

23 Jacob B. Patterson, "Medical Efficiency of Our Institutions," *The Korea Mission Field*
　(1914) : 194-196.

<표 4> 1912~1926년 선교병원별 연도별 진료실적

선교부	전주병원		군산병원		광주병원		목포병원[25]		순천병원	
연도	의술	제약	의술	제약	의술	제약	의술	제약	의술	제약
1912	572	–	969	–	479	–	163	–	–	–
1913	1,042	–	3,218	–	–	–	574	–	–	–
1914	911	734	2,732	1,752	–	–	–	502	–	318
1915	1,004	995	3,394	1,957	–	369	–	459	–	344
1916	1,170	1,006	8,538	4,583	1,079	599	177	670	139	603
1917	1,123	552	5,826	2,439	986	935	463	753	1,525	1,724
1918	1,877	880	5,178	1,604	1,415	1,540	1,055	1,552	1,530	905
1919	10,250	7,500	30,763	31,179	10,145	10,150	–	–	6,069	5,868
1920	–	–	44,684	9,970	10,059	7,959	–	–	7,537	–
1921	6,782	2,416	42,200	12,012	6,259	7,458	–	–	10,110	2,883
1922	7,466	3,538	38,746	10,943	8,940	10,307	–	–	7,320	3,116
1923	6,775	2,913	40,407	18,742	8,759	9,372	–	–	4,777	4,018
1924	4,705	3,526	62,136	16,513	7,070	10,943	–	–	6,662	3,742
1925	5,946	3,131	24,701	9,462	6,555	10,115	1,665	4,047	7,295	4,618
1926	3,376	1,893	6,668	4,277	2,651	3,782	2,691	2,264	2,202	1,502

군산 선교병원이 행한 의료 시술과 진료소 사역(1912~1926)은 다른 4개 선교병원들의 실적과 큰 차이가 난다. 이는 우선 군산병원의 시작은 다른 병원의 시작보다 훨씬 빠르다. 1894년 봄에 한국에 입국한 드루 의사 선교사가 군산에서 1895년부터 본격적으로 진료소를 시작하여 전주에서 해리슨과 잉골드가 시작한 1898년보다 3년은 빠르다. 그리고 전

---

24 임희모, "미국남장로교 선교사 야곱 패터슨(Jacob Bruce Patterson)의 군산 예수병원 의료사역 연구(1910~1925)," 183.

25 목포 병원의 의사 선교사의 수급은 타 선교부에 비하여 원활하지 못하였다. 그러나 1919~1923년의 경우, 리딩햄 의사 선교사가 1919~1920년에는 안식년을 떠났고, 1921~1922년에는 세브란스의전에 남장 대표로 파견을 갔다가 2년 임기를 마친 이후 1923년에 선교사 사직을 하였다.

주의 잉골드는 여성과 어린이만을 대상으로 치료함으로써 매우 한정적인 사역을 했다. 둘째, 군산은 개항장이 되어 일찍이 사람들이 몰려들었고, 치료비를 많이 내는 일본인 환자들이 많았다. 셋째, 군산은 오긍선과 다니엘 등 의사들이 안정적으로 의료 선교를 실시하였다. 전주는 포사이드가 왕진차 환자를 방문하다가 강도들에게 큰 상처를 입는 등 병원 사역이 순조롭지 못하였다. 넷째, 결정적으로 페터슨 의료 선교사의 자기희생적 의료 시술과 병원 운영이 당시 타 병원들의 실적을 훨씬 능가함으로써 큰 차이를 만들었다.[26]

III. 질병 치료공동체의 활동: 의료 인력 양성, 질병 치료, 지역사회의 보건·위생 상황 개선

1. 질병 설명과 종류

미국에서 의학박사(M.D.) 학위를 취득하고 귀국한 후 근무시작 첫 3개월, 즉 1907년 9월부터 12월까지 치료한 오긍선의 의료 활동 보고서에 의하면, 그가 행한 '모든 종류의 수술과 치료' 중에서 기억할 만하고 자랑할 만한 수술들은 개복수술(Abdominal), 여러 절단 수술(Amputations),

---

26 앞의 논문, 183-188. 상기 도표4의 1924년 5월 31일 자의 1924년 군산병원의 의료수익 78,649엔(39,325달러)과 세브란스병원의 1923년도 의료실적 84,358엔(42,179달러)(이만열, 『한국기독교의료사』, 324)은 비교된다. 그러나 1917년의 세브란스의전의 교수는 한국인 9명, 선교사 10명, 일본인 4명 등 총 23명이었다(앞의 책, 316-317). 이러한 비교를 검토하면 군산병원의 선교사 1인(페터슨)이 올린 실적은 엄청난 노력의 결과였다. 결국 페터슨 자신은 스프루 병이 깊어 1925~26년 병가를 얻고 본국에서 치료와 휴식을 취하였지만 회복하지 못하고 1933년에 순직하였다.

언청이 수술(Hare-Lip), 총상 수술(Gunshot Wound), 피부이식(Skin Graft). 그리고 백내장(Cataracts) 수술 등이 포함되었다.[27]

다니엘은 1904년 11월에 40건을 진료하고,[28] 또한 1905년에 그는 두루가 사용한 진료소를 새롭게 단장하여 161건의 진료를 했고 진료비로 1.50달러을 받았고,[29] 대기실에서 20명을 수술하고 간호했다.[30] 특히 1905년 3월 4일에는 처음으로 백내장 수술을 했는데, 이 환자는 앞에 있는 불빛을 볼 수 있었고, 1주일 후에 큰 글자를 읽을 수 있었다.[31] 1906년에는 18병상의 병원 건축을 완공하여 수술실과 병동 2개를 갖추었고, 3,197명 진료와 28명 수술, 1907년에는 9,106명 진료와 91명에게 전신마취 수술을 하여 수술 증가율은 300%를 넘겼다.[32]

다니엘에 의하면, 1908년은 군산선교부 의료 선교 역사에서 가장 빛나고 가장 많고 가장 양질의 치료를 했는데, 즉 치료 수, 의학 지식과 용어 숙지 그리고 의료와 협력에 있어서 질적 진보가 확연히 일어났다.[33] 이는 결정적으로 오긍선이 가담한 결과였는데, 알렉산더가 오긍선에게 행한 실험적 미국 유학 교육이 성공을 거둔 것을 의미한다는 것이다.

이러한 찬사와 아울러 다니엘은 군산병원의 실적을 나열한다. 그는

---

27 "A Letter from Dr. Oh, Korea," *The Missionary* (March 1908) : 127–128.

28 Thomas H. Daniel, *My dear Mother* (Kunsan, 1904), 2.

29 Mrs. Sadie(Sarah) D. Daniel, *My dearest Mother* (1905), 1.

30 *General Report of Kunsan Station 1905*, 18.

31 Mrs. Sadie(Sarah) D. Daniel, *My dear old Bell* (Kunsan, 1905) ; *My dearest Mother* (Kunsan, 1905), 1.

32 *Station Reports to the Sixteenth Annual Meeting of the Southern Presbyterian Mission in Korea, September 3-7 & 21-27, 1907, Seoul*, 14.

33 J[T] H. Daniel. M.D., "Southern Presbyterian, Mission, Medical Work at Kunsan, Korea." *The Korea Mission Field* (Jan. 1909) : 47–48.

1908년에 수술을 받지 않은 16명을 제외한 132명을 다양한 영역에 걸쳐 외과 수술을 하였다. 개복수술, 탈장, 백내장, 크고 작은 절단 수술들, 뼈 골절, 피부 조직 이식, 언청이 수술, 여러 성형 수술, 살 속으로 파고든 발톱 수술, 다양한 종류의 통증 유발 부위 수술, 폐렴, 장티푸스 발열, 여러 의료적 통증 완화를 위한 수술 등이었다.

다니엘은 특이한 치료의 경우 2가지를 소개한다. 하나는 강도를 당하여 송장이 다 된 듯이 보이는 청년이 병원에 들려왔다는 것. 그의 머리, 얼굴, 목 등에 3~12인치(8~30센티미터) 길이로 17개의 상처가 나 있었다. 가장 심각한 수술은 왼쪽 귀에서 목을 가로질러 오른쪽 귀에 이르는 상처의 숨통 관을 넓게 심는 것이었다. 또 다른 환자의 경우, 걸을 수 없는 병에 걸린 경상도 환자가 270~300마일(430~480킬로미터) 떨어진 군산 선교병원에 도착했다. 그는 대구 선교병원 가는 길에 강도들에게 돈을 다 털렸으나 도착해보니 병원은 휴업상태였다. 군산병원이 용하다는 말을 듣고 그는 4개월이나 기어서 마침내 군산에 도착하였다. 그는 발목의 결핵이 크게 번진 경우였다. 다니엘은 결국 그의 다리를 절단하는 수술을 했는데, 그는 무척 행복해하였다. 나무 의족을 하고 구걸하면서 집으로 갈 생각으로 그는 그 먼 길을 떠났다.

이러한 수술 기록이 포함된 1908. 07. 01.~1909. 07. 01. 기간에 10,784명의 환자를 치료하였다. 이 중 105명은 입원하였고, 95명은 대수술을 하였다. 절단 수술과 이빨 뽑기에 이르기까지 다양한 치료를 하였다. 진료소 수입은 335,85달러였고, 병원 수입은 176,22달러였다.[34]

이러한 다니엘이 1909년 안식년을 떠나자 오긍선이 병원장 역할을

---

34 *Station Reports of the SPMK, Kunsan, Korea,* (1909), 29-32, 특히 31.

하였다. 다니엘의 후임으로 페터슨이 한국에 1910년 3월에 입국하였으나 한국어 1년 차 시험으로 구두와 필기시험을 통과해야 했다. 이에 따라 1910년 3월부터 오긍선과 페터슨은 동역을 하였고, 1911년 10월에 열린 연례회의 기간에 페터슨이 어학 시험에 합격하여 병원장 활동을 시작하였다.

1911년부터 군산 선교병원을 한국 선교의료계에 널리 알리기 시작한 페터슨은 자신이 치료하고 수술한 환자들에 대한 자세한 보고를 하지 않았다. 그러나 페터슨은 1913년 여름과 초가을에 매일 70~80명의 환자들을 치료하였고, 한국인과 일본인이 동수로 병원과 진료소를 찾았다고 한다.35 그는 1912년 한국의료선교사협회(Korea Medical Missionary Association) 연례 회의에 참석하여 『외과 수술과 세균』이라는 에세이를 발표했고,36 1924년에는 그 자신이 스프루에 감염되어 고생하면서 탐구한 스프루병을 발표하였다.37 여기에서 그는 간 종기(Liver Abscess), 복부 절개(Abdomen), 박테리아(Bacteria), 감기(Cough), 결절 세균(Tubercle Bacilli), 십이지장충(Hook Worm), 재귀열병(Replacing Fever), 스프루(Sprue), 장티푸스(Typhoid), 설사(Diarrhea) 등을 언급하였다.

1922년에 군산에 도착한 치과의사 레비(James Kellim Levie: 1890~1977)는 1년간 군산 지역에서 활동하고 광주 선교부로 떠나 1년을 순회하며 치료하였다. 그는 5개 선교부를 돌며 치료하였다. 1929년에 군산선교부의 여성 10일 성경반에 참석한 400명의 여성들에게 접근하여 250명의

---

35 Jacob B. Patterson, "Notes from Kunsan," *The Korea Mission Field* (1913), 12.
36 Jacob B. Patterson, "Korea Medical Missionary Association," *KMF* (Jan. 1913), 13.
37 Jacob B. Patterson, "The Danger and Prevention of Sprue," *KMF* (Jan. 1924) : 125-126.

이를 뽑아주었다.[38] 국부마취제로 노바케인과 진통제로 아스피린을 활용했다.

페터슨의 뒤를 이어 1925년에 군산에 부임한 브랜드(Louise C. Brand, M.D.)는 첫해에 다음과 같이 치료하였다.[39] 동전이 목에 걸려 3일간 밥을 먹지 못한 아이를 마취제를 사용하지 않고 치료하였고, 감염된 발을 침술사에게 맡겨 침으로 치료받다가 적절한 시기를 놓친 사람의 발을 절단하여 치료하였고, 수년 동안 큰 종양을 앓은 부인을 고쳤고, 폐렴에 걸린 아이, 말라리아에 걸린 아이, 십이지장충에 걸린 아이 등을 치료하였다. 뼈와 관련한 다양한 경우들을 다양한 외과 수술로 치료하였다. 대부분은 어린이들로 팔이나 다리에 생긴 작은 상처를 방치하거나 잘못 치료한 경우 등인데 수주간 혹은 수개월간 치료하였다. 어떤 어린이는 5번이나 수술을 했다. 가장 불쌍한 경우는 뼈결핵에 걸린 사람들이었고, 나병환자들도 동정과 사랑과 치료가 필요한 사람들이었다. 1927년에 브랜드 의사는 31명의 폐결핵 환자를 치료하면서, 또 이 병의 전염과 예방을 어떻게 할 것인가를 논의하였다.[40] 1927년 연례 회의가 끝난 이후 그는 광주 선교부로 이거(移去)하였다.

홀리스터는 목포 선교병원에서 군산 선교병원으로 1931년 11월에 전근하였다. 미국의 장기적 경기침체로 선교사들 연봉의 1/3을 삭감하는 논의가 진행되는 상황에서 본국의 실행위는 각 선교부마다 의사 선교사

---

38 Lavalette Dupuy, *Letter: March 30* (Kunsan, 1929).

39 Louise C. Brand, "Work in Kunsan Hospital," *The Presbyterian Survey* (August 1925): 498-500.

40 Louise C. Brand, "Tuberculosis in Kunsan: Today and Tomorrow," *KMF* (1928): 97-99.

를 파송할 수 없었다. 궁여지책으로 한국선교회는[41] 목포 선교병원의 의사 선교사를 1929년 하반기부터 공석인 군산 선교병원으로 전근시켜 근무시켰다. 이로 인하여 목포에는 의사 선교사가 근무하지 않았고, 한국인 의사 2인이 배치되었다.

군산에서 첫 환자는 눈에 붕대를 감은 트라코마(과립성 결막염) 환자로서 전염성이 강한 악성 눈병이었는데, 위생 관념 부족으로 생긴 이 눈병은 수술 후에 백내장으로 변할 우려가 컸다.[42] 두 번째 환자는 넓적다리를 절단해야 하는 환자였다. 몇 주 전 논에서 맨발로 벼를 베다가 작은 독사에 물렸는데 치료가 너무 늦어 독이 무릎까지 전이되어 다리를 잘라야 했다. 다리에 붕대를 감은 환자가 있었는데 그는 몇 달 전에 다리를 돌에 부딪혀 다리에 멍이 들고 부어올라서 그 지역의 무당(Spirit Doctor)을 찾아갔다. 그 무당은 뼛속에 악령이 들어서 멍이 들고 부어오른다고 진단하고 이 악령을 쫓아내야 한다는 것이었다. 그 무당은 불로 달군 뜨거운 바늘을 무릎의 뼈에 쑤셔 넣었는데, 결국 그의 뼈에 감염이 일어나 골수염으로 진행되었다. 엑스레이 검사의 결과는 무릎 주위의 모든 뼈가 부서져 있었다. 결국 무릎 절단을 할 수밖에 없었다. 앞의 두 사람 외에 10살 먹은 풍선이라는 소년이 있었다. 이전에 그가 수술을 받았는데, 목의 양쪽에서 85개의 땀샘 제거 수술을 한 이후 지금은 회복기에 들어섰다. 땀샘은 크기가 변하는데 결핵으로 인하여 생긴다.

---

41 한국선교회는 Captain Swinehart, Dr. Clark, Dr. Brand와 Dr. McCutchen 등 4인의 특별위원회를 구성하고 실행위에 군산에 의료 선교사 파송을 강력히 요청하였으나 기부당하였다. 결국 한국선교회의 요청에 따라 홀리스터는 군산으로 임지를 옮겼다. *Minutes of Fortieth Annual Meeting of SPMK,* (1931), 35.

42 William Hollister, "Let's Make Rounds," *The Presbyterian Survey* (Aug. 1934) : 478-480.

숨을 쉴 때 쉿소리를 내면서 목에 가볍게 밴드를 붙인 남자는 수술 후 행복해했다. 심하게 목이 감염되어 기관이 막혀 그의 숨을 차단하여, 얼굴이 파랗게 되어 절망적인 상태로 그가 병원에 입원하였다. 재빨리 의사가 수술하여 다행히 그가 기관을 통해 숨을 쉴 때 그 기관에 튜브를 넣었던 것이다. 오랫동안 그는 튜브를 달고 살아야 한다. 이렇듯이 튜브를 달고 살아야 할 후드 디프테리아를 앓는 어린이들을 많이 수술했다. 그런데 7살의 어린이에게 수술하여 튜브를 달았는데, 부모가 이 아이를 홀로 두고 1시간 후에 돌아와 보니 이 아이가 죽어있었다. 이 아이가 튜브를 뽑아버렸던 것이다.

밤에 귀찮게 구는 영(잡귀신)이 들어오지 못하도록 대개 작은 등불을 켜 놓는데, 실수로 이를 넘어뜨릴 때 집은 화재로 뒤덮인다. 이때 피하지 못한 자는 큰 화상을 입는데, 대개 몸의 1/3 이상 화상을 입으면 그 환자는 대개 죽는다. 그런데 이 환자는 온몸을 붕대로 감은 전신 화상 환자인데도 운 좋게 살아남았다. 또 다른 경우, 언청이 어린이의 아버지가 철저하게 그를 보호하는 가운데 이 어린이는 언청이 수술을 받았다. 이러한 흉한 언청이 모습을 악령들(Spirits)이 이 아이에게 보낸 것이기 때문에 이런 흉한 것을 고치면 귀신들이 이전보다 더 큰 해코지를 하기에 수술을 받지 않아야 한다는 것이었다. 그런데 이 아이의 아버지는 자기가 안전하게 보호를 했기 때문에 이 아이가 해코지를 당하지 않고 수술을 마친 것으로 생각한다는 것이다. 무지와 미신에 둘러싸인 한국의 질병 사회를 선교 의사가 깨뜨리고 있다.

홀리스터와 부인이 병 치료를 위하여 미국으로 떠난 3년 후 1939년 9월에 제임스 윌슨 의료 선교사가 군산에 부임하였다. 그동안 군산에는 한국인 의사 2명이 있었고 긴급 시 전주의 복스(Boggs) 의사 선교사가 군산에 와서 치료하였다. 윌슨은 처음으로 군산 선교병원에서 장폐색증을 앓는 갓난아이를 수술하려 했으나, 이들은 그냥 집으로 돌아갔다. 그후 침으로 한 달 동안 치료받다가 넓적다리 전체가 감염된 어린 소녀가 병원을 찾았다. 윌슨이 환부를 절개하여 약 1리터 정도의 고름을 짜내자 회복이 되기 시작하였다, 그런데 헤모글로빈 수치가 30%로 떨어져서 그 아버지와 오빠를 설득하여 수혈했는데 이 소녀의 상태가 조금 더 나아졌다. 그러자 그 아버지가 마을로 돌아가서 이전에 치료받은 침술사를 만나고 돌아온 후 윌슨에게 수혈 중단을 요구하고 퇴원하였다. 윌슨은 돌아가는 그 소녀가 죽을 것 같아 안타까워했다.[43] 짧은 기간에 이런 경우를 10번 이상 경험하였으나 윌슨은 일일이 기록하지는 않았다. 그런데 이전에 3번이나 아이가 태어나자마자 죽은 부인을 데리고 남편이 병원을 찾아왔다. 그 남편은 이제 여아건 남아건 간에 부인이 아이를 낳으면서 더 이상 고통을 겪지 않게 해달라고 사정을 하였다. 살펴보니 그 부인은 심한 곱사등 여인이었는데, 정상적인 방식으로는 아이를 낳을 수 없었다. 윌슨은 제왕절개 수술을 하여 예쁜 여자아이를 이들 부부에게 안겼다.[44]

1939~1940년에 군산병원은 재정적으로 상당히 좋아져서 매달 평균 450달러(금)의 수입을 올렸다. 하루에 평균 40명의 환자를 치료하여 적자에서 벗어날 수 있었다.[45] 젊은 윌슨은 치료기록을 계속 썼다. 추운 겨울에 6살의 어린이가 화상을 크게 입고 위험한 상태에서 병원에 입원하

---

43 James S. Wilson, *Dear Friends dated November 12* (Seoul, 1939), 1.
44 Ibid., 2.
45 Dr. & Mrs. James S. Wilson, *Dear Friends dated May 12* (Kunsan, 1940), 1.

였다. 이 아이는 거지로 살았는데, 그의 아버지는 죽었고 어머니는 그를
버렸다. 이 아이는 불을 피운 재래식 화덕의 재 옆에서 추운 겨울을 보내
고 있었다. 그런데 어느 날 재 속에 남아있던 석탄이 불꽃을 피우면서
그 옆에서 잠자던 이 아이에게 화상을 입혔다. 이 아이가 입원하여 빠르
게 화상이 나아져서 병원의 귀염둥이가 되었다. 이 아이가 반쯤 벌거숭이
로 마루에 앉아 십자 다리를 꼬고 앉아 있으면 인도의 간디 모습과 비슷
하였다. 이에 사람들은 그를 간디로 불렀다. 그런데 이 아이가 애지중지
한 것은 어린이들로 둘러싸인 예수가 있는 작은 사진이었는데, 이 아이는
즐겨 이 예수 이야기를 하였다. 이 어린이의 몸이 완쾌되어 구세군 고아
원으로 보내려는 했는데, 그의 고모가 나타나 이 아이를 데려갔다. 이
외에도 윌슨은 충수를 앓는 환자 4명을 치료했고, 자궁외임신으로 고통
받는 3명의 여인들을 구했고, 수많은 폐렴 환자들을 완치시켰다.

2. 질병들

본 필자는 의학도가 아니기 때문에 의학용어나 질병이나 치료에 대
하여 정확하게 알지 못하여 질병이나 치료에 대하여 분석하기보다는 대
략 이름을 나열하여 정리한다. 당시 군산에서 활동한 의사 선교사는 다
니엘, 페터슨, 브랜드, 홀리스터, 윌슨 등이다. 처음에는 가벼운 외과 수
술 환자들이 많았으나 1920년대와 그 이후에는 다양한 환자들을 수술
하였다.

개복 수술(Abdominal), 여러 가지 절단 수술(Amputations), 언청이 수
술(Hare-Lip), 총상 수술(Gunshot Wound), 피부 이식(Skin Graft), 백내장
(Cataracts) 수술, 탈장, 뼈 골절, 피부 조직 이식, 여러 성형 수술, 살 속으

로 파고든 발톱 수술, 다양한 종류의 통증 유발 부위 수술, 폐렴, 장티푸스 발열, 의료적 통증 완화, 손 절단 수술, 다리종양 수술, 발치, 머리·얼굴·목 등에 3~12인치(8~30센티미터) 길이로 난 17개의 상처 치료, 발목 결핵, 간 종기(Liver Abscess), 복부 절개(Abdomen), 박테리아(Bacteria), 감기(Cough), 결절 세균(Tubercle Bacilli), 십이지장충(Hook Worm), 재귀열병(Replacing Fever), 스프루(Sprue), 장티푸스(Typhoid), 설사(Diarrhea), 독감과 말라리아 치료, 발진티푸스 감염 치료, 치과 치료, 동전이 목에 걸린 아이, 감염된 발 절단과 치료, 종양 수술, 폐렴 치료, 뼈·폐결핵, 나병환자, 골수염, 눈 트라코마(과립성 결막염), 넓적다리 절단, 독사에 물린 자치료, 결핵으로 인한 목의 양쪽에서 85개의 땀샘 제거 수술, 기관절개 수술, 기관 튜브 삽입, 후드 디프테리아에 걸린 어린이 수술, 화상 환자 치료, 장폐색증을 앓는 갓난아이 수술, 넓적다리 전체가 감염된 어린 소녀 수술, 곱사등 여인의 제왕절개 수술, 충수 수술, 자궁외임신 부인 순산 등이다.

3. 지역사회의 의료 계몽과 보건과 위생의 질적 향상

우선 군산 선교병원 역시 한국의 많은 환자들을 무료로 시술하고 완치시켜 내보냈다. 이전부터 무료 치료를 하였지만 특히 1934년에 40~60%의 환자들을 무료로 치료하였고,[46] 이외에 일부 한국인들에게는 치료비로 아주 적은 금액을 지불하게 하였다. 페터슨 시기에는 일본인 남자와 여자 병동을 각각 만들어 입원시켰고, 이들에게 1등실과 2등실에 입원시

---

46 William Hollister, "Let's Make Rounds," 480.

켜 제값을 받아 병원 수입을 유지하였다. 이러한 경영을 통하여 가난한 무료 환자들을 가급적 많은 수를 치료함으로써 군산 선교병원은 지역사회에서 치료 기능을 수행하였고, 전반적으로 보건과 위생 상황을 개선하였다.

한편 군산선교부의 의료 선교사들은 한국의 전통적인 민간 의료인들과 치료사들의 잘못된 치료로 고통받거나 병이 악화된 환자들을 계몽하면서 치료하였다. 또한 의료 선교사들은 전근대적인 치료로 오히려 병을 악화시키고 사망에 이르게 하는 토속적 민간 의료인들과 다투었다. 한편으로 복음 전도 선교사들과 전도인들의 노력으로 기독교 신앙의 확산이 이루어지면서 선교병원이 제 역할을 하였고, 다른 한편으로 의료 선교사들의 의료적 치료와 계몽을 통해 미신적이고 무지한 지역 민간 치료사들이 개화되고 계몽이 서서히 진행되었다. 비위생적인 침술사, 무지한 민간인 의사들과 축귀사(무당)들의 비과학적인 처방과 치료로 생명이 위협받고 악화된 환자들을 바라보며 특히 제임스 윌슨 선교사가 안타까운 마음을 자주 드러냈다.

7장
군산선교부 교육 선교사들의 활동

I. 한국선교회의 기본적 교육정책

한국선교회는 기본적으로 "이교도에게 복음을 전도하고 기독교인들을 교육하여 지도자로 양성한다"(Evangelize the Heathen and Educate the Christians)라는 것이었다. 이러한 의미를 갖는 한국선교회의 기독교 교육은 다른 선교회의 교육보다 다소 늦게 시작되었다. 한국선교회는 소년과 소녀들이 복음을 믿고 주일학교 과정 혹은 그 후의 매일 교육을 실시하는 소학교와 아카데미 등 학교를 개설하여 기독교인 지도자 과정을 운영하였다. 이러한 관계로 실행위는 복음 전도 선교사나 의료 선교사보다 맨 나중에 남·여 교육 선교사를 한국에 파송하였다. 그리고 기독교 교육의 기본으로 성경 교육을 강조했고, 이러한 교육이 불가할 경우 학교의 문을 닫았다. 한국선교회의 각 학교들은 최소 60% 이상의 기독교인 학생들을 모집하여 교육하였다. 이러한 이유로 어느 선교회보다 신사참배 반대를 가장 강력하게 주장했고, 신사참배를 강제화하는 우상숭배적 교육은 의미가 없다고 생각하여 과감하게 학교의 문을 닫았던 것이다.

II. 군산 영명학교의 교육 선교사들

1. 교육 배경

1896년에 전킨 부부와 드루 부부가 군산에 정착하면서 본격적으로 성인 남·여와 어린이 및 청소년들에게 복음을 전하기 시작하였다. 특히 1892년 10월에 다른 6인의 개척 선교사보다 2주 먼저 입국한 당시 독신 여성 선교사 데이비스는 1893년 봄부터 어린이 교육을 서울에서 시작하였고, 서울 정신여학교에서 교사로 활동했다. 그녀는 1896년 10월에 군산으로 전입되어 곧 여성과 어린이 등 5개 학습반을 조직하여 성경을 가르쳤다.[1] 이러한 교육적 배경 하에 1902년 전킨의 집 학교에서 남자학교가 개설되었고, 원래 목포에서 활동하던 독신 여성 선교사 스트레퍼(F. E. Straeffer)와 전킨 부인이 전킨의 사랑방에서 1903년에 여학교를 시작하였다.[2] 1904년 당시 전주 선교부, 군산선교부와 목포 선교부에 남자 소학교(Day Schools) 9개교가 있었다. 이들 남학생 중 학업성취도가 높은 하생들이 진학할 수 있는 유일한 학교로 군산 영명중학교(Academy)가 추천되었다.

---

1 임희모, "미국남장로교의 첫 한국 입국 선교사 데이비스 해리슨 부인의 선교 활동 연구,"
  255-287; 임희모, 『미국남장로교 한국선교회의 여성·의료 선교사: 선교학 관점의 연구』,
  25-49.

2 송현강, "한말·일제강점기 군산 영명학교·멜볼딘여학교의 설립과 운영," 「역사학연구」
  제59집 (2015. 8.) : 133-167.

2. 구체적 내용

1904년 한국선교회의 교육위원회가 연례 회의에 보고한 교육 상황은 다음과 같다.[3]

전주, 군산 및 목포 선교부의 13개 주일학교에서 600명의 학생을 26명의 교사가 가르치고, 9개 소학교에 등록한 126명의 학생을 14명(7명의 선교사 포함)의 교사가 가르쳤다. 모든 학교의 수업은 경건회로 시작하여, 성경·한문·한국어·수학·지리, 역사 및 위생을 가르쳤다. 특히 1904년 연례 회의는 해리슨 선교사에게 군산에 중등학교(Academy)를 마련할 것과[4] 학업이 우수한 학생들을 군산으로 보내어 공부시킬 것을 강조했다.[5] 이 때에 미국 루이빌 의대를 1907년에 졸업한 오긍선이 귀국하여 해리슨을 도와 영명학교는 알찬 교육체제를 갖추었다.[6]

한편, 1907년에 니스벳(J. S. Nisbet) 목사가 교육 선교사로 한국에 도착하고 전주 선교부에 배속되었다. 이 해에 한국선교회의 소학교와 중등과의 교과과정이 확정되었다(표1 참조). 특히 전주에 중등과를 두기로 하고 학교건축에 대한 예산 10,500달러를 확정하였다.[7]

---

3 *Minutes of the Annual Meeting of the SPMK*, (1904), 21.

4 Ibid., 16.

5 *Minutes of the Annual Meeting of the SPMK*, (1907), 30-31.

6 군산제일100년사 간행위원회 편, 『군산제일100년사』, 48.

7 *Minutes of the Sixteenth Annual Meeting of the SPMK*, (1907), 20, 37.

<표 1> 1907년 남장로교 소학교 교과과정[8]

1년 차	성경	십계명 습독, 주기도문 습독, 요절 습독
	국문	초학 언문, 성경문답
	한문	초등 소학 일권, 몽합첩경, 흑류합
	습자	-
2년 차	성경	산상보훈 습독, 요절 습독
	국문	천로지기, 국문 독본, 국문 자고저
	한문	초등 소학 이권, 몽학첩경 이편 상, 심상소학 일이삼권
	습자	-
	산학	획자
3년 차	성경	마가복음, 요절 습독
	국문	훈아진언, 구세진전, 국문 자고저
	한문	초등 소학 삼권, 몽학첩경 이편 하, 삼자경
	지리	오주 서양 형편
	습자	작문
	산학	합감법
4년 차	성경	마태복음, 요절 습독
	국문	복음요사, 인가귀도, 국문 자고저
	한문	초등 회도몽학 본수집, 유몽천자 일권, 흑삼요록
	지리	아시아 각국 산천, 대한지도
	습자	작문
	산학	승, 소분법 굴산
5년 차	성경	누가복음, 요절 습독, 시도신경
	국문	장원상론, 예수 행적, 구세론, 국문 자고서
	한문	고등 소학, 소박물학, 회도몽학과 본 이집, 유몽천자 이권
	지리	중 지리
	습자	작문
	석격	간식
	산학	대분, 제등법, 굴산
6년 차	성경	요한복음, 요절 습독
	국문	성경도열, 국문자고서
	한문	유몽천자 삼권, 회도몽학과 본삼집, 덕혜입문, 항심수도
	지리	대한디지, 사민필지 시작
	사기	동국 역사

	습자	초서
	작문	-
	석격	간식
	산학	개공성수, 소공배수, 굴산
	격치	전례 공용 문답, 혹 위생

<표 2> 1907년 중등학교(Academy) 교과과정[9]

	예비 과정	1년 차	2년 차	3년 차
성경	마가, 누가, 사도행전	창세기, 갈라디아서	고린도전후서, 잠언, 출애굽기, 여호수아	디모데전후서, 사무엘상하, 열왕기상하
역사	한국 역사 1부	쉐펠드 저서: 세계사 1권, 2권	세계사, 1-3권	한국 역사 2부
수학	산수	산수	산수	대수학, 부기
과학	생리학, 지리학	초급심리학, 위생, 자연지리학	물리학, 지리학	자연철학
기독교 서적	지혜의 입문	천로역정	파버 저서: 기독교 문명	말틴 저서: 기독교 변증학
한문과 국문 고전	한문과 국문 고전	국문 고전	한문 고전, 국문 문법	한문/국문 고전
작문	작문	글쓰기와 비평	독창적 이야기 쓰기	독창적 작문/비평
음악과 미술	음악과 미술	음악과 미술	음악과 미술	음악과 미술

3. 기독교 교육 선교사들[10]

1903년 발진티푸스 질병으로 순직한 데이비스 해리슨 부인을 먼저 하

---

8 Ibid., 30.

9 Ibid., 31.

10 송현강, "한말·일제강점기 군산 영명학교·멜볼딘여학교의 설립과 운영," 161; 군산제일 100년사 간행위원회, 『군산제일100년사』, 15-157.

나님의 품에 보낸 해리슨 선교사는[11] 1904년 영명학교 교장으로 군산에 부임하여, 1908년 안식년을 보낸 이후, 1909년에도 교장으로 활동하였고 곧 목포로 전출되었다. 그의 뒤를 이어 베너블 교육 선교사가 1910~1915년까지, 공과대학을 졸업한 린튼은 산업 교육 담당을[12] 시작으로 1913~1918년과 1922~1926년까지 교장으로 활동하였다. 그 중간에 얼 선교사가 1906년과 1908년에 교장으로 그리고 해리슨은 1919~1921년과 1927년에도 교장으로 활동하였다. 1923년에 전주신흥학교가 지정학교가 됨으로써 영명은 보통학교로 급이 떨어졌다. 불 선교사는 1928~1930년, 1937~1939년 기간의 교장으로, 베일 선교사는 1930~1936년의 교장으로, 마지막 교장은 1940년에 활동한 존 탈메이지 선교사였다.

해방 이후 영명학교, 매산학교와 숭일학교는 각각 해당 노회와 한국선교회가 공동 운영을 하였으나, 1954년부터는 3년간 지원을 하되, 이 기간에 1/3씩 줄여서 지원하고, 그 이후에는 노회가 전적으로 운영하도록 한국선교회가 결정하였다. 한편, 군산 시내 도서실(Bookroom)을 제외한 군산선교부 재산이 북한제지회사(North Korea Paper Company)에 이미 팔렸었다. 그러나 도서실은 점유지가 그 재산을 구입했다.[13]

---

11 송현강, "윌리엄 해리슨(W.B. Harrison)의 한국 선교," 「한국기독교와 역사」 제37호 (2012. 9.) : 37-64.

12 최영근, "미국남장로교 선교사 인돈(William A. Linton)의 교육 선교," 「한국교회사학회지」 제40집 (2019) : 125-168; 최영근, "일제강점기 미국 남장로회 교육 선교에 관한 연구-군산과 전주스테이션의 인돈(William A. Linton)을 중심으로," 1912~1940, 「대학과 선교」 제50집 : 93-129.

13 "Report of Committees: Secular Institutions," *The Minutes of the Eighth Annual Post-War Meeting of the Korea Mission,* (May, 1954), 6-15; 군산제일100년사 간행위원회 편, 『군산제일100년사』, 167-179.

<표 3> 남성 선교사 교사 및 교장

	이름	내한 ~이한	도착 (부임)	1차 전임	2차 전임	비고
1	Rev. Junkin	1892 ~1908	서울 (1892)	군산 (1896)	전주 (1904)	질병 순직
2	W. B. Harrison	1896 ~1928	서울 (1896)	전주 (1896)	군산 (1904)	질병 은퇴
3	A. M. Earle	1904 ~1912	군산 (1904)	-	-	-
4	W. A. Venable	1908 ~1917	목포 (1908)	군산 (1910)	-	-
5	W. A. Linton	1912 ~1940	군산 (1912)	전주 (1924)	-	귀국
6	W. F. Bull	1899 ~1940	군산 (1899)	-	-	귀국
7	J. B. Vail	1931 ~1938	군산 (1931)	-	-	-
8	J. E. Talmage	1937 ~1940	군산 (1937)	-	-	귀국

III. 멜볼딘 여학교(Mary Baldwin Girls School)

<표 4> 여성 선교사 교사와 교장

	이름	내한 ~이한	도착 (부임)	1차 전임	2차 전임	비고
1	Mrs. Junkin	1892 ~1908	서울 (1892)	군산 (1896)	전주 (1904)	
2	Mrs. Bull	1900 ~1940	군산 (1900)			
3	Mrs. Daniel	1904 ~1917	군산 (1904)	전주 (1910)	서울 (1916)	
4	Mrs. Dysart Bell	1907 ~1940	군산 (1907)	광주 (1921)		Bell과 결혼 (1921)

5	Mrs. Edmunds Harrison	1903 ~1928	서울 (1903)	목포 (1908)	군산 (1915)	해리슨과 결혼 (1908)
6	Miss Bedinger	1910 ~1914	군산 (1910)			
7	Miss Dupuy	1912 ~1940	순천 (1912)	군산 (1916)		
8	Mrs. Brand	1924 ~1938	군산 (1924)	광주 (1930)	전주 (1938)	산업 교육
9	Mrs. Hollister	1931 ~1938	목포 (1931)	군산 (1937)		은퇴

1899년에 목포에 도착한 스트레퍼 선교사는 1902년에 목포여학교를 세웠는데, 1903년에는 전킨부인과[14] 함께 군산여학교를 세웠다. 전킨부인은 1904년에 전주로 이거(移去)할 때까지 교장으로 활동하였다. 1905년부터 첫 안식년을 떠나기 직전인 1908년까지 교장으로 활동한 불부인(Mrs. Elizabeth Augusta Alby Bull, 1869~1957)[15] 선교사는 1909~1913년, 1918~1923년, 1925~1931년, 1934~1939년까지 교장을 역임하였다. 멜볼딘(Mary Baldwin College) 출신인 불 부인은 안식년 기간에 모교를 방문하여 학교 건축을 위한 재정 지원을 요청하였다. 이에 학생회가 매월 1천 달러씩 기금을 마련하였고, 이 기금으로 군산여학교의 교사가 건축되었다. 1909년 교명이 멜볼딘여학교로 바뀌었다. 사실 이 학교를 세운 전킨부인은 오거스타 여성신학교(Augusta Female Seminary) 출신인데, 이 학교가 후에 멜볼딘 대학으로 교명이 바뀌었다. 이러한 의미에서 군산여학교는 멜볼딘 동문 선교사들이 학교의 첫 시작과 성숙의 기간인 24년을

---

14 전킨기념사업회가 2019.5.17.~6.2일까지 군산근대역사박물관에서 전킨사진전을 열었다.
15 윌리엄 불 부부 선교사 저, 『윌리엄 불 선교사 부부 편지 I (1906-1938)』; 『윌리엄 불 선교사 부부 편지 II (1939-1941)』.

교장으로 활동하면서 이를 가꾸고 발전시켰으나, 1937년에 문을 닫았다.

듬성듬성 연결되는 13년의 기간에 교장으로 활동한 선교사들은 다음과 같다. 1905~1906년에는 의사 선교사 다니엘의 부인, 당시 독신 여성 선교사인 다이사트(Dysart)는 1908년과 1915년, 베딩거 독신 여성 선교사는 1911년과 1914년, 버크랜드 독신 여성 선교사는 1914년 그리고 해리슨 부인은 1915년과 1924년 그리고 1912년 순천에 도착하여 매산여학교를 설립한 두피는 1916~1917년, 1919~1922년, 1940년에 교장으로 활동하였다. 충남 서부 지역 복음 전도에 헌신한 멕에첸 부인(Mrs. MacEachern)은 1924년 1학기에 교장으로 활동하였다.

IV. 오긍선의 교육개혁과 안력산소학교[16]

1908년에 교육체제에 몇 가지 사회적 변화가 일어났다. 하나는 선교사들이 지역을 순회하거나 방문하여 복음을 전함에 따른 양육 차원의 작은 시골 학교(Country School)들이 생겼고, 또 하나는 통감부가 사립학교령을 내려 인가, 운영, 감독을 함으로써 교육을 통제하였다. 이에 전국적으로 2,200개의 학교가 생겼다. 또 하나는 복음 전도의 결과로 지역마다 젊은이들이 늘어나면서 교사 요원들이 생겼다. 이러한 상황에서 군산 선교부가 운영한 영명학교도 학생들이 늘어났다. 이에 당대 최고의 학력으로 의료 실력을 드러낸 오긍선이 교육개혁을 통해 질적 수준을 높였다. 일찍이 서울의 배재학당을 마친 그는 1903년에 미국에 유학하여

---

16 임희모, "미국남장로교 의료선교사 오긍선 연구," 363-402, 특히 365-378.

1907년에 미국의 켄터키중앙대학교(Central University of Kentucky: CUK)의 의과대학을 졸업하였다. CUK에 입학하기 위하여 그는 먼저 대학 예비학교(Center College Academy), 대학 과정(Center College) 그리고 의과대학(Hospital School of Medicine)을 단 4년 만에 마친 바가 있다. 이 때 그는 초인적 노력과 능력을 드러내면서 몸무게가 38kg으로 줄었다.[17]

오긍선은 군산선교부 산하 군산남학교의 초등과정을 '안락(Alexander) 소학교'로 1908년에 4년제 인가를 받아 운영은 구암교회가 맡도록 했다. 그리고 중학교 과정을 '영명중학교'로 1909년에 인가를 받아 고등과 4년제와 특별과 2년제로 운영하였다. 1911년에 7명의 특별과 졸업생을, 1913년에 4명의 고등과 졸업생을 배출했다.[18]

V. 영명학교와 멜볼딘 여학교의 자조부 산업 활동

한국선교회는 1907년부터 각 남·여학교에 자조부(Self-Support Department)를 설치히여 학생들의 학업을 도왔다.[19] 우선 네비우스 원칙에 따라 학생들은 학비를 지불해야 했으나, 매년 학기 초 등록 학생의 30% 이상이 학비 조달이 어려워 중도에 학업을 포기하였다. 이를 극복하기 위한 방

---

17 앞의 논문, 368-370.

18 군산제일100년사간행위원회 편, 『군산제일100년사』, 49.

19 임희모, "미국남장로교 한국선교회의 산업 활동 선교 연구(1907-1937)," 한국교회역사복원연구회, 「한국교회역사복원 논총」 Vol.2 (2021) : 11-54; 임희모, "한국선교회의 광주선교부와 순천선교부의 산업 활동 선교 연구(1907-1937)," ; 임희모, 『미국남장로교 한국선교회의 여성·의료 선교사: 선교학 관점의 연구』, 225-261. 여기 '산업 활동 연구' 글은 같은 내용의 글인데, 제목을 다르게 붙인 것이다.

안으로 이 정책을 시행하였으나, 다른 요인들도 있었다. 당시 한국 사회는 육체노동을 천시하여 양반이나 지식인은 노동을 하지 않았는데, 이에 대하여 사람은 노동을 통하여 자기를 실현한다는 것을 선교사들은 가르치려 했다. 또한 가난한 학부모의 경제적 어려움을 도우려는 목적이 있었고, 학생들이 졸업 후 직업을 갖도록 미리 준비하는 성격도 가졌다. 한국선교회는 이를 위하여 시설비와 운영비를 제공하였다. 각 학교가 위치한 지역적 특성에 따라 각 학교는 산업과 직업 훈련을 하였다. 쌀을 생산하는 곡창지대인 군산의 영명학교 자조부 학생들은 쌀을 담는 쌀부대, 가마니 짜기, 볏짚 부대(Straw Rice Sacks) 등을 만들어 팔아서 학비와 기숙사비 및 용돈을 벌었다.[20] 이외에도 고학년 대상으로 목재부(Wood-Working Department)를 설치하여 도구를 만들어 정확한 조립 등을 훈련하였다.[21]

여학교의 경우 남학교의 자조부 활동에 비하여 특이점이 있다. 우선 남학생에 비하여 학비가 많지는 않았다. 당시 한국문화는 남아 선호의 사회라 학부모들이 남아들은 쉽게 학교를 보내지만, 여아들은 대개 학교를 보내지 않았기 때문에 학교 당국은 여학생의 학비는 낮게 책정하였다. 또한 자조부 참가 여학생의 신체적 건강에 유의하여 총 시간을 적게 했고, 상대적으로 휴식 시간을 많이 할애하였다. 그리고 여학생들은 대개 바느질이나 자수를 했는데, 한국선교회 특히 스와인하트 부인(Mrs. L. H. Swinehart)의 주도하에 학교에 따라 부품 혹은 품목을 분업화하여 작업하였고, 이를 최종 수거하여 미국에 수출하고 판매액을 나누었다.

멜볼딘여학교는 두애란(Lavalette Dupuy) 교장이 순천에서 활동할 당

---

20 앞의 책, 244-245. 군산제일100년사간행위원회 편, 『군산제일100년사』, 38-39.
21 John MacEachern, "Annual Report, Kunsan Station," *The Missionary Survey* (Feb. 1916) : 129-131, 특히 129.

시 순천 단추 공장을 견학했는데, 이를 군산에서 적용하였다. 전통적인 단추 산업을 군산에서 일으켜, 그녀는 한국 전통의 단추를 만들어 팔고 옷이나 자수에 활용하였다. 한국선교회는 각 여학교에 따라 특화된 제품을 분업화하여 공동으로 생산하고 공동판매를 하는 전략을 운영했다.22 미국에 제품을 수출하여 외화를 벌어 분배하여 학생들은 학비 조달을 하였고, 학교 운영에 도움이 되었다.

멜볼딘여학교는 오늘날 군산영광여자고등학교로 변하였고, 설립자와 교명이 바뀌었다. 설립자는 건학이념을 "믿음으로 행하고(信仰), 부지런히 배우며(勉學), 내 힘으로 일하자(自力)"로 정하였다.23 실천 사항으로 여호와 경외(잠언 1:7)와 하나님께 영광(고전 10:31), 이웃 사랑 등을 강조한다.

VI. 군산 3.5만세운동과 선교사들의 반응

군산 영명학교에서 발화되어 이웃 학교들과 지역사회로 확산된 군산 3.5만세운동의 여파는 무척 큰 것이었다. 우선 발단을 살펴보면, 일제가 한국을 식민지로 삼고 가혹하게 군대와 경찰 등을 동원하여 물리적 힘의 통치에 집중하는 상황에서 한국의 지식인과 종교인들의 대표들이 모여 민족 독립에 대한 비전을 가지고 독립을 요구하는 성명서를 발표하려 하였다. 여기에서 영명학교 보통과, 고등과와 특별과를 졸업한 김병수가

---

22 임희모, 『미국남장로교 한국선교회의 여성·의료 선교사』, 244-245; 248-249.
23 군산영광여자고등학교 홈페이지. (2024년 5월 31일 방문)

1919년 당시 세브란스 의학전문학교의 졸업 학기에 적을 두고 있었다. 이때 세브란스의 제약실에서 근무한 이갑성이 독립선언서에 연명한 33인 중의 1인으로 김병수와 연결되었다. 김병수는 독립선언서 95매를 가지고 2월 28일 영명학교의 교사였던 박연세에게 전달하고 몇 교사들을 만난 후 귀경하였다. 이로 인하여 군산의 활동가들이 태극기를 만들고, 독립선언서 3,500장을 등사했고, 이를 들고 3월 6일 군산 장날에 만세운동을 벌이기로 하였으나, 3월 5일에 경찰들에게 발각되어 주동자들인 교사들이 연행되자 학생들이 이를 항의했다. 이들은 당일 곧바로 만세운동을 결행하여 가까이에 있는 멜볼딘여학교와 선교병원에 알렸고, 학생들과 직원들이 가세하였다. 또한 군산 보통학교에도 알리자 학생들이 몰려들었고, 시민들도 합세하여 독립 만세를 외쳤고 가두행진을 벌였다. 이러한 운동이 지역교회와 사회로 퍼져 일거 만세운동이 군산을 넘어 지역을 넘어 전라북도 전역으로 확산되었다. 이에 대한 진행과 확산, 지도 세력, 결과와 영향 등에 관한 자세한 기록은 아래 각주24의 글들을 참고할 필요가 있다.

여기에서는 한국선교회 특히 군산선교부 소속 선교사들의 반응을 서술하려 한다. 4가지의 사료가 발견된다. 하나는 브라운 박사가 그의 책에서 3.1운동에 대하여 군산선교부 선교사 윌리엄 불의 목격담을 서술한

---

24 군산제일100년사간행위원회 편, 『군산제일100년사』, 71-122; 송현강, "한말·일제강점기 군산 영명학교·멜볼딘여학교의 설립과 운영," 150-152; 김수진, 『호남선교 100년과 그 사역자』, 168-172; 김은주, "군산의 3.1운동과 기독교 학교의 참여," 「신학과 사회」 제33집 3호 (2019) : 35-64; 김은수, "익산남전교회 만세운동과 순교자들의 정신," 「선교신학」 62(2021) : 11-37; 동저자, "군산 3.5만세운동과 기독교 영명학교," 「선교신학」 71 (2023) : 53-77; 신종철, "ACTS의 신학공관(共觀)에서 본 전북 지역 3.21운동 연구: 전북지역 남장로교 선교스테이션을 중심으로," 「ACTS 신학저널」 (제40집) : 55-99.

다.25 브라운은 3.1운동의 배경으로 일본의 압제와 윌슨의 민족자결주의의 영향을 짧게 언급하고, 서울에서 시작된 비폭력적 만세운동의 전국적 확산을 설명하고, 윌리엄 불이 목격한 군산 학생들과 교사들, 병원 직원들의 비폭력적 데모와 이들을 연행하고 고문하는 경찰들, 이들의 잔인성 등을 비교적 자세하게 서술한다.

둘째 사료는 브라운 박사가 직접적으로 언급하지 않았지만, 3월 26일 자동차 사고가 일어나 크레인(Paul S. Crane) 목사와 벨 부인(Mrs. Bull Bell)이 사망한 사건과 관련을 갖는다.26 이 교통사고의 먼 원인(遠因)이 3.1만세운동과 관련되는데, 내용은 다음과 같다. 만세운동을 폭력으로 잔인하게 진압한 일본 식민당국과 한국 주재 선교회들의 대표적 선교사들이 만나 이를 논의하고 해결하기 위한 비공식적 회의가 3차에 걸쳐 서울에서 열렸다. 1~2차에는 한국선교회의 대표는 참석하지 않았으나, 3번째 회의(3월 24일)에 남장로교의 실행위 총무인 스미스 박사(Dr. Egbert Smith)가 참석하였다.27 그를 만나러 벨 선교사 부부(Rev. & Mrs. Eugene Bell)와 녹스 선교사 부부(Rev. & Mrs. Robert Knox) 및 폴 크레인 선교사(당시 한국선교회 총무 겸 회계인 스와인하트[Martin L. Swinehart] 선교사가 안식년을 떠나자, 그의 회계 업무를 크레인이 임시로 맡았음) 등 5인이 서울로 가서 그를 만났던 것이다.

---

25 G. T. Brown, *Mission to Korea*, 108-112; 『한국선교 이야기』, 155-159; William Ford Bull, "Some Incidents in the Independent Movement in Korea," 1919, 송상훈 옮김, "1919년 한국에서의 독립운동에 있어서 몇 가지 사건들," 『윌리엄 불 선교사 부부 편지 I: 1906-1938』, 37-49; 261-273(영문).

26 G. T. Brown, *Mission to Korea*, 112; 『한국선교 이야기』, 159.

27 한국기독교 역사연구소 편집(이만열), 『자료총서 제19집: The Korean Situation 1, 2』 (서울: 한국기독교역사연구소, 1995), 27-28; 김승태, 『한말 일제강점기 선교사 연구』 (서울: 한국기독교역사연구소, 2006), 267-682.

이들은 귀향하던 중에 병점역 부근에서 기차와 충돌하여 벨 부인과 크레인 목사가 사망하였고,[28] 녹스 부인은 부상을 당하여 청력을 잃었다.

셋째, 그런데 여기 회의에 참석한 스미스 총무는 어떠한 발언을 했는지 알려져 있지 않다. 그러나 그는 3~4년 후 실행위 산하 교육부가 발행한 교육자료[29]에 한국선교회의 활동과 비전 및 한국의 변화에 대하여 대단히 긍정적으로 서술하였다. 일본보다 역사가 긴 한국인들이 이들의 잔인한 식민 지배를 받으면서 자존심과 체면을 잃은 상황에서 그는 예수님의 복음이 한국을 위한 진정한 기쁜 소식이 된다고 강조했다. 그는 3.1만세운동을 기해 소극적 저항의 독립운동이 시작되고 있다는 것, 또한 일본인들이 가하는 박해와 고문 및 죽임에 직면하여 불굴의 용기를 지닌 영웅과 순교자들의 진정한 자질을 한국의 소녀와 소년 및 노인들도 일본인들에게 보여주었다고 서술한다.

넷째, 3.5만세운동을 목격한 후 곧 안식년을 떠난 인돈(William A. Linton) 선교사가 미국 사회에 일본의 만행을 고발하고 한국인들의 고난과 독립 의지를 증언하였다. 그는 그의 고향 애틀랜타에서 열린 남장로교 평신도 선교대회에서 한국인들이 독립을 외치며 비폭력적 만세운동을 벌였다는 것, 이로 인하여 수많은 사람들이 붙잡혀 감옥에서 고난을 겪고 있다는 소식을 자세하게 미국 기독교인들에게 증언하였고, 이를 애틀랜타 지역신문이 자세하게 뉴스로 보도하였다.[30] 이로 인하여 한국

---

28 *Minutes of the Twenty-Eighth Annual Meeting of the SPMK* (Chunju: June 19th to 26th, 1919), 66-71, 특히 70-71.

29 Egbert W. Smith, *Essential Facts about Our Mission Work in Korea* (Nashville(TN): Educational Department, Executive Committee of Foreign Missions, 1923~?), 1-15.

30 William A. Linton, "Atlantian Tells How Koreans Are Seeking Liberty," (Article, *Newspaper in Atlanta*: May 1919), in: Letter Collection of Mr. & Mrs. William A.

정부는 2010년에 건국훈장 애족장을 그에게 추서하였다. 이러한 애국적 증언 이외에 그가 행한 2가지 덕목도 애족장 추서의 원인이 되었다. 하나는 군산영명학교에서 행한 실업 및 산업 교육, 또 다른 하나는 1930년대 일본이 한국인들에게 강요한 신사참배로 인한 고난의 상황과 결과를 미국 사회에 널리 알렸다는 것이다.

Linton).

군산선교부를 빛낸
4인의 선교사들 연구

여기에 실린 논문 4편은 군산선교부의 선교적 특징을 대표적으로 드러낼 수 있는 인물들에 관한 글이다. 이미 몇 학술지에 게재된 글들로서 그동안 본 필자가 잘못 이해한 내용 혹은 편집 과정에서 일어나 오류 등을 여기에서 바로잡았다.

리니 데이비스는 실행위가 한국에 파송한 선교사 중에서 맨 처음에 입국하였고, 한국 선교 현장에서 한국인의 고통을 나누며 순직한 첫 선교사였다. 오긍선 박사는 남장로교 한국선교회가 길러낸 한국인 인재인데 한국의 근대 의학 교육에 기여한 공적이 다대하다. 페터슨 의사 선교사는 그리스도의 헌신과 섬김을 본받아 한국인 환자들을 사랑으로 치료하다가 자신은 스프루로 인하여 순직한 의사 선교사였다. 엘리자베스 쉐핑(서서평) 간호 선교사는 전설적인 삶을 산 독신 여성 선교사로서 문자 그대로 예수 그리스도를 위하여 그리고 한국인 특히 여성들을 위하여 자기를 희생한 분이다. 마가 14장 3-9절에 기록된 여성에 비견할 수 있다. 예수는 자기의 머리에 향유를 부은 여성에게 "이 여자는 자기가 할 수 있는 일을 하였다"라고 칭찬하였다.

8장

미국남장로교의 첫 한국 입국 선교사, 리니 데이비스 해리슨 부인(Mrs. Linnie F. Davis Harrison)의 선교 활동 연구*

I. 서론

데이비스(Miss Linnie F. Davis, 1862~1903) 선교사는 미국남장로교 총회(이하 남장로교)의 해외선교실행위원회(이하 실행위원회)가 1892년 한국에서 선교회(한국선교회)를 세우기 위하여 파송한 개척 선교사 7인 중 1인이다. 그러나 그녀는 이 6인과[1] 다른 특징을 갖는다. 첫째, 데이비스는 1892년 10월 17일 제물포에 도착하여 실행위원회가 파송한 첫 한국입국

---

* 임희모, "미국남장로교의 첫 한국 입국 선교사 리니 데이비스 해리슨 부인(Mrs. Linnie F. Davis Harrison)의 선교 활동 연구,"「선교와 신학」55 (2021년 가을호): 255-287.
한편 데이비스는 1898년 6월 9일 해리슨(William Butler Harrison, 1866~1928) 선교사와 결혼하였다. 본 글은 결혼 전 그녀의 이름 표기는 데이비스로, 결혼 후의 표기는 해리슨 부인(Mrs. Linnie F. Davis Harrison) 혹은 해리슨 부인 선교사로 표기한다.

1 데이비스 외에 6인은 레이놀즈(William D. Reynolds)와 볼링(Patsy Bolling) 부부, 전킨(William M. Junkin)과 레이번(Mary Leyburn) 부부, 테이트 남매(Lewis B. Tate & Mattie S. Tate)이다.

선교사가 되었다. 둘째, 그녀는 여성 독신 선교사로서 여성과 어린이를 대상으로 복음 전도와 교육을 행한 첫 선교사였다.[2] 셋째, 그녀는 4년 후에 입국한 한국선교회의 남자 독신 선교사 해리슨과 1898년 6월에 결혼하여 한국선교회 내에서 결혼한 커플 1호가 되었다. 넷째, 그녀는 7인의 선발대 중 복음을 전하다가 순직한 최초 선교사로서[3] 1903년 6월 20일에 서거하였다. 다섯째, 그녀를 제외한 6인(부인 포함)의 선교사들의 활동은 연구되었다.[4] 그러나 그녀의 삶과 선교에 대한 연구는 4쪽 짜리 에세이 한 개가 유일하다.[5]

이러한 의미에서 본 글은 한국입국 첫 선교사로서 첫 순직자가 된 여성 선교사 데이비스의 사역의 특징을 연구한다. 본 글은 남장로교의 해외 선교 정책과 선교회의 구조, 독신 여성 선교사의 위치 등을 살피고, 이러한 정책을 한국선교회가 1897년에 채택한 헌법과 규정에서 여성 선교사 규정을 검토한다. 본 글은 데이비스 가정의 신앙, 학교 교육 및 한국 입국 배경을 다루고, 서울, 군산, 전주에서 행한 그녀의 선교 활동을 분석한다. 여기에서 동일화 선교라는 분석 틀을 통하여 그녀의 선교 활동의 특징을 분석한다. 결론으로 본 글은 오늘날 한국교회의 타 문화권 선교의

---

2 당시 Mattie Tate도 독신 여성 선교사였지만 주로 다른 선교사들을 돕는 위치에 있었다.

3 1895년 4월에 입국한 벨(Eugene Bell) 선교사의 부인 Charlotte Ingram Witherspoon Bell 이 1901년 4월에 심장병으로 갑작스레 소천하였다.

4 이들에 대한 대표적 논문은 다음과 같다. 천사무엘, "레이놀즈의 신학: 칼뱅주의와 성서관을 중심으로," 「한국기독교와 역사」 33호(2010); 송현강, "레이놀즈의 목회사역," 「한국기독교와 역사」 33호 (2010); 류대영, "미국남장로교 선교사 테이트(Lewis Boyd Tate) 가족의 한국선교," 「한국기독교와 역사」 제37호 (2012); 이남식, "남장로교 선교사 윌리엄 M. 전킨의 한국 선교 활동 연구," 전주대학교대학원 박사학위논문, 2012.

5 송현강, "남장로교 최초의 여성 선교사 셀리나 데이비스," 한남대학교 인돈학술원, 「프런티어(Frontier)」 제11호(2013): 6-9.

성숙을 위하여 그녀의 선교적 접근의 활용과 그 함의를 논의한다.

II. 데이비스의 신앙교육과 한국 입국 첫 선교사

1. 남장로교의 해외 선교 정책과 여성 선교사 파송 및 한국선교회 규정

남장로교의 해외 선교 정책은 3가지 특징을 갖는다. 첫째, 1861년 조직된 남장로교는 교회란 초자연적 기관(Institute)과 구속받은 자들의 단체(Society)로서 영적 성격을[6] 지녔고, 세속적 국가와 제도와 완전히 구별된다는 것이다. 남장로교의 선교는 이러한 영적 교회를 세우는 데 목적을 두었다. 둘째, 남장로교는 총회의 결정 사항을 직접 실행하는 각 실행위원회 체제를 운영하였다. 실행위원회는 전적으로 해외선교를 담당하여 총회의 선교 정책을 직접적으로 상시 시행하였다. 셋째, 남장로교는 총회 출범 이전부터 해외선교를 강조하였다. 실행위원회는 1877년 해외선교 매뉴얼을 채택하고 실행하였다. 이에 의하면 선교사는 복음 전도자(Evangelist)로서 복음 설교와 영적 교회 설립에 중점을 두며, 현지선교회는 산하 모든 선교부의 선교사와 남자 보조 선교사로 구성된다. 현지민은 현지선교회의 추천과 실행위원회의 임명이 없으면 회원이 될 수 없다.[7] 독신 여성 선교사와 선교사 부인은 선교회의 회원자격이 없어 의사

---

6 "Address by the General Assembly to All the Churches of Jesus Christ Throughout the Earth, Unanimously Adopted at Their Sessions in Augusta, Georgia, December, 1861." *The Distinctive Principles of the Presbyterian Church in the United States* (Richmond(Va) : Committee of Publication, 1870), 8.

결정 구조에서 배제되고, 독신 여성 선교사는 현지선교회의 지도를 받아 사역을 한다.

한편, 1865년 남북전쟁 이후 여성들이 해외선교사로 파송을 받아 선교를 행하자 이들을 지원하는 수많은 여성단체들이 생겼다. 1870년 미국 장로교회여성해외선교사회(Woman's Foreign Missionary Society of the Presbyterian Church)가 조직되어8 계간으로 「여성을 위한 여성의 사역」 (*Woman's Work for Woman*)을 발행하여 여성 선교사의 편지나 소식을 요약하여 소개하였다. 여성들의 이러한 선교 운동을 다나 로버트(Dana Robert)는 '여성 사역을 위한 여성 선교학'(Missiology for Woman's Work for Woman)으로 규정한다.9 이는 여성과 어린이에게 복음을 전하고 문명화 교육을 시키고, 병원 치료 선교 등을 행하여 사회개혁 추구와 총체적인 사회 변화 선교를 행하려 하였다.

이러한 상황에서 한국선교회가 1897년 10월 27일부터 11월 1일까지 데이비스가 거주하는 군산 초가집에서 제6차 연례 회의를 열고 한국선교회의 헌법과 규정을 채택했다. 여기에는 실행위원회의 총무인 체스터 (Samuel H. Chester) 박사도 참석하였다.10 제5차 연례 회의는 헌법과 규

---

7 Minutes of the General Assembly of 1877, 418-419 in Thomas C, Johnson, *A History of the Southern Presbyterian Church, with Appendix*, 363-364. https://babel.hathi trust.org/cgi/pt?id=uva.x001704586&view=1up&seq=61(2021.04.27 검색)

8 Robert Pierce Beaver, *American Protestant Women in World Mission: History of the First Feminist Movement in North America* (Grand Rapids, MI): William B. Eerdmans Pub. Co., 1980 revised, 99.

9 Dana L. Robert, *American Women in Mission: A Social History of Their Thought and Practice* (Macon, Ga: Mercer University Press, 1999), 130ff.

10 Samuel H. Chester, *Lights and Shadows of Mission Work in the Far East: Being the Record of Observations Made During a Visit to the Southern Presbyterian Missions in Japan, China, and Korea in the Year 1897* (Richmond, Va.: The Presbyterian

정 초안 작성을 벨 선교사에게 맡겼고 그는 이번 연례 회의에서 발표했다. 남자 선교사 5인(레이놀즈, 테이트, A. D. Drew, 벨, 해리슨)은 매일 아침 이를 검토하고 마침내 채택했다.[11] 회장인 전킨은 병으로 참석하지 못하였다.

크게 2부분으로 구성된 1897년 헌법과 규정의 앞부분인 헌법(Constitution) 제2조는 투표권은 선교 현장에서 6개월 이상을 복무한 모든 선교사에게 그리고 선교사와 남성 보조 선교사에게 주어지고 여성은 제외된다. 특히 "미혼여성 선교사의 사역에 직접 영향을 미치는 결정(사안)에 대해서는, 제안된 결정을 잘 이해하도록 정보를 제공하여 그녀가 그 주제에 대한 견해를 선교회에 제출할 때까지 어떠한 조치를 해서는 안 된다"라고 규정했다.[12] 헌법 제3조는 "선교사의 생활과 봉사의 목적은 그리스도와 십자가에 달리신 이분을 이교도들에게 설교하는 것이다. 이에 따라 모든 형태의 사역은 이 목적에 복속해야 한다"라는 것이다. 규정과 세칙(Rules and By-Laws)은 "여성들은 필히 자문을 받아", 즉 "선교회의 지시나 상급자의 자문과 조언에 따라야만 준회원(Associate Member)으로 사역을 할 수 있다"라고 규정했다.

Committee of Publication). 이 책에서 한국선교 관련 내용은 91-133쪽에 있다.

11 W. D. Reynolds, "Sixth Annual Meeting," *The Missionary* (Feb. 1898), 82-83; P. B. Reynolds, "Korea: the Mission Meeting," *The Missionary* (Feb. 1898), 80-81.

12 *The Constitution, Rules and By-Laws of the Southern Presbyterian Mission in Korea* (Shanghai: American Presbyterian Mission Press, 1898). (RG 444, Box 66, Folder 1; Presbyterian Historical Society, Philadelphia, PA), 1.(2021년 7월 3일 접속)

2. 데이비스의 신앙 환경과 성장 및 교육

변호사였던 아버지(Archimedes Davis, 1811~1865)와 어머니(Mary Vance Hook Fulkerson Davis, 1820~1892) 사이에 13명의 자녀 중 12번째로 버지니아의 서남부 아빙돈에서 1862년에 태어난 리니 데이비스는 어려서 셀리나(Selina)로 불렸다. 대농장 몇 개와 주식 등 23,000달러 상당의 큰 재산을 지닌 아버지가 남북전쟁 후유증으로 1865년에 죽자 셀리나는 자애로운 어머니 밑에서 칼빈 전통의 신앙을 이어받아 경건한 분위기에서 자랐다. 부친은 싱킹스프링 장로교회(Sinking Spring Presbyterian Church)의 장로로 봉사하였다.[13] 어머니는 가정주부로서 16,000달러의 재산을 가졌다. 데이비스는 어려서 흑인 보모가 돌봐주었고 농장에서 일하는 흑인들과 차별 없이 지냈다.

데이비스의 신앙은 칼빈주의적 침례교 목사인 둘째 숙부(James Davis)의 영향과[14] 어머니의 경건한 삶과 싱킹스프링 장로교회의 교회 생활을 통해 이루어졌다. 어려서부터 예수 그리스도에 대한 믿음을 가진 그녀는 어머니를 따라 곧잘 가난한 자와 병든 자들을 심방하면서 해외선교 비전을 가졌다. 그녀가 신앙생활을 익힌 싱킹스프링 장로교회는 1888년 주일학교 체제를 혁신하여 초등과 4년제, 청년과 3년제, 장년과 5년제를 운영했다. 초등과 3학년의 경우, 선교대명령, 마태복음 22:37·39, 요한복음

---

13 Rountree Stephenson compiled, *Historical Sketch of Sinking Spring Presbyterian Church at Abingdon, Virginia 1773-1948* (Abingdon, VA: Committee of the Sinking Spring Church, 1948), 22.

14 최은수, "미국남장로교 파송 최초 선교사 리니 데이비스에 관한 연구(1-6)," 「최은수 교수의 교회사 논단」. http://www.amennews.com/news/articleView.html?idxno =18033(2021년 7월 9일 접속)

3:16, 찬송가(Jesus is tenderly calling), 50개의 어린이 문답 등을 가르쳤다. 한편, 이 교회의 여성 활동은 1870년부터 활성화되어 고아와 가난한 자들과 병든 자들을 심방하는 등 사회봉사를 실시했고, 해외선교도 지원하였다. 이 교회는 여성 지도자들을 다수 배출하였다. 해외 선교사로는 데이비스가 처음이었다.[15]

데이비스는 스톤월 잭슨 여성대학(Stonewall Jackson Female Institute, 1914~1930년은 Stonewall Jackson College)을 졸업하였다. 그녀의 모 교회인 싱킹스프링 장로교회가 이 대학을 세웠다. 1868년 5월 이사회는 1등급의 여성대학을 세우기 위하여 영어과, 음악과(기악, 성악), 불어와 라틴어 필요시 독일어 등 언어학과, 미술과(Drawing and Painting), 수예와 장식과 등을 두기로 하고, 1868년 9월 15일 개강하였다. 1914년 이 학교 본관과 학적부 등이 화재로 전소되어 데이비스의 입학과 졸업 연도는 확인하기 어렵지만 1890년 이전에 졸업을 했을 것으로 추정된다.[16] 이 학교의 교육 사명을 엿볼 수 있는 1927년 졸업생(35명)인 Susan Leyburn Hyatt라는 여성의 1926년 Yearbook의 내용을 보면,[17] "교과서와 여타 자료로부터 지식을 습득하고, 마음과 여러 덕목들을 계발하는 데 성공한 여성들 또한 삶에 있어서 자신들을 생각하고 책임감을 실천하는 여성들로 교육

---

15 Rountree Stephenson, *Historical Sketch of Sinking Spring Presbyterian Church*, 89.
16 이 학교 출신으로 한국에서 활동한 선교사는 Finley Monwelll Eversole 선교사의 부인 Edna Earle Pratt(1876~1955)는 전주에서, Lena R. Fontain(1888~1981)은 전주와 군산에서, Margaret G. Martin(1892~?)은 광주(1921~1927)에서 활동했다. 인돈학술원 편, 『미국 남장로회 내한선교사 편람: 1892-1987』(대전: 한남대학교 출판부, 2007).
17 "A 1926 college yearbook spills its secrets," Appalachian History.net (2021년 3월 21일 접속) https://www.appalachianhistory.net/2020/11/a-1926-yearbook-spills-its-secrets.html, 5.

하여 (세상으로) 파송하는” 것이었다. 이 학교 졸업생의 전형적인 활동은 사회에서 박애 정신으로 타인을 돕는 것이었다.

3. 한국 입국 첫 선교사 리니 데이비스: 주미 공사 이채연의 부인과 동행 입국

스톤월 잭슨대학에서 인문 교양 교육을 받은 데이비스는 해외선교 소식지 「*The Missionary*」를 자주 읽었다. 여기에는 주로 해외 선교 현장의 소식과 선교사들의 보고가 다양하게 게재되었다. 1890년에 선교사 결심을 확고하게 세운 데이비스는 실행위원회에 “우리 주님을 최선을 다해 섬길 수 있는 현장으로 자기를 보내줄 것”을 요청했다.[18] 특히 그녀는 아프리카 선교사로 가기를 원했다. 1891년 여름 몇 주 동안 데이비스의 어머니 집에서 데이비스의 병간호를 받은 선교사 지망생 존슨(Cameron Johnson)이 아프리카를 선교지로 택한 이유를 그녀에게 물었다. 그녀는 아프리카는 개인적으로 가장 불편하고 희생을 많이 해야 하는 곳인데, 그곳에서 봉사할 여성 선교사가 거의 없을 것이기 때문이라는 대답을 했다.[19] 실행위원회는 남장로교에서 거의 아무도 접근하지 않은 새로운 선교 현장인 한국을 그녀에게 소개했다.[20]

한편, 실행위원회는 개척 선교사 7인을 파송하면서 한국선교에 대한

---

18 W. M. Junkin, “Mrs. W. B. Harrison,” *The Missionary* (Sept. 1903), 423.

19 Cameron Johnson, “Recollections of Mrs. Harrison,” *The Missionary* (March 1904), 129.

20 존슨은 데이비스보다 1개월 전에 한국에 입국했다. Cameron Johnson, “Korea: My Introduction to Korea,” *The Missionary* (Jan. 1893): 30-33.

희망을 가졌다. 그런데 4년 전부터 미국 주재 공사로 활동하는 이채연 (Lee Cha Yun) 씨의 2개월 난 외아들이 죽었다. 슬픔에 겨워 주미 공사의 부인이 남장로교 선교팀과 동행하여 귀국하려고 하여 아빙돈의 데이비스가 살렘(Salem)까지 가서 그녀를 만났다. 그 부인은 공개적으로 개종한 기독교인이었다. 이를 알게 된 「*The Missionary*」의 편집인이 이를 기사화하였다.[21] 한국 황제의 친척의 귀부인이 기독교인이고 이 부인과 함께 선교팀이 동행하여 한국에 입국한다는 것, 이로 인하여 남장로교 선교의 앞날에 큰 유익이 있을 것을 「*The Missionary*」는 예견했다.

데이비스의 선교팀 일행은 세인트루이스에서 이 부인과 만났다. 그런데 중도에 전킨의 편도선염으로 인하여 전킨 부부와 레이놀즈 부부는 더 머물렀고, 테이트 남매와 데이비스와 이 부인은 일행이 되어 앞서 출발하여 요코하마에 10월 5일에 도착하였다. 여기에서 선교팀이 합류하기로 하였으나 데이비스와 이 부인은 7일 정오에 요코하마를 출발하여 고베를 거쳐 17일에 제물포에 도착하였다. 마중 나온 사람들과 이 부인은 떠났고, 데이비스는 알렌 부인(Mrs. Horace N. Allen)의 안내 편지를 따라 제물포에서 자고 18일에 알렌의 집에 도착했다.

---

21 Editorial, "A Distinguished Korean Convert to Christianity," *The Missionary* (1892), 343.

III. 해리슨 부인 선교사의 한국 선교 활동
   : 여성과 어린이 사역

1. 서울에서 삶과 사역(1892~1896)

데이비스는 서울에서 미국의 외교관으로 활동하는 알렌 부총영사 (1897년 변리공사 겸 총영사)의 집에서 잠시 머물렀다. 그녀는 알렌 가족의 보호와 안내로 서울의 삶을 시작하였다. 그녀는 6인의 선교팀의 도착을 기다리는 동안 *The Missionary*에 10월 20일 자 서울발 첫 기사를 송고 하였다.[22] 한국어 어학 선생도 알렌이 물색하여 주었다. 12월 4일 6명의 개척 선교사들이 서울에 도착하여 7명의 팀이 구성되었다. 이들은 곧 서대문 부근에 있는 알렌의 집을 구입하여 안착하였다. 이 집은 남장로 교 선교사들의 생활 중심으로 딕시(Dixi)로 불렸다. 이 집은 원래 독일 공사가 살던 집을 개조한 것으로 경내가 아주 넓었다. 데이비스는 처음 에는 레이놀즈 부부와 전킨 부부가 사는 경내에서 살았고, 테이트 남매 는 집을 지어 따로 살았다.

실행위원회의 요청으로 중국의 고참 선교사 스튜어트(J. L. Stuart)가 한국을 관찰하고, 일본으로 떠나기 전 1893년 4월 24일 부산에서 보고서 를 보냈다. 그는 여기에 데이비스의 어린이 사역을 인상 깊게 남겼다.[23] 점심때가 지나면 매일 옷이 남루한 개구쟁이들이 데이비스가 사는 집 외곽문 밖에 모여 문이 열리기를 기다린다. 3시에 데이비스가 신호를

---

22 (Linnie F.) Davis, "Korea," *The Missionary* (Feb. 1893), 76-77.
23 J. L. Stuart, "Korea," *The Missionary* (Aug. 1893), 315.

보내면 문이 열리고 어린이들이 달려 들어와 계단을 뛰어 올라와, 한국 풍습에 따라 신발을 벗고 방으로 들어와 마루에 있는 방석에 앉는다. 이때 데이비스가 이들에게 인사말을 하고, 한국어 선생에게 성경의 이야기를 그림으로 설명하면서 진행하게 한다. 어린이들은 주의 깊게 듣고 또 "예수 사랑하심은"(Jesus Loves Me, 563장)을 찬송한다. 그리고 머리를 숙여 기도하면 이 모임은 끝난다. 데이비스의 어린이 복음 전도와 예배가 주위 한국인들의 관심을 끌었다는 것이다.

이러한 데이비스에게 한국인의 생활을 경험하고 복음 전도를 할 수 있는 기회가 왔다. 결혼한 부부 가정에 독신 처녀가 거주해서는 안 된다는 한국풍습에 따라 데이비스는 1894년 봄 북장로교 독신 여성 선교사인 도티(Susan A. Doty)의 집으로 이사를 가야했다. 여기에서 데이비스는 3가지 선교 경험을 하면서 한국인을 이해하고 사랑하는 선교사로 거듭났다.

첫째, 데이비스는 교육 선교를 하는 도티를 돕고 협력하였다. 1890년 한국에 입국하여 서울의 여학교를 맡은 도티는 데이비스를 교사로 초청하여 함께 선교를 하였다. 당시 학생 9명이 재학한 학교를 도티가 맡자, 학교의 모습이 갖추어져 데이비스는 하루 20~30명을 가르쳤다.24 그녀의 협력으로 이 학교 사역은 당시 한국에서 가장 성공적인 여성 사역으로 알려졌다.25 이들은 성경, 신앙 진리, 읽기, 쓰기, 수예 등을 가르쳤다. 1895년 5월 북장로교 여성 선교사 스트롱(Ellen Strong)도 도티의 집에 도착하여 협력하였다. 이 여학교는 미국 선교본부와 서울에서 널리 알려

---

24 송현강, "남장로교 최초의 여성 선교사 셀리나 데이비스," 7.
25 W. M. Junkin, "Mrs. W. B. Harrison," 424.

졌고, 1905년 연동으로 이사하여 정신여학교로 발전하였다.

둘째, 데이비스는 한국인들 속에서 선교를 하였다. 도티의 집은 정동 외국인 거주지의 영어권에서 2.5마일(4km)이 떨어져 있었다. 한국인들과 어울려 한국어를 말하며 살아야 하는 좋은 기회가 왔다.26 도티는 학생 사이에 병이 돌자 학교로 들어갔고, 데이비스는 5개월을 혼자서 살았다. 이 때 그녀는 한국인들을 위한 선교사역을 확장하였다. 데이비스는 특별히 어린이 전도에 집중하였다. 그녀는 어린이들과 친해지면서 그들의 집들을 방문하고 어머니들을 만나 대화를 나누었다. 데이비스의 자상하고 겸손한 태도에 이들은 그녀와 친구가 되었다. 그녀는 이들에게 복음을 전하고 모임을 만들었다. 이러한 데이비스의 선교전략으로 인해 매일 매일 많은 여자들과 어린이들이 몰려들었다.27 이들을 몇 개의 집에 수용하여 교육하였다. 이들은 데이비스에게 친절하고 친구처럼 대하여 그녀는 혼자였지만 두려움을 전혀 느끼지 않았다. 데이비스의 개인 보고서에 의하면, 그녀는 1894년에 한국 여성 1,693명을 만났고 80가정을 방문했고, 1,000권의 전도지를 배포하였다.28 더 나가 그녀의 복음 전도와 교육에 참석한 여성들은 이웃들에게 복음을 전하였다. 남자들에게도 그들의 아이들과 부인과 어머니를 통하여 기독교 서적을 보내는 등 간접적 방법으로 복음을 전하였다. 주일 저녁에는 레이놀즈 목사가 한국말로 설교를 했는데, 27명이 참석한 적도 있었다. 세례를 받았던 문지기는 청일전쟁 후 콜레라가 돌자 병에 걸려 죽고 이전에 문지기였던 다른 남자

---

26 [Linnie F.] Davis, "Notes from Seoul," *The Missionary* (Oct. 1895), 468.

27 Cameron Johnson, "Recollections of Mrs. Harrison," 129.

28 George Thompson Brown, *Mission to Korea* (Board of World Missions, PCUS, 1962), 33.

는 신앙을 고백하고 세례를 받았다.

셋째, 1895년 여름 한국선교회의 선교사들(테이트 남매는 일본 체류)은 17마일(27km) 떨어진 관악산 서쪽 중턱의 불교사원 부근에 집을 세내어 5주 전부터 머물렀다.[29] 공기가 시원하여 기운을 돋우고, 시야가 터져서 경치가 아름다웠다. 여기에 복음 전도에 열중한 데이비스가 뒤늦게 합류하여 일주일 정도를 지냈다. 2미터의 거리에 불교사원이 있는 자리에서 데이비스는 아침 기도회를 열었다. 여기에는 선교사들을 수발하는 한국인들을 제외하고 6명의 한국인들이 참석했다. 수많은 여성들이 절에 예불하기 위하여 올라왔는데, 선교사들은 이들에게 말을 붙이기도 했다. 그러나 불교 승려들은 선교사들이 복음 전하는 것을 반대하지 않았고, 기도하는 사람들 곁으로 와서 앉기도 하고, 일부 승려는 기독교 서적을 읽었다. 이러한 분위기에서 데이비스는 한국인들의 종교적 포용성을 이해하게 되었다.

데이비스는 그동안 한국선교회가 여성들에게 복음 전도를 할 수 있도록 집을 하나 마련해 줄 것을 기대했다. 그러나 이러한 염원은 이루어지지 않았다. 1895년 가을부터 레이놀즈가 승부재 예배를 시작했기 때문이다. 데이비스가 전도한 여성들이 주일에는 승부재 예배에 참석하여 레이놀즈의 설교를 듣고 세례를 받았다. 도티의 집에 거주하면서 이렇듯이 열심히 복음 전도를 하다가 건강이 약해진 데이비스를 염려하여 동료 선교사들은 1896년 봄 일본 여행을 떠나도록 주선했다.[30] 레이놀즈는 18명의 세례 예비자들을 문답했는데, 이 중 남녀 각 1명이 세례를 받았

---

29 *The Korea Repository* Vol.II (Aug. 1895), 317.
30 송현강, "남장로교 최초의 여성선교사 셀리나 데이비스," 7.

다. 학습인 8명은 죄를 범해서 세례를 받지 못했고, 이중 몇 명은 감리교로 떠났다. 4~5명의 여성은 이번 가을에 세례받을 가능성이 있었다.[31]

2. 군산 구암 시절의 선교(1896~1898년)

1896년 11월 3~6일에 서울에서 한국선교회의 제4차 연례 회의가 열렸다. 전주와 군산에 선교부를 세웠고 전북 지역을 넘어 또 하나의 선교부를 개설할 계획을 세웠다. 데이비스는 군산선교부로 배치되었다. 그녀는 군산으로 갈 준비로 10월 25일부터 잠시 벨 선교사의 집 경내에서 머물렀다. 이전에 테이트 남매가 살았던 집이었다. 연례 회의가 끝난 후 11월 중순에 한국선교회는 제3 선교부 자리를 확정하기 위하여 나주에 단체로 내려갔다. 데이비스도 전킨, 테이트 남매, 해리슨, 레이놀즈, 벨 등 6명과 함께 일행이 되어 제물포를 출발했다.

데이비스 일행은 20일에 군산에 도착하였고, 계속하여 목포와 나주를 관찰하고 광주를 거쳐 내륙을 통해 군산에 이르렀다. 그녀는 전킨과 드루(A. D. Drew)가 이미 자리 잡은 군산에서 드루의 도움으로, 관아에서 사용한 건물 중 버려진 건물을 구입하여 수리하였다. 이 집은 높고 예쁘고 위생적이고 작은 집이었다.[32] 그녀는 육로로 4.5마일(7km), 해로로 2마일(3.2km) 떨어진 구암(궁말)에 선교센터를 구하였다. 작은 마을인 구암에 자리한 데이비스의 선교센터는 강변 위에 있어서 경치가 아름다웠

---

31 *Annual Report of the Executive Committee of Foreign Missions of the Presbyterian Church in the United States,* 1897 (Nashville:TN, 1897), 44. 송현강, "레이놀즈의 목회 사역," 「한국기독교와 역사」 33호 (2010), 39에서 재인용.

32 *Annual Report of Executive Committee of Foreign Mission of PCUS,* 1898, 64.

다. 생활면에서 서울과 군산은 완전히 달랐고 사람들과 인심도 달랐다.
군산에서 예배는 전킨의 사랑방에서 드렸다. 예배를 드릴 때에 2~3가지
색깔의 깃발을 달아서 여성 예배, 어린이 예배 등을 구별했다. 주간에는
대개 2~3번의 집회가 있었다.[33]

데이비스에게 군산은 선교사역을 할 만한 곳이었다. 한 주에 5개의
성경반 즉 여성반 2개, 소녀반 2개와 소년반 1개를 운영했다. 1896년 11월
에는 단 1명의 여성이 모임에 참석했으나, 1897년 8월 2일 현재 20명
이상이 여성반에 출석하였다. 여성반 하나는 3마일 떨어진 Waymay 마
을에서 모였다.[34] 데이비스는 이 마을을 향해가는 도중에 만나는 여성들
에게 전도하여 데려가기도 했다. 이 모임에 참석하는 여성의 아이가 눈이
부어올라 아팠다. 이 여인의 남편은 질병을 내리는 악령에게 제사를 올리
지 않아서 아팠다고 이 여인을 심하게 구박했다. 이 여인은 데이비스에게
자기가 신자인데 세례는 받지 못할 것 같다고 걱정을 했다. 이유는 남편
이 조상제사 참석을 강요하기 때문이라는 것이었다. 그러나 후에 데이비
스는 이 여성이 세례를 받았다는 소식을 들었다. 데이비스는 복음 전도를
하면서 이러한 미신적 관습을 벗어나도록 여성들을 깨우치기도 했다.[35]
시골 여성들은 대단히 가난에 쪼들리는 삶을 살았다. 이들 중 글을 읽고
뜻을 이해하는 여성은 단 1명뿐이었다. 데이비스는 전주의 의료 선교사
잉골드(Mattie B. Ingold)가 간혹 그녀를 방문하면 잉골드와 함께 아픈 여

---

33 W. B. Harrison, "The Opening of Kunsan Station, Korea," *The Missionary* (Jan. 1918),
   19.

34 (Linnie F. Davis), *The Missionary* (Dec. 1897), 541.

35 Linnie Davis Harrison, "Getting into Korean Homes," *The Missionary* (Oct. 1899),
   474-475.

성들을 찾아가곤 했다.[36] 한번은 1마일 거리의 아픈 여성을 찾아 치료하고 약을 주었다. 이러한 상황에서 여성들에게 성경을 읽고 쓰도록 가르치는 선교사를 도울 여성 도우미(조사)가 절실히 필요하였다.[37]

1897년 11월 2일 데이비스는 해리슨(W. B. Harrison)의 오랜 구애와 청혼을 마침내 받아들였다. 1896년 2월 서울에 도착한 해리슨 선교사는 도티 집에서 사역하는 데이비스를 방문했고, 1896년 12월부터 다음 해 2월까지 군산에서 거주하며 진료 사역을 하였다. 이들은 1898년 6월 9일 목요일 오후 4시 30분에 도티의 집에서 미국 총영사의 입회와 레이놀즈 목사의 주례로 결혼식을 올렸다.[38] 여기에 젊은 여성 선교사들, 정신여학교 학생들, 특히 신부 데이비스의 친구인 이채연 서울시장과 부인, 서울 주재 미국 공사 알렌과 부인 및 두 아들, 벨 선교사 부인, 북장로교 무어(S. F. Moore) 선교사 부부 등이 참석하였다. 이 신혼부부는 곧 일본으로 신혼 여행을 떠나 고베에서 선교하는 존슨(Cameron Johnson)의 집에서 머물렀다. 여기에서 흘러나온 말 중에 드루 선교사가 데이비스를 평하길 "최고의 선교사"(ne plus ultra as a missionary)라는 찬사의 말을 했다는 것이다.[39] 이들 부부는 8월 8일에 열린 일본 아리마(Arima) 선교대회에 참석하는 등 의미 있는 신혼여행을 보내고 8월 11일 한국에 돌아왔다.

36 마티 잉골드(Mattie B. Ingold)/고근 옮김, 『마티 잉골드의 일기』 (전주: 예수병원, 2018), 51; 57.

37 (Linnie F. Davis), *The Missionary* (Dec. 1897), 541.

38 "Wedding in Korea," *The Missionary* (Sept. 1898), 428.

39 Cameron Johnson, "Japan: Glimpses from Kobe Missionary Home," *The Missionary* (Oct. 1898), 464.

3. 전주에서 해리슨 부인 선교사의 활동(1899~1903)

1899년 9월 14일 제물포 스튜어트(Stewart) 호텔에서 열린 제8차 한국선교회 연례 회의에 해리슨 부인은 서울에 있었지만, 몸이 아파 불참했다. 의사들은 해리슨 부부를 하루빨리 본국으로 안식년 휴가를 보낼 것을 추천했다. 헌신적인 복음 전도 사역으로 해리슨 부인의 건강이 심하게 악화되었다는 것이다. 그녀는 남편과 1899년 10월 안식년 휴가차 한국을 떠났다. 이들은 해리슨의 고향 켄터키 레바논에서 안식년을 보내고, 1900년 10월 8일 캐나다 밴쿠버를 거쳐 11월 9일 제물포를 통해 한국에 재입국하였다. 해리슨 부부를 위하여 군산의 드루와 불(William F. Bull)이 마중을 나왔고, 전주에 오는 도중에 송지동의 기독교인 가정에서 머물렀다. 이들은 전주의 기독교인들과 친구들이 따뜻하게 맞아주어 고향에 온 기분을 느꼈다. 이들 부부의 전주 집은 수리가 필요하여 안식년 휴가 중인 레이놀즈의 집에서 잠시 머물렀다.

해리슨 부부는 우선 전주 교회와 기독교인들이 복음 전도에 대한 열정을 가지고 흔들림 없이 신앙생활을 하는 것에 안심하였다. 이들은 당시 중국 북경의 의화단 사건으로 기독교 박해가 격화된 상황에서 보수적 귀족정치(Conservative Aristocracy)가 강하고 기존 질서의 변화를 싫어하는 전주에서 외래종교인 기독교를 신봉하는 기독교인들에게 박해가 일어나면 어쩌나 그동안 내심 염려를 했던 것이다.[40]

1901년 상반기 전주교회 상황을 보면, 처음에는 주일예배에 평균 50명이 참석했으나 6월에는 평균 113명이 출석했다. 남자들이 예수를 믿고

---

40 (W. B.) Harrison, "Welcome Back to Chunju," *The Missionary* (Mar. 1901), 120.

변함으로써 문밖출입이 금지된 여성들과 큰 애기들과 젊은 여성들이 교회에 출석하기 시작하였다. 그리고 어린이들도 20명이 참석했다.[41] 해리슨은 주일예배 후에 여는 성경반을 체계화하여 총 6반으로 나누고, 이 중 2개는 학습반으로 운영하였다. 그리고 52명을 대상으로 교리문답 시험을 치렀다. 6명은 세례자, 48(38?)명은 학습자반, 6명은 학습자 유지, 2명은 옛 관습을 버리지 못하여 낙방시켰다. 10살 이하 어린이 4명이 자발적으로 문답 시험을 치르겠다고 고집을 부리기도 했다. 이러한 긍정적 변화 상황에서 상당수의 여성들과 어린이들도 출석하고 시험을 보았다. 이는 여성과 어린이 담당 선교사들인 해리슨 부인과 잉골드의 선교 열정이 열매를 맺었던 것이다.

1901년 7월 해리슨 선교사는 전주에 남학교를 개설했다. 학교개설에 대하여 사전에 기독교인 학부모들의 조언을 구했고, 이들이 8명의 학생을 보내주었다. 과목은 국문, 한문, 성경, 습자, 체조, 찬송가(음악), 산술, 지리, 도화(미술) 등이었다. 성경, 찬송가, 지리를 가르친 해리슨 부인을 중심으로 교사진이 구성되어 해리슨은 산술, 한국인으로 최중진, 김필수, 김명식도 가르쳤다. 여기에 등록한 김창국 소년은 이 학교의 첫 졸업생이 되었다. 그는 해리슨의 집에서 사동으로 지내며 교육을 받았다.[42] 1901년 7월부터 해리슨 부인의 지도를 받으며 신흥학교를 졸업하였다. 김창국의 평양 숭실학교 진학을 위해 해리슨 부인이 추천서를 썼다.

해리슨은 1900년 11월부터 1901년 9월 1일까지 전주 선교부의 통계를 보고했다.[43] 지난 10개월간 젊은 여성들과 어린이들의 참석이 두 배

---

41 (W. B.) Harrison, "Korea, Encouragements at Chunju," *The Missionary* (Oct. 1901), 465.

42 Anabel Major Nisbet, *Day in and Day out in Korea*, 29.

로 늘었다. 해리슨 부인의 전주 생활이 안정됨으로써 여성들에 대한 전도가 추수를 맺은 결과였다. 또한 잉골드의 의료 선교 영역이 활성화되어 이를 통한 복음 증거력이 높아진 것이었다. 그동안 해리슨 부부와 잉골드는 레이놀즈 가족과 테이트 남매가 안식년을 떠나 돌보지 못한 사역까지 맡아 2배나 열심히 일을 하였다.44 이런 상황에서 여성과 어린이 사역은 2배나 많은 결실을 얻었다.

한편, 해리슨 부부가 전주로 귀향하자 전주 남쪽 23마일(37km) 거리에 있는 매계와 태인 지역의 65세의 여성과 남성 7인이 이들을 찾아왔다. 1900년 12월 중에 세례 문답을 하자는 것이었다. 그러나 해리슨은 이들을 잘 알지 못하기 때문에 1901년으로 교리문답 시험을 늦추었다. 해리슨은 이들을 좀 더 잘 알아보기 위하여 주일 내내 그들과 함께 지냈다.45 또한 그는 캠핑 장비를 챙겨 해리슨 부인과 함께 1주간을 매계 교인들과 함께 지냈다. 해리슨 부부는 기독교인이라고 생각하는 여러 그룹의 남자들을 만나 다양한 이야기를 듣고, 이들의 사정을 알게 되었다. 이들은 스스로 집을 구입하여 교회로 삼고, 겉으로는 종교인 행세를 하면서 매 주일 모여 사악한 계획들(Wicked Plans)46을 실행하려 하였다. 그러나 이들 부부는 이들의 몸가짐에서 특별히 의심쩍은 것은 없다고

---

43 W. B. Harrison, "General Report of Chunju Station, Nov. 10, 1900 to Sept. 1, 1901," *The Missionary* (Feb. 1902), 68.

44 Mrs. W. B. Harrison, "In and Around Chunju," *The Missionary* (Oct. 1901), 468.

45 (W. B.)Harrison, "Korea, Encouragement at Maiki, Tain County, Korea," *The Missionary* (Aug. 1901): 370-371.

46 선교사들의 복음 전도는 오로지 영혼구원을 위한 것인데, 최중진의 교회는 봉건적 수탈과 일제의 침탈 앞에서 공의 실현의 정치활동도 강조했다. 이에 해리슨은 매계교회가 사악한 활동을 한다고 했다.

생각하여 이들에게 어떤 희망을 가졌다. 이들은 성경 말씀을 따라서 열심히 살았고 공의(Righteousness)를 위하여 동학혁명과 의병 활동으로 핍박을 받았던 사람들이었다. 이들의 지도자는 최중진이었다. 해리슨 부부는 지원자들에게 교리문답을 하기 전과 후에 매일 아침 설교를 했다. 이전에 레이놀즈에게 교리시험을 받았던 8명 중 5명에게 세례를 베풀었고, 3명은 성경을 더 읽고 삶이 변화되기를 바라며 낙방을 시켰다. 이번에 새롭게 치른 시험 지원자들 중에 남자 18명과 여성 10명이 학습 교인이 되었다. 교회가 무엇인지 알지 못하는 남자 2명과 첩을 가진 남자 1인은 학습자 시험에서 떨어뜨렸다.

IV. 데이비스 해리슨 부인 선교사의 동일화 선교

1. 선교사의 정체성과 동일화

맥스 워렌(Max Warren)에 의하면 선교사의 정체성은 '함께 하는 동일화'(Identification with)를 통해 이루어진다. 동일화는 "공감하는 태도로 상대방의 삶 속으로 들어감(the Sympathetic Entering)이다."[47] 이러한 동일화는 선교사와 다른 처지의 상대방과의 상호 관계에서 일어난다. 선교사는 자기 자신의 정체성을 잃지 않고 상대방과의 협력 속에서 선교적 동일화를 이룬다. 한국에서는 19세기 말부터 선교사들이 동일화를 논의

---

47 Max Warren, "The Meaning of Identification," in Gerald Anderson, ed, *The Theology of the Christian Mission* (London: SCM, 1961), 232.

하였다. 선교사들은 복음 전도를 위하여 한국어로 말할 수 있어야 하고, 한국어를 배우기 위한 효과적 방안이나 지침을 실행하고, 한국문화를 알고 한국인을 알고, 한국인을 친밀하게 접촉하여 한국인을 사랑하는 관계를 형성할 것을 강조했다.[48] 본 글은 1860~1920년 간의 동일화 논의를 분석한 봉크(Jonathan J. Bonk)의 4가지 영역의 동일화 분석 틀 즉 언어적, 사회적, 정치적, 종교적, 교육적 영역의[49] 분석 틀을 차용하여 해리슨 부인의 복음 전도의 특징을 분석한다.

2. 복음 전도를 위한 언어적 동일화와 사회적 동일화

데이비스는 한국어를 통달한 선교사였다. 첫째, 한국어 표현을 자유롭게 하였다. 둘째, 그녀는 한국인 마을에서 한국인들과 생활하면서 언어를 습득하였다. 그녀는 서울의 딕시 지역과 외국인 거주지를 벗어나 서대문의 한국인들 속에서 살았다. 셋째, 그녀의 마음이나 태도나 행동에 한국문화나 한국인에 대한 우월의식이 없었다. 이로 인하여 많은 한국인들과 친구가 되었다. 넷째, 심성적으로 그녀는 온유하고 겸손하여 한국인을 존중하였고 그녀는 존경을 받았다. 다섯째, 그녀는 어린이와 여성의 언어, 서울의 하층 언어와 상류층의 언어를 이해했고, 전라도 구암과 전주에서 거주하면서 전라도 사람들과 어울려 복음 전도를 하였다.

---

48 엘리사베스 언더우느, *Challenged Identities: North American Missionaries on Korea, 1884-1934*, 변창욱 옮김, 『언더우드 후손이 쓴 한국의 선교역사, 1884-1934』 (서울: 도서출판 케노시스, 2013), 135-136.

49 Jonathan J. Bonk, *The Theory and Practice of Missionary Identification, 1860-1920* (Lewiston, NY: The Edwin Mellen Press, 1989).

여섯째, 이로 인하여 그녀는 복음 전도에 많은 결실을 맺었다.

데이비스의 사회적 동일화를 통한 복음 전도 전략은 다음과 같다. 첫째, 그녀는 어린이 전도에 대한 관심이 많았다. 어린이 전도를 통하여 어머니와 여성들을 접촉하고 복음을 전하였다. 더 나아가 이들을 통해 기독교 서적이나 전도지 등을 남성들(아버지, 남편, 아들 등)에게 전달하여 간접적으로 복음을 전하였다. 둘째, 그녀는 '여성을 위한 여성 사역자'로서 여성들에게 친화력을 가지고 접촉하고 대화하고 친구로 지냈다. 남녀 유별 시대에 데이비스는 독신 여성으로서 그녀의 집에서 여성과 어린이 모임을 가졌다. 서울에서는 수많은 여성들이 몰려들어 몇 집을 빌려 모임을 진행하였다. 셋째, 군산 구암에서 데이비스는 한국인처럼 초가집에서 살았다.50 그녀는 군산에서 육로로 7km, 해로로 3km의 거리에 있는 작은 마을인 구암에서 미국인 처녀가 홀로 살았다. 데이비스의 이러한 삶은 가난한 여성과 농어촌 여성과 친화력을 가지고 복음 전도의 결실을 높였다. 그녀는 시골 마을을 방문하고 성경반을 조직하였다. 넷째, 데이비스에게 복음은 가난한 자나 부한 자나 누구에게나 전해져야 하는 것이었다. 누구나 그녀의 집을 방문할 수 있었고 누구나 그녀를 초대할 수 있었다. 그녀는 특히 가난한 여인들과 개구쟁이들에게 쉽게 다가갈 수 있는 친화력을 가지고 사회적 동일화를 통해 복음을 전하였다.

---

50 한국의 초가집은 8자x8자(＝2.4m x 2.4m) 큰집은 8x12자 크기를 가졌다. 지붕은 볏짚, 처마는 낮고, 4면은 진흙 벽, 출입문 1개와 작은 봉창이 1개 있다. 천정이 낮고 문이 작아 공기 유통이 쉽지 않다. 키가 큰 서양인이 살기에는 너무 낮고 좁고 가구를 놓을 자리는 거의 없다. 이들은 밥을 방안에서 해 먹는데 화재의 위험도 많았다. 당시 군산은 어촌마을로 기와집은 없었고 구암은 더 작은 마을이었다.

3. 복음 전도와 정치적 동일화

데이비스는 정치적 동일화를 이루어 복음 전도에 기여하였다. 1892년 미국 주재 공사 이채연의 부인을 한국입국까지 동행하여 서로 친구가 된 것이다. 이로 인하여 데이비스는 개인적으로 그리고 공식적으로 남장로교의 한국입국 첫 선교사라는 역사적 명예를 얻었지만, 전체적으로 한국선교회에 좁게는 전주 선교부에 정치적으로 유익을 주었다. 이채연 부부와 친구가 된 데이비스는 외교관인 알렌 공사의 집에서 잠시나마 그 가족의 일원이 되어 더불어 살았다. 이러한 관계 속에서 데이비스는 전킨에 의하면,[51] 정치적으로 한국선교회에 2가지 공헌을 했다.

하나는, 데이비스가 개척 선교사 7인이 거주할 서울 선교센터를 쉽게 구입하고 정착하도록 도왔다. 외교관 이채연 부부의 친구인 데이비스는 고종의 신임을 받는 알렌의 집에서 환대를 받았다. 이전에 독일 공사의 집을 구입하여 개조한 알렌의 서대문 부근의 집을 데이비스가 6인의 선교팀에게 소개하고, 선교팀은 이를 쉽게 구입하여 남장로교 선교사들의 서울 센터로 활용하였다. 다른 하나는, 전주 완산에 테이트가 세운 주택 두 채의 소유권 문제가 발생했다. 완산은 조선 왕가의 선조가 태어난 신성한 곳으로 외국인이 집을 지을 수 없는 곳인데 집을 지었다는 것이다. 전킨에 의하면, 데이비스가 이 분쟁 해결을 도왔다는 것으로, 그녀가 친구인 서울시장 이채연을 통해 그의 친족인 이완용이 배려를 하게 했다는 것이다. 즉 전주 감영(이완용)은 완산의 집 2채를 구입하고, 선교사들은 화산으로 이사하고, 그곳에 지을 집 3채 값과 이사경비를 전주 감영

---

51 W. M. Junkin, "Mrs. (W. B.) Harrison," 424.

이 지불하는 것이었다.[52] 이러한 배려를 한 것은 애초에 어떻게 완산의 땅을 구입했느냐가 중요한데, 감영 측은 땅을 구입한 대인들(선교사를 대인[大시]으로 불렀음)을 고종이 보낸 사람들로 생각했기 때문에 이들의 땅 구입을 거절할 수 없었다고 한다.[53] 이로 인하여 특별 배려를 한 듯하다. 어쨌든 이러한 배려를 통하여 전주 선교부는 토지와 이전 경비 지원을 받으며 주민들에게 복음을 전하고 교육과 병원 선교를 할 수 있었다.

이와 별도로, 해리슨 부부는 정치적 동일화를 통해 매계와 태인 지역의 복음 전도를 활성화시켰다. 실행위원회의 선교 정책은 영적 교회 세우기와 영혼구원에 집중하는 선교로 사회적, 정치적 활동은 이에 방해가 되는 것으로 인식되어 피해야 할 일이었다. 그러나 이 정책과 달리 해리슨 부부는 공의를 행하여 동학혁명과 의병운동 등 정치활동에 참가하고, 핍박을 받은 최중진과 매계/태인 교인들을 기독교의 사랑으로 포용하고 동일화함으로써 1900년 이 지역에 기독교 복음을 널리 전파하고 매계교회가 세워지게 하였다. 해리슨 부부는 한국선교회의 영적 선교/교회 개념에 의로운 사회적 정치적 행위를 포용하는 선교/교회 개념으로 확장하였다.

---

52 여기 선교부 재산권 문제는 인맥을 통해 해결한 것으로 보인다. 1888년 1월에 개설된 워싱턴 주미 공사관에는 이완용, 이채연, 알렌 등 11명이 동료로 근무했고, 후에 알렌은 주한 미국공사관으로, 이채연은 1896년 한성부윤 즉 서울시장으로, 이완용은 1897년 전북 관찰사로 근무했다. 전킨의 주장대로라면, 전주 선교부(데이비스)가 이채연과 알렌을 통해 이완용을 움직인 것으로 보인다.

53 Mrs. (W. B.) Harrison, "In and Around Chunju," 467-468.

4. 복음 전도를 위한 종교적, 교육적 동일화

데이비스는 복음 전도를 위하여 종교적 포용성과 구원의 관점에서 종교적 동일화를 이루었다. 첫째, 데이비스는 서울 관악산의 불교사원 주위에서 한 주간을 체류하면서 불교도들의 포용성을 인지하고 새롭게 한국불교와 한국인을 바라보았다.[54] 둘째, 데이비스는 전라도 군산과 전주 민간의 전통적 믿음과 종교를 접하면서 고달픈 한국인들의 현실을 되새겼다. 특히 전주의 완산 주변에 가득한 민간 종교들의 사당, 신당, 절을 찾는 여인들의 고통과 소원, 갈망을 눈여겨보았다.[55] 특히 가부장제 사회에서 남아 출산을 기원하고 심지어 절을 지어 바쳤다. 셋째, 이들의 염원과 갈망에 대한 구원은 오직 하나님으로부터 온다는 복음을 해리슨 부인은 강조하였다. 그녀는 구원의 복음 메시지를 전함에 있어서 한국인들에 맞게 동일화 접근을 하였다. 한국인이 잘 이해할 수 있도록 성경을 해설하고 단권 복음서와 전단지 등을 준비하고, 예배를 드리는 예배처는 환경에 따라 초가집이나 서울 승부재, 전주에서는 기와집에서 예배를 드렸다. 예배를 위하여 찬송가를 가르치고 부르고 성경의 이야기를 담은 그림을 준비하여 한국인들이 알아듣도록 설명했다. 넷째, 1901년 7월부터 해리슨 부부는 전주 남학교의 학생들에게 기독교 교육을 실시했다. 성경의 하나님을 의지한 학부모들의 바람을 통해 기독교 교육을 실시하고자 학생들을 모집했다. 김창국은 전주 지역에 떨어진 복음의 첫 씨앗으로 줄곧 성장하여 복음 전도를 재생산하고 예수 그리스도의 복음을

---

54 (Linnie F.) Davis, "Notes from Seoul," 469.

55 Mrs. (W. B.) Harrison, "In and Around Chunju," 465-468.

널리 확산하였다.

5. 자기희생적 삶으로 실천한 통전적 동일화 선교
― 제일 아름다운 해리슨 부인 선교사

여기에서는 4개 영역의 동일화를 통합하는 통전적 동일화를 언급하고자 한다. 여기 각 영역의 4개를 합하면 삶의 모든 영역을 포괄한다. 이 말은 곧 전체로서 삶을 말하거나 혹은 생활을 말한다. 그러므로 4개 영역의 동일화 선교는 전체적으로 통전적 동일화 선교를 말하고, 이는 곧 선교사가 온전한 생활을 통해 동일화 선교를 행할 수 있음을 뜻한다. 이러한 동일화 선교는 선교사가 전적으로 자기희생적 삶을 살 때 가능해진다. 이는 예수 그리스도가 십자가에서 보여준 자기희생적 섬김의 삶을 선교사가 몸으로 살 때 가능할 것이다.

데이비스는 이러한 자기희생적 선교 현장인 한국의 선교사로 임명되자 매우 기뻐하였다. 원래 그녀는 아프리카 선교를 원하였다. 그녀는 개인적 불편과 희생이 제일 심한 현장이 아프리카라고 여겼다. 그런데 이곳은 거절되고 그녀는 아프리카 못지않은 한국으로 임명되었다. 그녀는 가장 힘든 선교 현장으로 기꺼이 찾아가 여성들과 어린이들에게 복음을 전하고, 삶의 변화를 이끌어 문명 세계의 삶을 살게 하려는 책임감과 소명 의식을 느꼈다.[56]

그녀는 한국에서 언어적 동일화, 사회적 동일화, 정치적 동일화 그리고 종교적 동일화를 자기의 삶을 통해 행하였다. 특히 한국선교회는 선

---

56 Cameron Johnson, "Recollections of Mrs. Harrison," 129.

교/교회의 영적 성격을 강조함으로써 사회성이나 정의감이 약했다. 해리슨 부인은 정의와 사회성을 포용하여 온전한 의미의 사회적, 정치적 동일화를 행하여 통전적 동일화를 이루었다. 이러한 선교는 선교사의 생활방식을 통해 행해진다. 한국문화를 존중하고 한국인을 사랑하고 또한 복음을 전함에 있어서 그녀는 온유와 겸손으로 행하였다. 한국교회 지도자들은 이러한 해리슨 부인에게 찬사를 보냈다. "(해리슨) 부인은 온유하고 겸손하여 모든 사람의 모범이라서 사람을 감동케 함이 많음으로, 우리 전도국 위원들이 칭찬하기를 이는 참으로 우리 선교사 중에서 제일 아름다운 사람이라 하였다."[57]

해리슨 부인 선교사는 한국인들의 슬픔과 고통과 질병을 자기의 삶으로 받아들이면서 누구든지 가리지 않고 심방하고 위로하였다. 해리슨 부인이 어떤 경로로 발진티푸스 열병에 감염되었는지 알려져 있지 않다. 해리슨의 보고에 의하면[58] 1903년 4월경에 기독교인 조씨가 발진티푸스 열병에 걸렸다. 감염의 위험을 알면서도 교인들이 지속적으로 그의 방에서 기도하고 돌보았으나 결국 죽었다는 것이다. 한국 교인들은 감염의 위험을 무릅쓰고 동료 환자를 돌보고 기도하였다. 여기 감염과 죽음의 위험을 받아들인 한국인들이 그들의 믿음을 보여준 시기는 4월인 만큼, 이를 통해 해리슨 부인의 감염을 혹시 연관시키면 시기적으로 거리가 먼 듯하다. 잉골드에 의하면 그녀가 군산에서 진료하고 전주로 왔는데, 해리슨 부인에게 발진티푸스의 고열 증세가 나타나 12일 동안 밤낮으로 치료하고 간호를 했으나, 6월 20일 순직했다.[59]

---

57 "데비스 녀사의 기념문," 전라북노회 기념식 준비위원회 이승두 리자익 홍종필, 「전라도 선교 25주년 기념」 (1917년 10월 23일, 필사본 복사판), 20.

58 (W. B.) Harrison, "Chunju Notes," *The Missionary* (July 1903), 327.

V. 결론

　해리슨 부인 선교사는 한국 여성들과 어린이들과 함께 동일화 선교를 하였다. 한국어를 통달하고, 전통과 관습과 예절은 물론 당대의 생활 문화에 대한 이해를 통해 그녀는 한국인을 존경하고 사랑할 뿐만 아니라 그들로부터 사랑을 받았다. 각계각층의 한국 여성들로부터 마음을 얻어 서로 간에 친구로 지내며 복음을 전하였다. 온유와 겸손의 미덕을 지닌 그녀로부터 감동을 받은 많은 한국인들이 그녀와 동일화를 이루었다. 해리슨 부인 선교사와 동일화된 한국교회 지도자들은 그녀를 선교사 중에서 제일 아름다운 사람이라는 찬사를 보냈고, 동료 선교사들도 그녀를 "ne plus ultra as missionary"(최고의 선교사)로 칭송하였다. 자기희생적 열정을 지닌 해리슨 부인은 어느 누구나 어떠한 여성에게나 복음을 전하고 심방하였다. 이로 인하여 그녀는 발진티푸스에 감염되어 곧 순교하였다. 하나님의 사랑의 충만으로 채워진 그녀의 이러한 자기희생적 삶에 예수 그리스도의 성육신적 은총이 아른거린다.

　오늘날 한국교회의 타문화권 선교는 많은 문제를 가지고 있다. 단일 문화권인 한국에서 살아온 한국인은 타 문화권에 적응하기기 쉽지 않다. 이로 인하여 생긴 자문화 중심의 선교 문제가 현장에서 적지 않게 발생한다. 한국인 선교사들은 자문화 중심 선교를 극복하고 언어와 인종과 역사와 문화가 전체적으로 다른 타 문화권 선교를 효과적으로 행해야 한다. 이러한 의미에서 19세기 말과 20세기 초 한국에서 최고의 동일화 선교를 행한 해리슨 부인 선교사는 중요한 안내자가 될 수 있다. 그녀는

---

59 마티 잉골드, 『마티 잉골드의 일기』, 204.

당시 한국 여성들과 동화된 삶을 통하여 통전적 동일화 선교를 행하였다. 어떠한 선교사라도 현지인과 친밀한 접촉 없이는 효과적인 선교를 시작할 수 없는 상황에서 해리슨 부인 선교사의 동일화 선교는 오늘날 타 문화권 선교를 행하는 한국교회 선교사들에게 큰 의미를 줄 것이다.

9장

미국남장로교 한국선교회가 길러낸
한국인 의사 오긍선 연구
― 1907년~1938년의 활동을 중심으로*

I. 서론

오긍선은 한국 현대의학의 개척자로서 한국 의료계와 한국 사회에 큰 영향을 미쳤다.[1] 사실 한국의 첫 현대적 의사는 1892년 미국에서 의대를 졸업한 서재필(1866~1951)을 들 수 있으나 그는 미국에서 활동하였다. 김점동(박에스더)은 1900년에 미국에서 의사 자격을 얻은 두 번째 한국인 의사로서 한국에서 활동을 하다가 1910년에 사망하였다. 오긍선은 1903년 3월부터 미국의 센트럴 대학에서 공부를 시작하고, 1904년 루이빌 의대(Hospital School of Medicine, Central University of Kentucky 후에

---

* 임희모, "미국남장로교 한국선교회가 길러낸 한국인 의사 오긍선 연구 ― 1907년~1938년 의 활동을 중심으로" 「한국기독교신학논총」 Vol. 118 (2020) : 363-402.

1 박성래, "우리나라 첫 현대적 의학자 오긍선(吳兢善 1978~1963)," 「과학과 기술」 (2002. 12.), 40-42.

University of Louisville로 개명)에 입학하여 1907년 7월 의학박사(Doctor of Medicine, M.D.) 즉 의사 자격을 취득하였다.

오긍선은 미국남장로교 해외선교 실행위원회(이하 실행위원회)가 한국에 파송한 선교사로서 1907년 9월 한국에 입국하였다. 미국남장로교 한국선교회(이하 한국선교회)는 그를 동년 9월부터 군산 예수병원 근무로 발령을 냈다. 오긍선은 1911년부터 목포 선교부에서 활동했고, 1913년에는 세브란스의학교(Severance Medical College), 1917년 이후 세브란스연합의학전문학교(Severance Union Medical College, SUMC, 이하 세전 혹은 세브란스의전)에서 교수로, 학감으로, 부교장으로 사역을 하였다. 1934년 에비슨(Oliver R. Avison) 교장에 이어 오긍선은 세전의 제2대 교장이 되었는데, 이는 한국인으로서 첫 교장이 된 것이다.

그는 세브란스의전 교육의 질적 수준을 높였고 외연을 넓혀 오늘날 세브란스 병원과 의과대학의 초석을 놓았다. 그러나 그는 이보다 한국 의료계와 한국 사회에 더 큰 영향을 미쳤다. 그는 인간의 질병 치료 이외에 사회적 치유를 행하는 등 사회적 섬김에 관심하였다. 경성보육원을 통해 고아들을 보육하고 공창폐지운동을 주도하여 사회선교를 견인했다. 그는 제도적 교회의 신앙생활을 넘어 예수 그리스도의 말씀을 따르는 신실한 생활신앙을 몸으로 살았다.

본 글은 미국의 실행위원회의 의료 선교사 오긍선이 한국에서 행한 선교 활동을 연구한다. 선교사 오긍선의 선교 활동에 대한 학문적 연구는 찾기가 쉽지 않다. 한인수는[2] 그의 글 전반부에서 군산선교부와 목포 선교부에서 활동한 오긍선을 몇 가지 각주를 매기고 정리했으나, 후반부

---

2 한인수, "오긍선," 「호남교회춘추」 15호(2001년 봄), 8-43.

는 『해관 오긍선』3의 내용을 옮겨놓았다. 오긍선의 미국 유학에 대해서는 한미경·이혜은이4 자료를 충실하게 수집하여 분석하였다. 2020년 해관오긍선선생기념사업회가 사실적 자료를 활용하여 오긍선의 삶을 정리하였으나5 한국선교회와 관련된 세브란스의전 활동은 언급하지 않았다. 의료 선교사로서 세브란스의전에서 활동한 오긍선(1913~1937)에 관한 선교학적 연구는 전무한 실정이다.

본 글은 크게 2부분으로 구성된다. 하나는 한국선교회의 의료 선교 정책을 간략히 살피고, 오긍선의 미국 유학과 군산과 목포에서 활동한 초기 선교를 분석할 것이다. 뒤이어 세전에서 교수로서 그리고 행정가로서 활동한 내용을 선교학적 관점에서 분석할 것이다. 여기에는 생활신앙, 한국 토착적 기독교인, 현존선교 등이 논의될 것이다. 본 글은 1차 자료로 한국선교회의 연례 회의록과 그가 기고한 글들을 검토하고, 또한 그의 주변 인물들이 증언한 자료를 분석할 것이다. 지면의 한계상, 연례 회의록에 언급된 그에 관한 주요 사항들만을 분석할 것이다. 이 글은 필요한 경우 이외에는 1938년 상반기 이후 그의 활동은 다루지 않는다.6

---

3 해관오긍선선생기념사업회 편, 『해관 오긍선』(서울: 연세대학교 출판부, 1977).

4 한미경·이혜은, "'My Dear Dr. Alexander': 편지를 통해 본 오긍선의 미국 유학 시절(1902~1907)," 「신학논단」 제97집 (2019. 9.): 251-282.

5 해관오긍선선생기념사업회, 『한국근대의학의 선구자 해관 오긍선』(서울: 역사공간, 2020).

6 본 연구가 다루는 1907~1938년간의 오긍선의 활동에서 친일 행위는 다음과 같다. 1921년 4월부터 친일 단체인 유민회(維民會)의 평의원, 1924년 "내선 융화의 철저한 실행"을 내걸고 결성한 同民會에 참여, 1925년부터는 평의원, 1932년부터 1940년까지 조선교육회 평의원, 1935년 조선교화단체연합회 이사, 1937년 8월 경성군사후원연맹 부회장, 1938년 조선지원병제도축하회 발기와 조선기독교연합회의 평의원으로 활동했다. 조성운, "오긍선(吳兢善)," 『한국민족문화대백과사전』. http://encykorea.aks.ac.kr/Contents/Index?contents_id=E0038132(2021년 4월 27일 검색)

II. 미국남장로교의 해외 의료 선교와 오긍선의 미국 유학

1. 미국남장로교 해외 의료 선교 정책

한국선교회는 미국남장로교 교회라는 역사적 제도적 교회가 한국 상황에서 선교를 하기 위해 조직된 선교회이다. 이 제도적 교회는 보수적 교회로 알려져 있고, 선교의 내용과 성격 역시 보수적 특성을 갖는다. 이 교회는 영적 조직체로서 교회 영역과[7] 노예제도 등의 사회적 정치적 제도를 세속적 영역으로 구분하여 성속 이원론적 관점을 강조하였다. 이로 인하여 남장로교회는 인종주의적 배제와 차별 등 전통적 관습과 제도가 온존되어 교회의 사회적 관심이 약하거나 결여되었다.[8]

1892년 실행위원회는 조선에 7인의 선교사를 파송하였다. 이들은 10월 17일 제물포와 11월 4일 서울에 도착하여 미국남장로교 선교회를 조직하는 목적을 가졌다. 이들은 곧 공식적인 한국선교회를 조직하고, 1893년 1월 28일 미국 북장로교 선교회와 미국남장로교 선교회가 장로교선교회공의회를 조직하여 한국에 하나의 장로교회를 세우기로 합의했다. 한국선교회는 호남 지역을 선교지로 할당받았고, 또한 선교 정책도 공유하였다. 이미 북장로교 한국선교회는 네비우스(John L. Nevius) 선교 정책과 북장로교 선교회의 선교 신조, 특히 영혼구원을 위한 부수적 사역으로 병원 의료 사역을 규정한 신조를 채택한 바,[9] 한국선교회도

---

7 Luder G. Whitlock, "제임스 헨리 돈웰," 데이빗 F. 웰스 편/박용규 옮김, 『남부 개혁주의 전통과 신정통 신학』 (서울: 도서출판 엠마오, 1992), 126.

8 류대영, "윌리엄 레이놀즈의 남장로교 배경과 성서번역," 『한국기독교 역사의 재검토』 (서울: 한국기독교역사연구소, 2019), 127-159, 특히 127-142.

이를 수용하였다.

한국선교회의 1897년 10월 연례 회의에 본국 실행위원회의 총무인 체스터 박사(Rev. Dr. Samuel H. Chester)가 참석하였다.[10] 이 회의에서 한국선교회의 헌법과 규칙이 논의되고 채택되었다. 장로교선교회공의회의 규정에 따라 한국선교회도 모든 형태의 선교 사업은 그 목적을 복음 전도, 즉 영혼구원에 둔다는 것을 강조했다. 이에 따라 의료 선교사들도 영혼을 구원하는 복음 전도에 중점을 두면서 의료 사역을 했다. 체스터 박사가 귀국 후 실행위원회에 건의한 보고서에 의하면[11] 미국 의과대학들이 제공하는 최고의 훈련을 받고 추가로 얼마간 병원 경험을 한 자만을 의사 선교사로 파송하고 그리고 자금이 많이 소요되는 큰 병원을 세우기보다 입원환자를 치료하는 적절한 장비를 갖춘 진료소 사역(Dispensary Work)이 중요함을 강조했다. 실행위원회는 기본적으로 현장 선교사들의 건강을 돌보는 일에 의료 사역의 중점을 두었고, 현지 의사 양성 교육에 있어서는 협력 선교를 강조했다. 북경연합의과대학(Peking Union Medical College)과 협력하여 연구를 진행하였다.[12]

---

9 Daniel L. Gifford, "Annual Meeting of the Presbyterian Mission, North," *The Korea Repository II* (Nov. 1895), 444.

10 Samuel H. Chester, *Lights and Shadow of Mission Work in the Far East* (Richmond : Va. : The Presbyterian Committee of Publications, 1899), 91-133.

11 Ibid., 121-133.

12 *Minutes of the Thirty First Annual Meeting of the Southern Presbyterian Mission in Korea*, 1922, 66.

2. 군산선교부 선교사들과 오긍선의 만남

실행위원회가 한국에 파송한 첫 의사 선교사는 드루(유대모, Alessandro Damer Drew)였다. 1894년 3월 초에 한국에 입국한 그는 3월 27일에 대학 후배인 레이놀즈(이눌서, W. D. Reynolds)와 함께 전라도 탐방 여행을 떠났다. 특히 드루는 군산과 그 주변의 풍광에 압도되어 군산은 선교 기지로서 입지적 조건을 갖춘 것으로 이해하였다.

동학혁명의 열기가 잦아든 1896년 군산선교부가 모양을 갖추었다. 복음 전도에 전킨(전위렴, W. M. Junkin) 부부, 의료 선교에 드루 부부 그리고 여성과 어린이 담당에 데이비스(Linnie F. Davis)가 각각 책임을 맡았다. 특히 드루의 의료 시술에 대한 명성이 높아지자 100마일 이상 먼 지역의 환자들이 찾아왔고, 군산 의료 선교 첫 2년에 4천 명의 환자를 돌보았다. 그는 선교용 돛단배를 구입하여 인근 섬들을 돌며 복음 전도에 심혈을 기울였으나 건강을 잃었고, 실행위원회는 1901년 그를 본국으로 소환하였다. 이러한 상황에서 1899년 불(부위렴, William F. Bull) 선교사가 군산에 도착했고, 뒤이어 1900년 알비(Elizabeth A. Alby) 선교사도 내한하여 이들은 곧 결혼하였다. 이들은 군산선교부 구역으로 충청도 강경에서도 복음을 전하였다. 그런데 강경에서 선교하던 미국 침례교 선교사 스테드만(F. W. Steadman)[13]은 일본 선교 발령을 받아 한국을 떠나야 하는 상황에서 불 선교사에게 오긍선을 소개하였다.

1878년 공주에서 태어난 오긍선은 유교와 한학을 공부하여 1896년

---

13 Steadman 선교사에 대해서는 다음을 참고하라. 안희열, 『시대를 앞서 간 선교사 말콤 펜윅』 (대전: 침례신학대학교 출판부, 2006), 179-183.

내부(內部) 주사(主事)의 관직에 올랐으나 곧 이 자리를 버리고, 1896년 10월 아펜젤러(Henry G. Appenzeller)가 세운 배재학당에 입학하였다. 1주간 10번의 예배를 드리면서 그는 1897년 세례를 받고 개종하였다.[14] 한편 오긍선은 1896년 11월 설립되어 의회제도 등 토론을 주도한 협성회에 가입하여 서기로 활동하였다. 1898년 이러한 오긍선은 협성회와 관련된 독립협회의 회원들이 탄압을 받고 독립협회도 해산되자 산하에 있던 만민공동회와 함께 체포·구금된 회원들의 석방을 촉구하는 집회를 열었다. 이로 인하여 1899년 초 체포의 위험을 감지한 오긍선은 공주로 내려갔다. 그러나 그는 개종으로 인하여 부친을 뵐 면목이 없어서 공주에서 활동하는 스테드만 선교사를 찾아 그의 집에서 피신하였다. 서울에서 만나 개종에 대하여 논의했던 스테드만은 이미 공주에서 활동하고 있었다. 얼마 후 체포 위험이 사라지자 오긍선은 배재학당에서 학업을 재개하고 1900년 봄에 졸업하였다. 이후 오긍선은 그동안 공주에서 강경으로 사역을 옮긴 스테드만과 동역하면서 어학 선생으로 일했다.

이러한 와중에 오긍선은 불 선교사 부부를 만났고 이들의 어학 선생이 되어 많은 대화를 나누었다. 불 선교사는 오긍선에게 남장로교 해외선교 기관지인 *The Missionary*에 글을 기고하도록 요청했다. 오긍선은 낯선 한국에서 자기희생적 삶을 살면서 구원의 복음을 전하는 미국 선교사들에게 감사를 전하면서 한국은 더 많은 선교사가 필요하다는 것 그리고 한국인들이 예수 그리스도를 믿고 구원을 얻도록 기도해 달라는 말로 끝맺는 글을 기고하였다.[15]

---

14 A. I. Ludlow, M.D. "Dr. K.S. Oh(Oh Kung Sun) Dean of Severance Union Medical College," *KMF* (1929. 5.), 102; 해관오긍선선생기념사업회, 『한국 근대의학의 선구자 해관 오긍선』, 264.

3. 알렉산더의 후원과 오긍선의 미국 유학과 성취(1902~1907)

건강 악화로 본국으로 떠난 드루 선교사의 뒤를 이어 알렉산더 (Alexander John Aitcheson) 의사 선교사가 1902년 12월 초에 한국에 도착했다. 그의 부친 사별을 전한 전보를 이미 받았던 불 선교사는 그에게 전보를 건네며 슬픔을 같이 나누었다. 그러나 알렉산더는 2개월을 한국에 더 머무르면서 여러 가지 의료 사역을 했다. 알렉산더는 "나는 함께 사역하는 선교사님들을 사랑합니다. 나는 한국인과 한국을 사랑하며 전반적으로 만족합니다. 나는 여기 한국에서 주님의 영광을 위하여 선한 일을 할 수 있기를 기대하며 희망합니다"[16]라는 말을 남기며 한국에서 의료 인력 양성과 병원 설립 후원을 암시하였다. 유산 상속자로서 귀국할 수밖에 없는 상황에서 알렉산더는 불 선교사를 불러 오긍선과 면담하였다. 불은 두 가지 질문을 했다.[17] "이 세상에서 하고 싶은 특별한 소원은 무엇입니까?" 오긍선은 "우리 한국 민족을 도울 수 있는 것을 공부하고 싶습니다. 그것은 의학 공부(Medical Work)입니다." 또 다른 질문은 유학을 가면 가정은 어떻게 할 것인가에 대한 것이었다. 이러한 문답이 끝난 후 알렉산더는 오긍선과 함께 1903년 2월 7일 군산을 출발하여 3월 10일 미국의 집에 도착했다.

오긍선은 3월 27일에 켄터키센트럴대학교(Central University of Kentucky, CUK)에 속한 센터칼리지아카데미(Center College Academy)에 등록하고 공

---

15 William F. Bull, "Letter from a Korean Teacher," *The Missionary* (Dec. 1902) : 568-569.
16 "Our Missions and Missionaries," *The Missionary* (March 1903), 119.
17 Oh Keung Sun, "Letter from a Korean Student," *The Missionary* (April 1903), 181.

부를 시작하였다.[18] 봄 학기에 미국 역사, 스펠링, 영문법, 산수, 라틴어 등 5과목, 가을학기에는 수학, 실용 산수, 영문법, 라틴어 4과목을 공부하면서 동시에 센터칼리지(Center College)에서 화학과 물리 2과목을 청강생 신분으로 수강했다. 그리고 1904년 루이빌 의과대학(Hospital School of Medicine)에 입학하였다. 1학년(1월~6월, 6개월)의 공부를 마치고 7~12월에는 센터칼리지에서 라틴어, 헬라어, 수학, 산수, 영어 등 5개 과목을 수강했다. 1905년 2학년을 마친 후 건강 상태가 매우 좋지 못하여 2개월 동안 입원을 했는데 그의 체중은 38kg로 줄었다.[19] 이후 개인 강습을 받았다. 1905년 12월부터 1906년 6월까지 3학년을 끝내고 인디아나 주립정신병원과 루이빌 시립병원에서 도합 6개월을 직원으로 근무했다. 1907년 1월~7월의 4학년을 마치고, 7월 30일 의과대학을 졸업하고 의학박사(Doctor of Medicine) 학위를 취득했다. 8월 2일 기차로 루이빌을 출발하여 8월 7일 샌프란시스코에 도착하고, 다음날 만주(Manchuria)호를 타고 14일 호놀룰루를 거쳐 9월 2일에 서울에 도착했다.

이 기간 알렉산더가 후원자로서 오긍선의 학비 등 재정을 지원하면서, 동시에 멘토로서 편지로 학업에 대하여 지도하였다. 오긍선은 재정지원에 대한 영수증으로 자세한 내용을 보고하고, 학업의 어려움과 문제 등을 담아 편지를 보냈다. 총 135개의 편지로 소통하였다.

오긍선 박사의 성공적인 성취와 졸업을 미국의 실행위원회와 한국선교회는 무척 자랑스러워했고 축하하면서 풍성한 축복을 기대하였다.[20]

---

18 한미경·이혜은, "My Dear Dr. Alexander," 251-282, 특히 260-261.

19 앞의 논문, 267.

20 Mrs. W. F. Bull, "Our First Native Physician," *The Missionary* (Feb. 1908) : 79-80.

오긍선은 편지로 우선 알렉산더의 후원에 감사를 표하면서 한편으로, 1907년 의료 사역의 첫 3주간(9월 8일[?]~28일)에 400명 정도의 환자를 치료하고 수술했다는 보고를 했다.[21] 여기에는 개복 수술, 절단 수술, 언청이 수술, 총상 치료, 피부 이식 및 백내장 수술도 포함되었다. 수년 동안 눈이 먼 환자에게 백내장 수술을 하여 성공했다는 것도 알렸다. 알렉산더 박사가 오긍선에게 놀랄만한 의술들을 가르쳐 그가 미국 사람처럼 수술을 잘한다고 군산 사람들은 자랑하였다. 한국에서 의료 선교의 꿈을 펼치지 못한 알렉산더의 분신이 된 오긍선은 그를 대신하여 의료 선교를 빛나게 행하였다.

III. 오긍선 선교사의 군산과 목포 선교(1907~1912)
: 이원론적 영혼구원 중심의 통전 선교

1. 오긍선의 개종과 소명 의식

실행위원회가 한국에 파송한 의료 선교사로서 오긍선의 선교 활동과 특징을 여기에서 분석한다. 해외선교 주무 기관인 실행위원회는 선교사를 선발, 파송 및 관리하고, 파송 받은 선교사는 선교사라는 자의식을 가지고 현장의 선교부에 소속되어 일정한 연봉을 받고 업무를 부여받아 실행하고 이를 한국선교회와 실행위원회에 보고를 한다. 오긍선의 경우 그는 어떠한 선교사였는가? 그는 어떠한 과정과 절차를 거쳐 선교사가

---

21 "A Letter from Dr. Oh, Korea," *The Missionary* (March 1908), 127.

되었는지 알려져 있지 않다. 다만 그는 1907년 학위 취득 후 귀국할 때 실행위원회로부터 선교사 자격을 부여받고 입국했다고 기록하였다.22 또한 그의 일생을 8기로 구분한 연보(年譜)에는 '선교사 시절'을 명기하여 5년간의 활동을 서술하고 있다.23 이 연보에 기록된 선교사 자격 사항에서 확인할 수 있는 것은 오긍선은 최소한 선교사가 누구이고 무엇을 하는지 나름대로 자의식을 가졌다는 것이다.

그러나 이러한 선교사 자의식보다 먼저 선행하여 밝혀야 할 개종과 소명과 사명감에 대하여 논의할 필요가 있다. 오긍선은 1896년 배재학당에서 아펜젤러 등 선교사들을 만나 새로운 서구적 교육을 받고 기독교 신앙과 예배를 몸에 익혔다. 또한 크리스마스 등 특별 행사를 통하여 기독교 복음과 신앙생활을 접하고, 그는 마침내 유교로부터 기독교로 개종하였다.

그는 개종 후 상당수의 선교사들과 접촉하고 대화하였다. 복음 전도와 교육 선교사로서 아펜젤러의 개인적 복음 신앙, 회중적 성격을 지닌 평신도 선교사로서 침례교 스테드만 선교사 부부, 영혼구원에 집중하는 복음 전도 선교사로서 제도적 교회를 세우는 일에 능한 한국선교회의 불 선교사 부부 그리고 의료 선교사로서 뉴욕 컬럼비아 의대 출신으로 후원을 아끼지 않는 알렉산더를 만났다. 오긍선은 당시 가난하고 질병이 많은 한국에서 자신들을 희생하며 복음 전도와 선교를 행하며 한국인 구원에 헌신하는 선교사들을 접하고 감격하였다.

이러한 미국 선교사들을 만난 오긍선은 의학을 공부하여 한국 민족

---

22 해관오긍선선생기념사업회 편, 『해관 오긍선』, 359 ; 해관오긍선선생기념사업회, 『한국 근대의학의 선구자 해관 오긍선』, 265.
23 해관오긍선선생기념사업회 편, 『해관 오긍선』, 357.

의 육체적 사회적 구원에 동참하려는 소명적 결단을 하였다. 이러한 선교사적 소명이 불 선교사에게 전달되었고, 이것이 남장로교 해외선교 잡지인 *The Missionary*를 통해 공표되었다. 구체적으로 알렉산더라는 의료 선교사를 통해 미국 유학이 이루어졌고, 마침내 한국인들을 치료하고 구원으로 안내할 의사가 되었다. 그는 실행위원회가 한국에 파송한 선교사 신분으로 1907년 9월 입국하였다.

2. 군산선교부 시기(1907~1910): 의료 사역, 복음 전도, 교육 사역

1907년 연례 회의가 서울에서 9월 3일~7일 그리고 21일~26일에 열렸다. 금의환향한 오긍선은 9월 2일에 서울에 입성하였다. 이 회의에 참석하여 크게 환영을 받은[24] 그는 군산선교부에 소속되어 다니엘(Thomas Henry Daniel) 선교사의 지도를 받으며 의료 사역을 시작하였다.(25쪽)[25] 앞서 언급한 바와 같이 이미 다니엘과 알렉산더는 편지로 오긍선의 인턴 활동의 필요성을 논의하였다. 이러한 상황에서 오긍선은 다니엘의 지도를 받으며 의료 시술에 임하였다. 1902년 버지니아대학교에서 의학을 전공한 의사 다니엘은 1904년에 군산병원을 책임 맡아 현미경을 한국선교회에서 최초로 갖추었고, 알렉산더의 도움을 받아 1906년 18병상을 갖춘 한국식의 병원을 건축하였다. 이러한 다니엘의 지도를 받으며 오긍선의 시술은 대단히 성공적으로 진행되었다. 군산 구암 병원에 안착한

---

24 "Annual Meeting of the Southern Presbyterian Mission in Korea," *KMF* (Oct. 1907), 172.

25 *Minutes of Annual Meeting 1907*, 25. 괄호 안의 숫자는 해당연도 「1907년 회의록」의 25쪽을 보라는 의미다. 이하 9장의 괄호 안 숫자 표기는 이와 동일하다.

그는 군산 주민들의 편익을 위하여 군산항구에 진료소를 세우자는 안을 냈는데, 다니엘은 이를 허락하였다. 오긍선은 오전에는 구암 병원에서 오후에는 군산 진료소에서 사역하였다. 그가 합류한 다니엘의 군산 예수병원에 변화들이 일어났다.

첫째, 의료 시술에 질적·양적으로 변화가 일어났다. 다니엘의 보고에 의하면 1908년 군산병원은 '가장 찬란하고 가장 크고 가장 좋은'(the Brightest, the Biggest and Best Year)이라는 실적을 올렸다.[26] 그는 이것을 능력과 신실성, 의지력을 겸비한 오긍선의 덕으로 돌렸다. 환자들은 주로 외과 수술을 받았는데 148명의 환자들 중 132명이 외과 수술을 받았고, 평균 25일을 입원하였다. 수술의 종류는 광범위하여 개복 수술, 백내장 수술, 탈장 수술, 손발의 절단 수술, 뼈 골절 수술, 피부 이식, 언청이 수술, 발톱 수술과 기타 수술 등이다.

다니엘은 병원 진료와 수술, 병원 복음 전도와 희귀한 환자들을 자세히 보고하였다.[27] 희귀한 수술을 받은 환자 중 1명은 270~300마일(430~480km)을 기어 온 대구 사람이었다. 그는 발목 결핵으로 걸을 수 없어서 기어서 대구 선교병원을 방문했으나, 문이 닫혀 자포자기했다. 마침, 군산에서 수술을 받았다는 사람을 우연히 만나 4달을 기어서 군산의 다니엘에게로 왔다. 그 환자는 수술을 성공적으로 받고 나무 의족을 하고 구걸하면서 대구로 돌아갔다.

둘째, 군산병원의 의료보조인 교육에 있어서도 큰 변화가 일어났다. 그가 군산병원에 합류하기 전에는 다니엘이 3명의 한국인 조수들에게

---

26 J(T). H. Daniel, "Southern Presbyterian Mission, Medical Work at Kunsan, Korea," *The Korea Mission Field* (1909), 47.

27 Ibid., 48.

이론 강의는 없이 교육을 했는데, 오긍선이 주도하면서 8명이 더해져 11명이 되었다. 토요일과 주일을 뺀 평일 오후에 2시간씩 공부했다. 곧 2명이 탈락했지만 9명이 해부학, 화학, 영어, 약물학 등을 공부하여 최종 시험에 7명이 80점 이상을 받고 합격하였다. 학비는 매달 1엔씩으로 각자가 부담했다. 이러한 의료보조인 교육이 지속적으로 이루어짐으로써 양질의 의료서비스를 군산병원 환자들은 받게 되었다.

셋째, 오긍선은 1908년 11월부터 4개월(1908. 11.~1909. 3.) 동안 목포 예수병원에서 사역하였다. 목포 의료 선교의 상황에서 의사 선교사들은 자주 이동하였다. 이에 따라 목포 예수병원에 의료 공백이 생기자 오긍선이 차출되었다. 목포에서 근무한 버드만(F. B. Birdman) 선교사가 전주로 옮겼고, 1905년 전주에서 사역하다가 강도에게 부상을 당하여 치료차 1906년 5월 미국으로 귀국한 포사이드(W. H. Forsythe) 선교사가 1909년 3월 한국의 목포 선교부에 부임하였다. 이 공백 기간은 4개월 정도였고, 이에 따른 월급 109불이 오긍선에게 전달되었다.(29쪽)

넷째, 1909년 군산 예수병원의 의료진에 변동이 생겼다. 다니엘은 1909년 안식년으로 미국으로 떠날 때 동시에 전주로 이동 발령이 났다. 또한 1905년에 군산에서 첫 간호 선교사로 사역한 케슬러(Ethel E. Kestler)도 병가를 얻어 미국으로 떠났다.(27쪽) 이러한 상황에서 오긍선은 군산 예수병원의 실질적인 책임자가 되었다. 1909년 7월 1일부터 1910년 7월 1일까지 그의 시술은 16,174건으로 구암 예수병원 10,893건, 군산 진료소 5,281건이었다. 입원환자는 118명이고 대수술 환자는 104명이었다.[28] 오긍선의 교통수단인 말은 한국선교회가 부담했다.(21쪽) 또한

---

28 한인수, "오긍선," 19.

1910년도 전주 선교부와 군산선교부 소속으로 한국어 공부가 필요한 10여 명의 선교사 대상 어학교실이 오긍선과 불 선교사의 공동책임 하에 한 달간 군산에서 열렸다.(41쪽)

다섯째, 병원 사역 이외에 오긍선은 복음 전도에도 노력하였다. 유학과 유교 문화에 젖은 그의 부친과 가족은 그를 따라 군산으로 이거(移去)하였다. 오긍선의 전도로 부친 오인묵은 세례를 받고 전답을 팔아 구암교회의 신축에 힘을 보탰고, 이 교회의 첫 장로가 되었다. 또한 오긍선은 병원 내 복음 전도를 위해 전도자들을 세우고 환자들에게 복음을 전하게 하였다. 이들은 진료를 받으려고 대기하는 환자들에게 신앙을 상담하고 신앙 서적을 권하고 팔기도 했다.

여섯째, 오긍선은 그동안 군산선교부가 운영한 영명학교에서 1908년 안락(Alexander) 소학교를 분리하고, 1909년 영명중학교를 새롭게 설립했다.[29] 1904년 당시 전주 선교부, 군산선교부와 목포 선교부에 남학교(Day Schools)는 9개교가 있었고 등록 학생은 126명이었다. 한국선교회는 이들 남학교 학생들 중 학업성취도가 높은 학생들이 진학할 수 있는 학교로 유일하게 군산 영명중학교(Academy)를 추천했다.[30] 이후 영명중학교는 '고등과'(4년제)와 '특별과'(2년제)를 만들어 각계의 지도자를 양성하여 배출했다.

---

29 군산제일100년사간행위원회 편, 『군산제일100년사』 (군산, 영문사, 2012), 49.
30 *Minutes of the Annual Meeting 1904*, 21.

3. 목포 선교부 시기 활동(1911~1912)과 오긍선의 초기 의료 선교의 특징

오긍선은 목포에서 두 번째 근무를 하였다. 1909년 3월에 부임하여 목포에서 활동한 포사이드 선교사는 그동안 스프루에 감염되어 고생을 하다가 결국 1911년 4월 한국을 떠났다. 군산에는 패터슨(손배순, J. B. Patterson) 의사 선교사가 1910년부터 복무 중인지라 오긍선이 다시 목포로 소환되었다. 1911년 10월부터 오긍선은 목포 선교부에 소속되어 니스벳(John Samuel Nisbet) 선교사의 지도하에 목포남학교(영흥학교) 교장직을 수행하면서 목포병원의 의료 사역을 담당하였다.(41쪽) 1912년 연례 회의에서 니스벳 선교사가 오긍선을 대신하여 그의 사역을 보고하였다. 이 연례 회의는 또한 오긍선에게 군산 거주 가족을 목포로 데려와 살면서 2년의 의료 사역을 하도록 권했다.(30쪽) 그러나 오긍선은 세브란스의학교 교장 에비슨(Oliver R. Avison)의 초빙을 받았다. 이에 한국선교회는 그를 1913년 5월부터 세브란스의학교 교수 사역으로 발령을 냈다.(29쪽)

한편 오긍선은 목포 선교부에서 교육 사역도 행하였다. 니스벳 선교사의 도움을 받아 목포남학교의 교장으로 활동했고, 목포교회의 유년 주일학교 교장직을 맡아 어린이들에게 복음을 전하였다. 학교 교장과 주일학교 교장으로서 오긍선은 학생들에게 복음을 전하는 데 앞장섰다.

이러한 교육 경험을 살려 오긍선은 한국의 기독교 학교 교육이 지녀야 할 덕목을 피력했다.[31] 이 덕목들은 생활상의 실질적인 가르침 4가지

---

31 K. S. Oh, "Important Ideas in Korean School from the Korean Standpoint," *The Korea Mission Field* (1914) : 317-319.

인데 1) 기독교 학교는 성경교육과 별도로 수신 즉 도덕 윤리와 에티켓을 가르칠 것, 2) 남학교에서 학생들에게 훈육과 훈계 및 치리(治理)를 잘 할 것, 3) 좋은 교사를 많이 두어 학생들이 집으로 가기 전에 학습 반복을 시킬 것, 4) 학교의 재정 형편상 학습 기자재를 2~3개 학교가 연합하여 구매하고 공동 사용할 것을 권했다.

한국의 기독교 교육 발전을 위하여 여기에서 오긍선은 적어도 3가지를 강조했다. 첫째, 성경이 가르치는 삶을 살면서 또한 한국 전통문화로서 도덕과 윤리 및 에티켓을 지키는 교육을 실시할 것을 강조하였다. 이는 특히 보수적 서구선교사들이 자칫 성경의 가르침만 강조하고 현지 문화를 무시하거나 가벼이 여기는 경우가 있었는데, 이를 극복하자는 논리였다. 둘째, 전통적 교육 방식으로 훈육과 훈계 및 학습 반복을 강조했다. 이것은 오긍선의 몸에 밴 유교적 서당교육과 선비상(相)의 반영이다.[32] 그는 한국의 전통문화 속에서 복음을 수용하여 한국에 적합한 기독교인의 양성을 의도한 것이다. 셋째, 당시 한국의 가난한 학교 교육 상황을 감안하여 보다 효과적인 학생 지도를 위하여 협력하고 학습 기자재를 학교 간에 공유하자는 것이었다.

여기에서 오긍선이 군산과 목포에서 행한 선교 사역(1907~1912)을 정리할 필요가 있다. 그의 신분은 한국선교회의 정회원은 아니었다.[33] 당

---

[32] 오긍선의 스승상은 '유교적 선비상'으로 알려졌다(신규환·박윤재, 『제중원 세브란스 이야기』, 서울: 역사공간, 2015, 305).

[33] 오긍선은 준회원 선교사도 아니었다. 그는 한국인으로서 미국인 선교사 모두가 참석하는 연례 회의에 1924년까지 참석할 수 없었다. 그의 활동은 미국인 선교사나 에비슨 교장이 보고했다. 오긍선은 유학 전 일찍이 결혼하여 자녀 둘이 있었다. 그러나 그가 받는 연봉 (초봉) 300불($)은 정식 미국인 독신 선교사 연봉 600불의 1/2이고, 자녀 둘을 둔 부부 선교사의 연봉 1,350불의 1/4에도 미치지 못하였다.

시 자민족중심주의 혹은 자문화중심주의가 팽배한 시대에 한국인 오긍선은 미국 선교사들과는 다른 대우를 받았다. 군산에서는 다니엘의 지도를 받아[34] 의료 사역을 해야 했고, 목포에서는 니스벳 선교사의 조언을 받아 학교 선교를 했다. 연봉에 있어서도 미국 선교사와 다른 차별을 받았다.

오긍선은 한국선교회가 추구하는 영육 이원론적 영혼구원과 복음 전도에 일조하였다. 한국선교회는 전통적 삼각형적 통전 선교를 수행한 바, 복음 전도와 교육 선교 및 의료 선교를 행하였다. 이 구도에서도 중요한 것은 복음 전도를 통한 영혼구원이었다. 의료 사역이든 교육 사역이든 모든 부문의 선교 활동은 영혼구원, 즉 영육 이원론적 영혼구원의 목적을 이루기 위한 부수적 혹은 도구적 사역으로 간주되었다.

오긍선은 군산과 목포에서 의료 선교와 더불어 복음 전도와 교육 선교를 행하였다. 군산에서 안락소학교와 영명학교를 분리하고, 영명학교에 고등과와 별과를 둔 것은 근대교육을 효율적으로 수행하기 위한 조치였다. 영명학교에 별과를 둠으로써 한국선교회 내에 대학의 예과 성격을 갖춘 교육 개혁을 실현하였다. 목포에서도 오긍선은 통전적 선교를 행하였다. 의료 선교를 중심에 두고 복음 전도를 확장할 수 있는 주일학교 운동을 강화했다.

그러나 오긍선은 한국문화 속의 기독교 학교를 만들기 위하여 노력하였다. 성경 교육과 함께 한국문화의 생활윤리 교육, 즉 교육에 있어서

---

34 지도받는 기간을 인턴 기간으로 이해할 수 있다. 평소 교류한 다니엘과 알렉산더는 오긍선의 공부에 대해서도 논의하였다. 오긍선이 루이빌 의대를 졸업했을 때 알렉산더는 그에게 1년의 인턴 생활을 하도록 권했으나 오긍선은 급히 귀국하였다. 그의 미국 체류 기간에 인턴을 했다는 기록은 발견되지 않는다(한미경·이혜은, "My Dear Dr. Alexander," 271).

전통문화와 기독교 복음의 통합을 강조했다. 이시기 오긍선은 의료 사역에서 두각을 드러냈으나, 특히 학교 교육에서 한국 토착적 기독교 교육을 강조했다. 이러한 문화 토착적 관점에서 그는 한국교회도 한국 전통문화와 기독교 복음이 적합하게 어울린 삶을 살아야 함을 깨닫게 되었다.

IV. 한국선교회와 세브란스의전의 오긍선
: 선교적 관계성(1913~1937)

1. 세브란스연합의학전문학교(Severance Union Medical College, SUMC)

에비슨(Oliver R. Avison) 교장은 한국의 주요 교파 선교회를 방문하고 세브란스의학교를 연합기관으로 개편했다. 1912년 당시 미국 북장로교, 미국남장로교, 호주 장로교, 미국 북감리교, 미국 남감리교 등 5개 선교회가, 1916년에는 캐나다 장로교회의 선교회도 가세하여 6개 선교회가 의사 선교사를 세브란스로 파송하여 교육을 실시했다. 1917년에 이 학교는 사립 세브란스연합의학전문학교(이하 세전 혹은 세브란스의전)로 승격되었다.

오래전 1900년에 에비슨 선교사는 뉴욕에서 개최된 초교파선교대회에 참가하여 한국의 의료 선교는 교파 연합으로 병원을 세우고 교육을 실시할 것을 역설하였다. 에비슨의 강연을 경청한 신흥사업가 세브란스(Louis H. Severance)가 이러한 연합병원 설립을 긍정하면서 재정 지원을 약속하고 실천하였다.[35]

이러한 연합 정신을 가진 에비슨 교장에게 미국에서 박사학위를 취득한 한국인 오긍선은 매우 필요한 존재였다. 특히 군산에서 오긍선과 동역한 다니엘 선교사의 *KMF* 기고문[36]을 에비슨 교장은 자세하게 읽었다. 당시 세브란스의학교 내에서 외국인 교수와 한국 학생들 간의 의사소통의 문제는 적지 않았고, 이로 인한 수업의 질은 수준이 높지 않았다.[37] 이러한 소통 문제 해소와 의학교육의 질적 수준 향상을 위하여 능력과 성실성과 의지력을 갖춘 오긍선의 영입은 그에게 매우 중요하였다.

2. 한국선교회의 오긍선 선교사와 세브란스의전: 연례 회의록 분석 (1913~1937)

여기에서 한국선교회의 연례 회의록(1913~1937)에 나타난 오긍선 선교사의 기록을 살필 필요가 있다. 그는 한국선교회가 1913년에 신설한 의료위원회의 지도를 받지만, 여름방학과 휴가 기간에는 선교부 소속 의사 신분에 매이지 않고 자유로운 활동이 가능하게 되었다.(29쪽) 그는 휴가나 방학 기간에도 세브란스의전에서 연구와 교육에 전념할 수 있었다.

1915년 에비슨 교장이 세전의 미래 비전에 대하여 한국선교회에 보고했다.(14쪽, 17쪽, 18쪽, 21쪽) 일제가 요구하는 교수 요원의 자격을 갖출 수 있도록 한국선교회는 오긍선이 동경제국대학 대학원에서 1년간 유학

<hr>

35 이만열, 『한국기독교의료사』 (서울: 아카넷, 2003), 89: 조재국 외 지음, 『연세의 개척자들과 연세학풍』 (서울: 연세대학교 대학출판문화원, 2015), 63-65.

36 J(T). H. Daniel, "Southern Presbyterian Mission, Medical Work at Kunsan, Korea," 47-48.

37 해관오긍선선생기념사업회편, 『해관 오긍선』, 69.

하도록 허락하고, 이에 100% 연봉을 장학금으로 지급하고, 시기는 세브란스의전 교수단의 결정에 따르기로 했다.(23쪽) 또한 1915년에 한국선교회는 '행정과 현장 조정의 연합을 위한 기본 원칙'에 따라 세브란스의전의 발전계획안을 실행위원회에 권하였다.(62쪽) 또한 이러한 세브란스의전과 맺은 협약을 근거로 한국선교회는 세브란스의학교에 의사 1인과 세브란스간호원양성소에 간호사 1인을 파견하고 그들의 인건비 및 제반 경비 등에 대한 예산 책정을 실행위원회에 권하였다.(65쪽) 이에 따라 한국선교회는 다니엘 선교사(1916~1917), 간호 선교사로 쉐핑(서서평, Elisabeth J. Shepping, 1917. 9.~1919. 12)[38] 및 리딩햄(한삼열, Roy S. Leadingham, 1920~1921) 선교사를 세브란스에 각각 파송하였다.

1916년 4월부터 동경제대 피부비뇨기과에서 1년간 연구하고 1917년 5월에 귀국한 오긍선을 에비슨 교장은 피부비뇨기과 과장과 주임교수로 승진 발령하였다. 또한 에비슨 교장은 1917년 한국선교회에 오긍선의 연봉 인상을 요구하는 보고서(일본 유학 1년 경력, 학과장과 주임교수, 한국선교회 근무 10년)를 제출했고, 한국선교회는 이를 조사할 위원회를 구성하여 이늙서 선교사가 조사보고서를 작성하였다.(11쪽) 1920년 오긍선은 세브란스의전의 학감(Dean) 보직을 맡아 학사 행정 전반을 관장하였다.

1923년 한국선교회는 자기들이 파송한 세브란스의전 근무자들의 경건 신앙과 주일성수에 대한 태도에 심각한 문제가 있다고 여겼다. 우선 의료위원회의 보고를 청취하고 충격이 무척 컸다. 이들은 놀라움과 슬픔에 젖어 대체 보고서를 채택했다.(25쪽) 세브란스의전 이사회의 한국선교회 이사 3인(Dr. R. M. Wilson, Rev. L. B. Tate, Dr. H. L. Timmons)은 이 문제에

---

38 임희모, 『서서평 선교사의 통전적 영혼구원 선교』 (서울: 동연, 2020), 65-99.

대하여 세전의 경영자들과 협의할 것과 또한 세전 제도(Institution) 등 다른 사항에 대해서도 논의할 4인(상기 3인과 Rev. J. C. Crane)을 임명하여 세브란스특별위원회(Special Committee for Conference with Severance Institution)를 구성하였다.(6쪽, 26쪽)

회의록은 이러한 소란이 누구로 인하여 발단되었는지 이름을 밝히지 않았다. 한국선교회는 그 당사자를 단수로 기록하지 않고 막연한 복수로 기록하였다. 그 사람 혹은 그들을 특정하여 이름을 기록하지 않은 이유가 역사적으로 그 혹은 그들을 보호하려 한 것 같다. 이번 사건에 대한 대책으로 세브란스특별위원회의 활동이나 후속 보고는 알려져 있지 않다. 그러나 1924년 의료위원회는 오 박사에게 연례 회의에 매년 참석하고 보고를 하라고 하였다.(22쪽, 54쪽)

1928년에 오긍선은 세전의 사역을 의료위원회에 보고하였다.(8쪽, 10쪽) 학감 보직을 가진 오긍선은 에비슨 교장의 안부를 전하고 세전의 현황을 보고하였다. 여기에서 그는 2가지 청원을 했다. 1) 재정위원회 청원건, 2) 의료위원회와 교육위원회의 합동위원회에 대한 건의사항이었다.(13쪽) 이에 대한 결과는 다음에 이어질 세전에 대한 재정 지원 항목에서 후술할 것이다.

1937년도 한국선교회의 조정위원회가 11월 2~3일에 전주의 윈(Samuel D. Winn) 선교사 집에서 모였다. 당시 한국선교회는 신사참배 문제로 한국의 기독교 교육으로부터 철수를 시작하였기 때문에 세전과 오긍선의 거취에 대하여 결정해야 했다. 한국선교회 총무인 니스벳(J. S. Nisbet) 선교사는 오긍선을 면담했고(40쪽), 세전(SUMC)의 한국선교회 이사들(Dr. Rogers, Dr. Brand, D. J. Cumming)은 세전 건을 한국선교회에 다음과 같이 보고했다. "우리는 세전의 이사회와 여러 회의에 참석하였다. 학교는 잘 운영되고

있었다. 우리는 한국선교회가 결정한 대로 세브란스의전의 이사회와 학교로부터 철수했다."(34-35쪽)

3. 한국선교회의 오긍선과 세브란스의전에 대한 지원

첫째, 한국선교회는 오긍선의 연봉을 지급하였다. 정규 미국 선교사들과 달리 경우에 따라 그의 연봉 조정이 이루어졌다. 1907년 연봉 300불이[39] 책정되었다.(36쪽) 이외에 한국선교회는 집세와 장비 구입비로 100불을 추가로 지급하였다.(32쪽) 1908년에는 연봉을 390불로 올렸다.(27쪽) 1912년 오긍선의 마구간 비용으로 50불을 지급했고(34쪽), 1913년에는 그의 서울 집 전세금 50불을 예산에 반영하고(40쪽), 연봉은 420불로 책정하였다.(52쪽) 1915년 연봉 420불과 집세 포함 연 600불이 책정되었다.(1914년, 52쪽) 1921년 그의 연봉은 230엔x12=2,760엔으로 인상되었다.(1920년, 51쪽) 이후 그의 연봉 2,760엔에 집세를 포함하여 3,000엔(53쪽)이 1930년까지 지급되었다. 1930년 연례 회의록에 의하면 1931~1932년 예산에 그의 연봉 3,000엔(1930, 42쪽)이 책정되었지만, 1931년 10월부터 1932년 3월까지 6개월간 일반계정 예산의 10%가 삭감됨으로써 그의 연봉도 삭감되어 2,850엔(1931, 42쪽)이 되었다. 이후 그의 연봉은 매년 삭감되어 1932~1933년 2,700엔, 1933년 2,430엔(1932, 32

---

39 "Dr. Daniel told me that the Mission has decided to have me at Kung Mal(Kunsan) and will give me $25.00 per month. He asked whether that will suit me or not. I told him that I will work for the mission and not for the money."("A Letter from Dr. Oh, Korea," 127). 정3품 관직과 150엔(75불)의 급료를 제공한다는 황실전의나 대한의원 원장직을 제안 받았지만 오긍선은 오지인 군산의 구암 예수병원을 택하였다(해관오긍선선생기념사업회 편, 『해관 오긍선』, 45-46).

쪽), 1934~1937년의 연봉은 2,400엔이었다.

둘째, 한국선교회는 오긍선의 박사 후 과정 유학비와 오한영의 유학비를 지원하였다. 한국인 인재를 교육하고 양성하는 정책을 취한 한국선교회는 오긍선과 그의 아들 오한영의 박사과정 장학금을 지급하였다. 1916년 4월부터 1년간 오긍선의 동경제대대학원 의학부 유학비용을 1년 연봉으로 지급하였고, 오한영의 1923년 미국 에모리 대학원 유학비 750불을 1924년 실행위에 지급 요청했는데, 한국선교회와 실행위원회는 한국선교회의 의료 사역에 종사할 오한영과 최OO의 미국 유학 경비를 미국남부의료선교사협의회(Southern Medical Missionary Association)로부터 지급받았다.(55쪽) 또한 유학 후 귀국한 오한영 박사와 최 박사가 1926년 세브란스병원에서 근무할 때 이들의 봉급을 한국선교회가 세브란스병원에 맡겨온 충당금 4,000불에서 공제했다.(69쪽)

셋째, 한국선교회는 1916년 세브란스의전 재단이사회 분담금 연 2,000불을 납부했고(42쪽), 패터슨(Jacob B. Patterson)과 다니엘이 세전 이사회의 이사 선출위원으로서 레이놀즈 선교사를 이사로 확정하였다. 이후 다니엘(1916, 17쪽)과 리딩햄(Roy S. Leadingham, 1921, 22쪽) 선교사가 세브란스의전에서 강의를 했고, 서서평 간호 선교사는 1917~1919년에 세브란스병원과 세브란스간호원양성소에서 운영 이사와 스태프로 근무하면서 강의를 하였다.[40]

---

40 같은 시기(1917.9~1919.12) 오긍선과 함께 세브란스병원에서 근무한 서서평 간호사의 보고에 의하면 "오긍선은 가장 많은 수의 환자를 진료했고 가장 많은 진료 영수증을 처리했습니다. 사실 그의 진료영수증은 다른 모든 의사들의 영수증의 합계보다 더 많습니다." Elisabeth J. Shepping, "Letter from Miss Shepping," *The Missionary Survey* (Aug 1918), 477.

또한 한국선교회는 1929~1930년의 세브란스의전에 4,000엔, 세브란스간호학교에 2,000엔, 세브란스병원 한국인 의사들에게 1,800엔 등의 지원을 확정하였다.(36쪽) 그러나 한국선교회는 미국의 경기 불황으로 인하여 1931년 10월부터 1932년 3월까지 6개월간 일반계정 예산의 10%를 삭감함에 따라 1931년 세브란스의전 지원금을 2,745엔으로 조정하였다.(1930, 42쪽) 이외의 세브란스간호학교와 한국인 의사들을 위한 재정 지원은 더 이상 지속되지 못하였다. 1932~1933년에는 세브란스 지원금 2,700엔(1931, 63쪽), 1932년 2,300엔(32쪽) 그리고 1933년 이후 1935년까지 매년 1,213엔(24쪽)을 지원하였다.

한국선교회는 1938년 3월 31일에 세전에서 철수하였다. 그동안 한국선교회는 세전으로 오긍선 박사를 의료선교사로 파송하였다. 그는 교수로 후에 학감과 부교장 그리고 학교장으로 복무하여 한국선교회를 빛냈다. 한국선교회는 1913년 5월부터 연봉과 기타 경비를 지불하였고, 세전 재단에도 이사비를 1938년 3월까지 지원하였다. 한국선교회는 오긍선 선교사를 통하여 세브란스의전을 크게 발전시켰고, 한국의 의료계 향상과 사회 발전에 크게 기여하였다.

V. 의료선교사 오긍선의 선교사적 특징
: 생활신앙 선교와 성령의 현존 선교

여기에서 본 글은 두 가지 측면에서 오긍선의 선교 활동과 특징을 분석한다. 하나는 한국의 전통문화와 기독교 복음의 적합성이 어우러진 한국 토착 선교사로서 생활신앙인 오긍선의 선교적 삶을 분석한다. 다른 하나는 선교신학적 측면에서 성령의 현존선교를 실행한 평신도의 의료 전문인 선교사 오긍선의 선교를 분석한다. 우선 그의 중심 선교 현장인 세전에서 행한 의료교육과 행정 활동을 정리한다.

1. 의료선교사 오긍선: 세브란스의전의 교수, 학감, 부교장 및 교장

1) 교수 시절(1913~1919)

오긍선이 1913년 5월 세브란스에 부임한 이후 6월에 세브란스 의학교와 진료소의 새 건물이 완공되어 교명이 '사립세브란스연합의학교'로 바뀌었다. 교수진은 북장로교 2명과 북감리교 2명, 남장로교와 남감리교 및 호주 장로교에서 각 1명씩 총 7명으로 구성되었다.

남장로교 한국선교회의 대표인 오긍선은 첫 3개월은 임시직으로 그 후 정규직으로 전환되어 한국인 첫 교수가 되었다. 첫 학기에 해부학을 강의하고 학생들에게 보충 강의를 맡았다. 기초의학 교수들이 부족하여 그는 생리학 병리학, 약리학도 강의했다. 보충 강의로는 내과학, 외과학과 임상학을 담당했다.[41] 이러한 여러 강의와 보충 강의를 통해 오긍선 교수는 학생들로부터 '세브란스의 백과사전'이라는 존경의 말을 들었다.

1915년 3월 일제는 사립대학의 교수 임용 자격을 제한하는 사립학교 개정령을 공표하고, 미국 학위는 인정하지 않고 오직 일본 문부성 발행 학위를 소지하도록 의무화했다. 이러한 상황에서 오긍선은 한국선교회의 장학금을 받고 동경제국대학에서 피부비뇨기학을 연구하였다. 그는

---

41 해관오긍선선생기념사업회, 『한국 근대의학의 선구자 해관 오긍선』, 100.

1916년 4월부터 1년간 일본 최고의 권위자 도히(土肥慶藏) 교수의 지도를 받았다. 1917년 5월 세브란스에 돌아온 그는 피부비뇨기과학과장 겸 주임교수로 임명되었다. 그는 피부비뇨기병과의 교실을 한국에서 처음으로 열고 운영하였고, 도히 교수가 저술한 『피부과학』을 교재로 활용하였다. 오긍선은 일본에서 연구하고 경험한 의학을 「매일신보」에 실어 '새로운 의학'으로 소개하였다.[42] 1917년 사립 세브란스연합의학전문학교는 법적 인가를 받았다. 교수진은 한국인 9명, 선교사 10명, 일본인 4명이었다. 1919년 콜레라가 대유행 방역 대책으로 전염병원을 설립할 때 오긍선이 이를 세브란스 구내로 끌어들여 1926년 경성부민전염병동을 완공하였다.

2) 학감과 부교장 시절(1920~1933)

1920년 에비슨 교장은 오긍선을 학감에 임명하여 학사와 행정 업무를 맡겼다. 병원 감독과 오긍선은 세브란스를 책임지는 위치를 갖게 되었는데, 이는 그가 외국인 선교사들의 존경도 받고 있기 때문이었다.[43] 1929년 에비슨 교장은 오긍선을 구미(歐美) 여행 겸 시찰차 1년 여행을 보냈다. 미국에서 시작하여 영국, 불란서, 독일, 이태리를 거쳐 1930년 2월 오스트리아에 도착하여 6개월간 피부과학을 연구하고 시베리아 횡단 열차를 타고 9월에 한국에 귀국했다.

---

42 김도형, "세전(世專) 교장 오긍선의 의료 계몽과 대학 지향," 「學林」 제40집 (2017. 8.) : 99-100.

43 A. I. Ludlow, *Dr. K. S. Oh (Oh Keung Sun): Dean of Severance Union Medical College*, 102.

구미 의학계 시찰과 연구로 견문을 넓힌 오긍선을 1930년 에비슨 교장은 부교장으로 임명하였다. 그는 구미 선진국의 학제를 도입하고 특히 세브란스 졸업생을 교수로 기용하고, 교과과정을 실용적으로 개편했다. 영어 위주의 외국어 과목을 줄이고 라틴어와 독일어 강의를 개설하고 기초학 강의로 미생물과 병리학을 1학년에 배치하고 생화학과 위생학 강의를 대폭 줄였다. 그는 또한 학칙을 개정하고 정원 120명을 160명으로 늘렸다. 1922년부터 해오던 수련의 제도 중 연구과만 존속시켜 연구 분위기를 쇄신했다. 이때 그의 장남 오한영이 내과 교실을 열고, 강의와 환자를 진료하여 국내 최초로 부자 교수가 세전에서 탄생했다. 오긍선은 한국인 교수를 많이 기용하였고, 부교장인 그는 세전 재단 이사로 선임되어 경영에 참여했다.

3) 교장 시절(1934~1937)

1934년 오긍선은 한국인으로서 첫 교장이 되었다. 선교사들이 운영하는 세전을 현지인에게 이양하는 일은 에비슨 교장의 비전과 결단과 지도력 덕분이었다. 그는 오긍선이 세브란스의 발전을 견인할 사람으로 확신하였다. 형식상 만장일치였으나 몇 명의 미국 선교사들이 오긍선의 교장 취임을 반대했다. James Van Buskirk 부교장 등은 사직하고 세전을 떠났다.

오긍선의 교장 취임 후 첫 작업은 학칙 개정이었다. 1년 3학기 제를 2학기 제로 개정하여 1934년 이후 졸업생에게 학사학위가 수여되었다. 특기 사항은 세전이 1934년 일본 문부성 지정학교로 인정받아 세전의 의사면허는 한국과 일본 등 일본의 세력권에서는 어디든 통용되는 면허가 되었다. 세전의 교육 수준과 위상이 높아졌다는 증거다.44 1934년 그의 모교인 미국 센트럴 대학이 명예 이학박사를 그리고 루이빌 대학교는 명예법학박사를 그에게 수여하였다.

1935년 입학정원을 50명으로 늘려 재학생은 200명이 되었다. 1937년에 오긍선 교장은 "청년학도에게 與하는(주는) 10계명"45을 「學海」지에 발표했고, "청년의사에게"46를 「朝光」지에 기고했다. 이러한 가르침을 통해 세전의 졸업생들은 돈의 탐욕에 빠진 의사가 아니라 사회와 민족을 봉사하는 의사상(醫師像)을 만들었다. 이에 대해서는 다음 장에서 후술할 것이다.

오긍선의 교장 시기, 세전은 임상뿐만 아니라 교육 및 연구 면에서도 비약적으로 발전했다. 세브란스는 병원 중심이 아니라 교육과 연구 중심의 의과대학으로 발전했다. 오긍선은 이미 1927년 글에서47 강조했던 세브란스 병원과 의학교의 자립 경영을 위한 토대를 놓았다.

2. 생활신앙인 오긍선: 한국 토착적 기독교 선교사

오긍선은 생활신앙을 살면서 남다른 업적을 이루었다. 생활신앙은

---

44 오긍선의 친일 행적에 대하여 어느 연세인의 입장을 여기에서 소개한다. "그는 친일파는 아니었지만, 교장으로서 세브란스의전을 일제로부터 지켜내기 위해 일제의 강압적인 요구에 수동적으로 협조했던 것 뿐이다." 한인철, "현대의학의 개척자 오긍선," 조재국 외 지음, 『연세의 개척자들과 연세학풍』(연세대학교 대학출판문화원, 2015), 101-129, 특히 124-127.

45 해관오긍선선생기념사업회 편, 『해관 오긍선』, 106-107.

46 앞의 책, 108-109.

47 K. S. Oh, (M.D.), "Should the Mission Hospitals be Turned Over to the Koreans?" *KMF* (1927): 35-36.

신앙생활과 다르다. 후자는 전통적 기독교의 교리를 따라 그리스도를 믿고 구원받은 자로 사는 기독교인이 영지주의적 세계관의 영향을 받아 신앙생활을 한다. 이는 영육 이원론을 바탕으로 영적인 것을 중시하고 육적인 것을 하찮게 여긴 고대 희랍의 철학사상으로 기독교의 영육 이원론적 신앙 형성에 크게 영향을 미쳤다. 이로 인하여 기독교가 비사회적 이중적 삶과 태도를 취한다. 특히 몸을 다루는 의료 선교에서 주로 구술적 복음 선포를 강조하여 선교 현장에서 육체적 필요를 채우는 사역을 부차적인 것으로 만들었다.[48] 영지주의적 복음 이해는 예수 그리스도의 복음을 왜곡시켜 영적 측면을 과대하게 강조함으로써 전인적(총체적) 인간의 구원과 문화, 사회와 생태계를 포괄하는 통전적 구원의 복음을 인지하지 못하게 한다.

생활신앙은 기독교인이 예수 그리스도를 믿고 모든 삶의 영역에서 지적 능력과 영적 감수성으로 이 믿음을 현실 생활에서 드러내면서 사는 삶이다. 생활신앙인은 "정말 전 존재를 바쳐 하나님을 믿고 전 존재를 이끌어 이웃을 사랑한다면, 그 신앙과 사랑은 우리의 '삶' 전체로서 고백하지 않을 수 없는"[49] 기독교인이다. 생활신앙인은 기독교의 본질을 알고 삼위일체 하나님의 사랑과 구원과 은총을 고백하며 그 고백을 삶으로 진정성 있게 실천하는 신앙인이다.[50] 오긍선은 생활신앙을 통해 세전과 한국 의료계와 한국 사회 발전에 공헌하였다.

첫째, 오긍선의 생활신앙은 그를 온전한 한국 토착적 기독교인으로

---

48 서원석, "의료 선교 개념의 역사적 발달 과정," 전우택 대표 편저자, 『의료선교사가 현장에서 쓴 의료선교학』 (서울: 연세대학교 출판부, 2004), 37-39.
49 김경재, 『장공의 생활신앙 깊이 읽기』 (서울: 삼인, 2016), 12.
50 정종훈, 『생활신앙으로 살아가기』 (서울: 대한기독교서회, 2007), 11-24.

살게 했다. 그는 가정생활에서 자애로운 가부장으로 삶을 살았다. 어려서 한학과 유교 경전을 읽고 생활화한 오긍선은 유교적 윤리를 지키며 엄격한 삶을 살았다. 부모에 대한 효도는 철저하여 출입 시에는 반드시 문안을 드렸다. 1938년 제2차 구라파 여행을 가다가 어머니의 병환 소식을 듣고 중도에서 되돌아왔다. 14살 때 6살이 더 많은 양반집 규수와 결혼하여 2남 3녀를 두었다. 자녀의 배우자는 물론이고 손자 손녀의 혼처도 가장으로서 오긍선이 직접 챙겨 이들을 결혼시켰다.

한편 오긍선은 배재학당에서 공부할 때 기독교 복음을 접하고 세례를 받고 개종하였다. 그리고 미국 유학 기간 미국의 남부 기독교 문화에 젖어 5년을 살았다. 빵과 버터와 토스트 그리고 커피 문화를 즐겼다. 미국 기독교식의 논리와 사고를 전개하여 학위를 마쳤다. 이러한 삶이 한국에서도 이어졌다. 직업으로 가진 의학과 의료 시술도 서양식의 논리구조에서 만들어졌고, 이를 행하는 삶에서 서구식 논리를 구사하며 미국 선교사 교수들과 부대껴야 했다.

이와 관련 1930년대 말 오긍선은 그의 생활철학과 취미를 서술했다.

"…내 생활에 대하여 내 良心과 理性의 거울에 비치어, 正當하다고 생각는 것이면 가장 勇敢히 나갈 뿐일세. … 가급적 誠力과 眞實과 勤勉의 連鎖線을, 가장 굳게 지키려 한 것뿐이지… 나는… 어떠한 事情을 勿論하고, 밤 아홉시면 반드시 취침하네. 그리고 아침 다섯 시면, 반드시 일어나 聖經을 보고, 그 다음엔 정원에 나아가 꽃에 물을 주고… 내가 陶淵明을 흉내 내는 것은 아니지마는 나는 菊花를 사랑하네. 菊花 앞에서 聖書를 읽고, 思索하는 趣味는 내 生活의 가장 아름다운 時間일세."[51]

이 글은 일상생활을 사는 그의 자세와 성경 친화적 삶을 보여준다. 그의 생활신앙적 삶 즉 그의 성력, 진실, 근면의 근저에는 성경 읽기와 묵상이 있었다.

이러한 삶에서 오긍선은 한국의 전통 유교 문화와 기독교 복음과 문화를 수용하였고, 이러한 두 문화가 그의 생각과 몸을 이루어 그는 한국 토착적 기독교인이 되었다. 이러한 삶의 과정에서 오긍선은 의료 선교사로 파송되어 가정과 학교, 사회에서 또한 교회에서 생활신앙으로 예수 그리스도를 증언하는 한국 토착적 기독교 선교사가 되었다.

둘째, 한국 토착적 선교사 오긍선은 성경의 말씀을 우선 가정생활에서 실천했다. 그는 한국 토착적 생활신앙을 우선 가정생활에서 적용하였다. 그의 자녀들에게 성경의 가르침 즉 "자녀들아 너희 부모를 주 안에서 순종하라. 이것이 옳으니라"(엡 6:1)를 가르치고 생활로 살았다. 그는 언제나 퇴근 후 집에 오면 먼저 노모에게 문안 인사를 여쭙고 가르침에 순종하고 보살폈다.[52] 이러한 삶은 효라는 유교적 가치와 성경의 가르침이 교집합 되어 일어났다. 또한 집 안방에 성경 말씀을 액자에 담아 걸어놓고 일상 삶에서 실천하였다:[53]

"돈을 사랑함이 일만 악의 뿌리가 되나니 이것을 사모하는 자들이 미혹을 받아 믿음에서 떠나 많은 근심으로써 자기를 찔렀도다"(딤전 6:10).

---

51 오긍선, "H 군에게 보내는 글," 해관오긍선선생기념사업회 편, 『해관 오긍선』, 176-177.
52 해관오긍선선생기념사업회 편, 『해관 오긍선』, 238.
53 앞의 책, 280.

돈을 탐하는 자에 대한 경고를 오긍선은 먼저 가정에서 실천했다.

셋째, 오긍선은 세전의 교장으로서 학교 경영과 학생 교육을 하면서 생활신앙적 권면의 글을 썼다. 의술(醫術)은 인술(仁術)이라는 것, 돈을 벌려는 개업의가 되지 말고 농어산촌에서 봉사하는 의사가 되라는 가르침을 강조했다. '청년학도에게 주는 십계명'에서[54] 사회봉사와 부모 은공 감사 등 한국 전래적 윤리와 도덕의 미점(美點)을 음미하고 의사의 직무에 충실할 것 등을 강조하였다. 또한 '청년의사에게'라는 글에서[55] 의사로서 성공이란 돈을 벌고 큰 건물을 소유하는 것이 아니라 인도적 애정과 인격으로 한국인에게 인술을 베풀었냐가 중요하다는 것, 부자의 돈보다 가난한 자의 눈물을 중히 여기라는 것, 환자에게 불치를 말하지 말라는 것 등을 강조하였다. 오긍선은 한편으로, 탐욕으로 돈을 벌기 위하여 개업의가 되는 의사에게 경종을 울리고 또 다른 한편으로 의술을 통한 사회적 봉사와 섬김을 강조했다. 이러한 의사관과 봉사관은 나사렛 예수가 복음서에서 생활로 증거한 하나님 나라의 삶과 맥을 같이 한다.

넷째, 오긍선은 주일에 새문안교회 예배에 참석하였다. 1915~1920년에 집사로 봉사한[56] 그는 1919년 새문안교회 교화동 설교소의 주임으로서 설교를 했고, 1928년 '신문내 유치원' 설립 시 회계로 봉사했다. 그는 그러나 제도적 교회의 형식적 교리에 얽매이는 신앙생활을 싫어했고 일상에서 성경적 복음을 실천하는 삶을 살았다.[57] 개인적으로 그는 술을

---

54 해관오긍선선생기념사업회, 『한국 근대의학의 선구자 해관 오긍선』, 111-112.
55 해관오긍선선생기념사업회 편, 『해관 오긍선』, 108-109.
56 새문안85년편찬위원회, 『새문안85년사』 (서울: 새문안교회, 1973), 129, 140, 255. 또한 1918~1920년의 집사 명단에 오긍선을 오성근으로 오기한 것 같다. (255)
57 해관오긍선선생기념사업회 편, 『해관 오긍선』, 143-147.

적당하게 즐기고 담배를 피웠다. 주초(酒草) 행위는 문화적 이해의 문제이고 또한 개인적 취향의 문제이지, 기독교 복음의 본질적 문제는 아니다. 주초 행위는 전통적으로 신앙생활을 키워온 기독교인에게는 걸림돌이 되었다. 그는 금주와 금연이 신앙의 척도가 되는 형식적 기독교를 비판했다.

오긍선은 형식적이고 제도화된 한국교회 기독교인들의 이중적 삶과 태도를 성찰하면서, 성경과 복음이 가르친 생활신앙을 살면서, 선교 현장인 세전과 일제 식민지 한국 사회에서 현존선교를 통해 예수 그리스도를 다양하게 증언하였다.[58] 그는 청렴을 강조하는 유교적 가치관을 존중하고, 또한 성경적 가르침을 생활화하는 한국 토착적 선교사로 거듭났다.[59] 생활신앙인인 오긍선은 유교적 전통문화에서 예수 그리스도를 증언하는 한국 토착적 기독교 선교사로 살았다.

임종을 맞이하기 전 86세의 오긍선은 노쇠하여 심장쇠약이 심했지만, 입원 치료를 거부하였다.[60] 이에 손녀사위가 고통을 덜어주는 알약을 주었는데 그는 이를 받아 입에 넣고 잠이 들었다. 그가 문을 열고 나가자 곧 오긍선은 약을 뱉었다. 그는 약에 의존하여 연명하지 않고 죽음을 맞으려 하였다. 죽음을 초월한 생활신앙을 산 자의 모습이 엿보인다. "내 이 여관에 와서 오랫동안 신세를 많이 졌소. 나는 이제 내 집으로 돌아가야 하겠소"[61]라며 그는 유언도 남기지 않고 하늘 본향 집을

---

58 찰스 반 엥겐(Charles E. Van Engen)은 선교신학에서 성경, 교회, 개인적 경험, 상황 등 4요소의 통합적 사고를 강조한다. 찰스 반 엥겐, "선교신학에서 상황적으로 적합한 방법론," Charles H. Craft, ed.*Appropriate Christianity*, 김요한 외 2인 번역,『말씀과 문화에 적합한 기독교』(서울: 생명의 말씀사, 2007), 327-337.
59 손윤탁,『한국문화와 선비정신』(서울: 도서출판 케노시스, 2012), 150-151.
60 해관오긍선선생기념사업회 편,『해관 오긍선』, 245.

향해 떠났다. 기독교적 생활신앙이 그의 죽음을 압도했다.

3. 평신도 의료전문인 선교사 오긍선: 그리스도를 증언하는 성령의 현존 선교

생활신앙인은 성령과 함께 현존 선교(Presence Mission)를 행한다. 생활신앙인은 성령의 활동에 강하게 의지하는 선교를 행한다. 성령은 그리스도를 완전히 의존하면서 또한 그리스도의 지속적인 현존으로서 성령은 선교의 과업을 이룬다.[62] 이 생활신앙인은 생활세계에서 성령의 현존 선교를 통하여 그리스도를 증언하고 하나님의 은총을 드러낸다.

생활신앙과 선교적 증언은 선교학적으로 삼위일체 하나님의 현존에서 일어난다. 하나님의 선교가 이루어지는 자리로서 가난 상황과 하나님의 선교를 매개하는 문화적 대화 상황을 논의하는 과정에서 선교적 현존이 중요성을 갖는다.[63] 이러한 현존선교는 에큐메니컬 상황에서 종교 간 대화를 위한 개념으로 처음으로 논의되었다. 특히 워렌(Max I. C. Warren)은 1960년대에 타 종교에 대한 기독교 현존(Christian Presence) 선교 시리즈를 편집하였다.[64] 그러나 이러한 대화적 현존선교와 달리

---

61 해관오긍선선생기념사업회, 『한국 근대의학의 선구자 해관 오긍선』, 198.

62 World Council of Churches, *Together Towards Life: Mission and Evangelism in Changing Landscapes-A New WCC Affirmation on Mission and Evangelism* (Geneva: WCC, 2012), 3.

63 Dietrich Werner, *Mission für das Leben-Mission im Kontext: Ökumenische Perspektiven missionarisher Präsenz in der Diskussion des ÖRK 1961-1991* (Rothenburg: Ernst Lange Institut für Ökumenischen Studien, 1993).

64 F. W. Dillistone, "Max Warren 1904-1977: Disciplined Intercession that Embraced the World," Gerald H. Anderson et al(eds.), *Mission Legacy: Biographical Studies of*

복음 전도가 불가능한 창의적 선교 접근 지역에서 활동하는 복음주의 선교사들 역시 현존 선교를 행하였다.[65] 옛 소련과 동구권 등 권위주의적 국가에서 복음주의 선교사들은 현지의 교회 지도자들과 연대하여 현존 선교를 행하였다. 또 다른 관점의 현존선교는 절대 평화를 실천하는 메노나이트 교단의 선교사 혹은 기독교 NGO 활동가는 전쟁과 파괴가 일상화된 중동 지역에서 평화와 화해, 사회구제와 지역사회개발을 행하였다. 여기에 평화의 성령이 이들과 함께 현존하여 현지 토착 기독교인과 무슬림의 화해를 추동했다.[66]

이렇듯이 다양한 현존선교 논의가 있기 전인 1910~1930년대에 평신도 선교사 오긍선의 현존선교가 어떻게 행해졌을까? 당시 한국선교회의 선교사라면 누구나 영혼구원을 위하여 복음 전도를 반드시 해야 했다. 그러나 세브란스 시절 오긍선은 평신도로서 직접적 복음 전도를 할 수 있는 상황에 있지 않았다. 그는 의료교육과 병원 진료 및 학교 행정, 고아원과 사회구제, 일제의 공창제도에 대한 저항(폐지) 운동을 주도했다. 이러한 선교를 행하고 있는 오긍선에게 성령이 현존하여 선교를 추동했고 이를 통해 예수 그리스도를 증언했다.

오긍선은 오늘날 개념으로 평신도로서 그리고 의사로서 선교를 행하는 평신도 의료전문인 선교사였다. 오늘날 이러한 선교사들은 대개 구두

Leaders of the Modern Missionary Movement (Maryknoll: Orbis Books, 1994), 616-623.

65 W. Sawatsky, "After the Glasnost Revolution: Soviet Evangelicals and Western Missions," F. J. Verstraelen(General editor) et al(eds), *Missiology: An Ecumenical Introduction* (Grand Rapids(MI): W.B. Eerdmans Pub. Co., 1995), 369-371.

66 LeRoy Friesen, *Mennonite Witness in the Middle East: A Missiological Introduction* (Elkhart(In.): Mennonite Board of Missions, 2000 Revised).

로 선포하는 복음 전도가 불가능한 권위주의적 국가나 무슬림 사회 등 전략적 선교 접근 지역에서도 현존 선교를 행하고 있다. 100년 전 평신도 의료전문인 선교사인 오긍선의 현존선교를 여기에서 살펴본다.

첫째, 교수와 학감과 부교장과 교장으로서 오긍선이 가르치고 지도하고 행정을 했던 모든 일에 성령의 현존선교가 일어났다. 특히 1926년 그는 기독교인만 입학할 수 있도록 규정한 배타적 조항을 삭제하였다.[67] 그는 비기독교인들도 입학하여 공부할 수 있도록 문호를 개방하여 기독교만을 위한 학교가 아니라 민족을 위한 의학전문학교 체제로 전환하였다. 오긍선은 또한 1927년 선교사들이 경영하는 선교병원을 한국인들이 이양 받아 이들의 재정 협력으로 경영할 능력이 있다는 글을 기고하였다.[68] 이 글은 한국교회가 1913년 중국에 선교사를 파송하는 상황에서 한국인들이 병원을 이양 받을 재정적, 경영적 준비를 해야 함도 강조했다. 여기에는 의학교육을 통하여 의사들이 다양하게 배출되고 병원이 한국인들에 의하여 운영되면 우리 민족의 의학적 의료적 수준은 그만큼 진보한다. 의료계의 진보로 건강한 한국 사회가 되기를 바라는 하나님의 선교 익지가 오긍선을 통해 실현되는 여기에 성령의 현존 선교가 일어났다. 1934년 그가 세전의 교장으로 활동하고 1940년 미국 의사 선교사들이 일제에 의해 강제 퇴거하면서 세전은 한국인 교수들이 전적으로 교육하고 운영하였다. 오긍선의 현존선교를 통해 세전은 민족의학교로서 한국인들이 주도하는 한국 토착적 의학교로 자립하고 발전하였다.

둘째, 의료선교사 오긍선은 경제적 빈곤과 사회적 이유로 버려진 고

---

67 해관오긍선선생기념사업회 편, 『해관 오긍선』, 77.
68 K. S. Oh,(M.D.), "Should the Mission Hospitals be Turned Over to the Koreans?," 35-36.

아들을 돌보는 고아원을 운영하였다.[69] 1919년 10월 김병찬이 자택에서 돌본 25명의 고아들을 후원하기 위하여 1920년 2월에 회장 윤치호, 부회장 오긍선, 회계 김병찬 등 5명의 임원이 경성고아구제회를 조직하고 오긍선이 실질적으로 운영하였다.[70] 이는 1921년 경성고아원, 1922년 재단법인 경성보육원으로 개명되었다. 또한 그는 1931년 양로원을 설립하였다. 고아와 노인을 돌보는, 오긍선과 함께하는 자들에게 성령이 현존하여 이들을 통해 예수 그리스도가 증언되었다.

셋째, 오긍선은 한국 사회에 만연한 화류병 억제와 공창폐지운동을 진척시켰다. 일제가 식민지정책을 시행하면서 공창제도를 확산하여 화류병(성병)이 한국에 급속도로 퍼졌다. 피부비뇨기과 의사와 주임교수로서 오긍선은 일제를 비판하면서 1923년 초교파적 공창폐지운동을 벌였다. 그는 조직적으로 강연회를 열고 공창제도 폐지의 논리를 세웠다. 이는 부도덕한 방탕과 죄악이며, 인신매매로 윤락녀를 노예로 만들며, 비위생적 매독을 확산시킨다고 주장했다.[71] 이외에 미성년자 금주금연운동을[72] 벌이고 나병구제연구회의 실행위원으로 활동했다. 오긍선의 공창폐지운동에 성령이 현존하여 사회적 구제와 변혁을 이끌었다.

넷째, 오긍선은 1930년대에 한국 사회에서 의학을 알리는 계몽운동을 벌였다. 이는 통속의학 운동으로 나타났는데 오긍선이 의학 강연을

---

69 K. S. Oh,(M.D.), "'My Boys' Kyung Sung Po-Yuk-Won(Keijo Hoikuin)(Seoul Orphanage)," *KMF* (March, 1928) : 50-51.

70 한규무, "경성보육원의 실립과 운영(1919-1945)," 「鄕土서울」 79호(2011년 10월) : 209-214.

71 "공창폐지 기성회," 「동아일보」 1924년 5월 8일, "일본에 조선인공창허가," 「동아일보」 1924년 11월 19일, "만이천명이 서명, 폐창을 진정," 「동아일보」 1934년 12월 8일.

72 Oh Keung Sun(M.D.), "Prohibition for Korea." *KMF* (April 1926) : 69-70.

주도하였다. 의사는 사람을 질병으로부터 살리는 전문 직업인으로서 사람과 사회에 봉사한다. 이러한 의사는 사람을 곤경으로부터 구하고 몸의 건강을 유지시켜 건강한 사회를 만드는 데 일조한다.

의료 선교의 발전 과정을 보면, 1) 처음에는 선교 현장에서 선교사가 병으로부터 자기 자신의 건강을 유지하기 위한 기술로 의학을 이해했고, 2) 선교 현장에서 병들고 지친 동료 선교사들을 치료하기 위한 의학, 3) 영혼구원 선교 사역을 돕는 보조 사역으로서 의료 선교, 4) 의료 선교가 전문 영역으로 발전되어 독자성 즉 의료 선교가 곧 복음 선교라는 이해, 5) 오늘날 총체적 사역의 핵심으로서 의료 선교를 행하여 지역개발 선교(CHE)를 견인하기에 이르렀다.[73]

오긍선이 행한 통속의학 강의는 여기 4단계와 5단계에 걸쳐 있는 것으로 이해된다. 한국 사회의 건강을 증진하려는 오긍선은 성령의 현존 선교를 통해 지역의료 향상을 도모하고 더 나가 지역사회의 빈자와 노인을 포용하는 사회개발로 발전할 가능성을 가졌다.

VI. 결론

의료 선교사 오긍선은 돈이나 권력보다는 선교를 귀하게 여겼다. 선교 초기에는 미국 선교사들이 요구한 대로 이원론적 영혼구원의 통전 선교를 행하였다. 1907~1912년 그는 군산과 목포에서 병원 의료 선교와 복음 전도, 기독교 교육을 행하면서 한국의 전통문화 속에서 기독교 복

---

73 서원석, "의료선교 개념의 역사적 발달 과정," 39-43.

음을 실천적으로 수용하여 한국 토착적 기독교인으로 변화하였다. 1913년 세브란스의전에 파송 받은 오긍선은 1934년 한국인 첫 교장으로 세전의 종합적 발전의 토대를 구축했고, 한국의 의료계와 사회 발전에 크게 기여하였다. 생활신앙인인 그는 이원론적 영혼구원 선교의 한계를 극복하였다. 진정한 한국 토착적 기독교인이 된 그는 모든 생활 영역에서 성령의 현존 선교를 통해 그리스도를 증언하였고 또한 평신도 의료전문인 선교사로서 의학교육과 사회봉사를 행하여 그리스도의 구원과 하나님의 사랑을 증언했다.

오늘날 상당수의 한국교회는 영지주의적 신앙생활을 하고 있다. 이러한 신앙생활 속에서 우리는 성령의 현존에 의지하는 생활신앙인이 되도록 거듭나야 할 것이다. 생활신앙은 삶의 전 영역에서 우리를 진정한 한국 기독교인으로 살게 한다. 또한 이는 삼위일체 하나님의 성령의 현존을 통해 일어나기 때문에 예수 그리스도를 우리 이웃에게 드러내는 삶을 살게 한다. 예수 그리스도를 만난 우리의 이웃은 하나님을 알고 믿기 시작하여 하나님의 자녀가 된다. 우리는 일상 삶에서 성령의 현존을 깨닫는 생활신앙인으로서 사회의 주변부에 있는 가난하고 병들고 차별받고 소외당하는 이웃들과 함께 예수 그리스도의 증언자가 되어야 할 것이다.

10장

미국남장로교 한국선교사,
패터슨(손배순, Jacob Bruce Patterson) 의사
선교사의 의료 선교 연구(1910~1925)*

I. 서론

오늘날 호남의 기독교 선교병원은 전주 예수병원, 광주 기독병원과 순천 애양원 등이 알려지고 있다. 그러나 1910~1925년의 군산 예수병원은 전국적으로 명성이 높았다. 당시 1인 의사가 담당한 군산 예수병원의 1920년 의료실적은 1,799명이 입원하였고 총 입원 일수는 25,527일을 기록했다.[1] 이는 당시 한국 주재 6개 선교회가 의사와 간호사를 파송하여 연합으로 운영한 서울 세브란스연합병원의 실적과 맞먹는 것으로 군

---

* 임희모, "미국남장로교 한국선교회의 패터슨(손배순, Jacob Bruce Patterson) 의사 선교사의 의료 선교 연구(1910~1925)," 「장신논단」 52/3 (2020. 9.) : 167-194.

1 "Table of Statistics for the Year Ending June 1, 1920," *Minutes of the Twenty-ninth Annual Meeting of the Southern Presbyterian Mission in Korea(SPMK) 1920* (줄여서 *Minutes of Annual Meeting 1920*).

산병원은 최고의 명성(Second to None)[2]을 누렸다. 이때 군산 예수병원은 손배순(孫培淳, 패터슨, Jacob Bruce Patterson) 의료 선교사가 맡았다. 그는 어떻게 무엇을 했기에 이러한 실적과 높은 명성을 얻었을까? 이러한 질문에 답하고 100년 전 군산병원의 의료 선교를 오늘의 역사 속으로 복원하는 일은 의료 선교 관심자와 선교 관심자 및 일반 기독교인, 더 나가가 선교 역사에서도 중요하다 할 것이다.

본 글은 군산선교부의 의료 선교 역사 중 최고 전성기를 이룬 1910~1925년의 의료 선교를 이끈 장본인으로 손배순의 의료 사역을 분석한다. 그에 관한 연구는 군산 예수병원에서 활동한 여러 의료선교사의 1인으로 간단하게 그를 언급한 글들이 있다.[3] 이러한 의미에서 그가 기고한 선교 보고와 한국선교회의 연례 회의록 등 원자료를 분석하여 보다 심층적 연구를 진행할 필요가 있다.

본 글은 선교학적 접근을 시도한다. 이를 위하여 먼저 배경사로 한국선교회의 초기 선교 정책, 군산선교부의 개설과 의료 선교의 시작과 특징을 서술한다. 뒤이어 손배순의 의료 선교를 집중적으로 분석한다. 그의 교육 배경과 가족 사항, 동역자들, 연례 회의록에 기록된 그의 행적과 활동, 한국선교회로부터 지원받은 재정 내역, 그의 선교적 특징 등을 자세하게 검토할 것이다. 끝으로 최절정기가 지난 이후에 전개된 군산병원

---

2 이만열, 『한국기독교의료사』 (서울: 아카넷, 2003), 404 ; William Hollister, "History of Medical Work at Kunsan Station," *The Presbyterian Survey* (Oct. 1936), 591.

3 송현강, "미국남장로교의 전북 지역 의료 선교 (1896~1940)," 「한국기독교와 역사」 제35호 (2011. 9.) ; 이규식, "전라북도의 서양의학 도입과정," 「醫史學」 제17권 제1호 (2008. 6.) ; 소피 몽고메리 크레인, *A Legacy Remembered: A Century of Medical Missions*, 정병준 옮김, 『기억해야 할 유산』 (서울: CTS기독교TV, 2011) ; William Hollister, "History of Medical Work at Kunsan Station" 등이 있다.

의료 선교의 역사적 경과를 간단히 스케치하면서 결론을 맺을 것이다.

본 연구의 분석 자료는 우선 손배순의 공적 활동의 자초지종이 담긴 연례 회의록, 「The Missionary」와 「The Korea Mission Field」(KMF) 등에 투고한 그의 글들을 분석할 것이다. 이외에 2차 자료를 통하여 1차 자료가 제시하는 단순한 정보를 다양하고 풍성하게 이해하고 해석하려고 한다.

II. 군산선교부의 초기 의료 선교(1896~1910)

1. 한국선교회의 초기 선교 정책

여기에서 호남 지역에서 행한 미국남장로교한국선교회(줄여서 '한국선교회') 산하 군산선교부가 따라야 할 선교 정책과 의료 선교에 대하여 간략히 서술할 필요가 있다. 1892년 미국남장로교해외선교실행위원회(줄여서 '실행위원회')가 조선에 파송한 7인의 선교사 중 데이비스(Miss Linnie F. Davis)는 10월 17일 제물포에 도착했고,[4] 6인은 11월 4일 서울에 미국남장로교 선교회를 조직할 목적으로 입성하였다.[5] 이들은 도착 후 곧 한국선교회를 공식적으로 조직하고[6] 회장으로 레이놀즈(이눌서,

---

4 *The Korea Repository* (Oct. 1892), 324.

5 *The Korea Repository* (Nov. 1892), 352.

6 참고 자료: W. M. Junkin, "Korea," *The Missionary* (March 1893), 117; George Thompson Brown, Mission to Korea (Atlanta(Ga.) : World Missions, PCUS, 1962), 25; 송현강, 『미국남장로교의 한국선교』(서울: 한국기독교역사연구소, 2018), 40.

William D. Reynolds), 서기에 전킨(전위렴, William M. Junkin) 및 회계에 테이트(최의덕, Lewis B. Tate)가 선정되었다. 이들 7인은 모두 복음 전도와 교육 선교사였다.

1893년 1월 28일에 서울에서 미국북장로교선교회와 미국남장로교선교회가 장로교선교회공의회(Council of Missions Holding the Presbyterian Form of Government)를 조직하여 한국에 하나의 장로교회를 세우도록 노력하기로 합의했고, 이에 따라 선교 정책도 공유하였다. 그런데 미국 북장로교 선교사들은 이미 1890년 6월 네비우스(John L. Nevius)를 초청하여 자립, 자치 및 자전 원칙의 3자 선교 정책을 논의하였고, 이들은 1895년 연례 회의에서 8개 항의 선교 신조를 채택하였다.[7] 특히 제8항은 모든 부문의 사역은 단 하나의 목적, 즉 그리스도 안에서 영혼을 구원하고 세우기 위한 것임을 강조했다. 의료 사역은 이교도의 영혼을 구원하기 위한 부수적인 사역으로 이해되었다.

한국선교회는 1897년 연례 회의를 8월에 개최하려 했으나, 본국 실행위원회의 총무인 체스터 박사(Rev. Dr. Samuel H. Chester)가 일본과 중국을 거쳐 한국을 방문하는 일정에 맞춰 10월 말에 개최하였다.[8] 이 회의에서 한국선교회의 헌법과 규칙이 논의되고 채택되었다. 선교회가 유진 벨(배유지, Eugene Bell) 선교사에게 이의 초안을 작성하도록 요청하였고, 선교사들은 이를 심도 있게 논의했다. 장로교선교회공의회의 규정에 따

---

7 Daniel L. Gifford, "Annual Meeting of the Presbyterian Mission, North," *The Korea Repository II* (Nov. 1895), 444.

8 Samuel H. Chester, *Lights and Shadow of Mission Work in the Far East* (Richmond [Va.]: The Presbyterian Committee of Publications, 1899), 91-133; W. D. Reynolds, "Sixth of Annual Mission Meeting," *The Missionary* (Feb. 1898): 81-82.

라 한국선교회도 모든 형태의 선교 사업은 그 목적을 복음 전도, 즉 영혼 구원에 둔다는 것을 강조했다. 이에 따라 의료선교사들도 영혼을 구원하는 복음 선포와 전도에 중점을 두면서 사역을 행하였다.[9]

2. 군산선교부 설치와 의료 선교의 첫 시작: 드루(유대모, Alessandro Damer Drew)

실행위원회가 한국에 첫 의사선교사로 드루를 파송하였다. 그와 부인이 제물포에 도착한 날짜는 1894년 3월 초였을 것이다.[10] 이눌서 선교사는 1894년 2월 13일 한국선교회의 제2차 연례 회의에서 드루 부부가 2~3주 안에 도착할 것으로 예견했다.[11] 이들의 도착이 2주 후면 2월 말이고 3주 후면 3월 초순이 된다.

곧이어 3월 27일 햄든 시드니(Hampden-Sydney) 대학의 선후배 관계인 유대모와 이눌서는 선교기지를 탐색하기 위해 전라도 여행을 떠났다. 맨 처음으로 당도한 군장(군산)의 풍경에 특히 유대모가 매료되었다. 군산은 봄의 옷을 입고 시골의 절대적 아름다움(Extremely Beautiful)을 드러내고 있었다. 이들은 강 하구와 내지의 도시를 집중적으로 탐색하면서 한국의 자연풍광에 황홀감을 느꼈다. 전국적으로 초가지붕이 낮아 건강에는 좋지 않지만, 산과 해안과 섬들은 너무 아름답고 기후 역시 온화하

---

9 설대위(David Seel)/오용·김민철 옮김, 『꺼지지 않는 사랑의 불씨』 (전주: 예수병원 100주년기념사업위원회, 1998), 34-35.

10 드루 부부가 일본 요코하마의 밸락(James H. Ballagh) 선교사의 안내로 도쿄와 고베와 나고야 등을 여행하는 기사가 1894년 2월호(*The Missionary*)에 게재되도록 이미 송고된 상황에서 드루 부부가 한국행 배를 탔다. *The Missionary* (May 1894), 180.

11 W. D. Reynolds, "Korea," *The Missionary* (May 1894), 194.

고 사람들은 친절하고 복음을 전하는 일에 걸림이 없는 등등 이러한 환경의 전라도 지역에서 복음 선교의 열매를 크게 기대하며 유대모는 보고서를 썼다.[12] 그는 여권과 수술용 칼과 알약 몇 종류를 담은 작은 주머니를 매고 매년 전북과 전남의 길을 따라 다니며 환자를 진료하는 소망을 가지기도 했다.

당시 육로와 철도 등이 개설되지 않은 해안선 선교 시대에 군산은 금강 하구에 자리 잡고 있어서 배를 이용하여 전라북도와 충청남도의 내륙 접근이 용이한 항구였다. 또한 전라도의 수도인 전주에 선교 물품을 공급할 수 있는 좋은 기지로 이해되었다. 더 나가 군산 주변에 촌락과 주민이 많아 복음의 추수를 많이 거둘 것이 예상되었다. 이러한 3가지 요건을 갖춘 군산은 선교부가 위치할 적격의 장소였다.[13]

1896년 군산에는 복음 전도와 교육 담당으로 전킨 선교사 부부, 의료 담당으로 드루 선교사 부부 그리고 여성과 어린이 담당으로 데이비스 선교사가 임명되어 선교부 조직을 위한 인적 요건이 갖추어졌다. 전주에는 1896년 레이놀즈 부부, 테이트 목사와 그의 여동생 테이트(Mattie S. Tate), 1896년 해리슨(William Butler Harrison) 선교사(복음 전도와 진료소 개설), 1897년 의료선교사 잉골드(Miss Mattie B. Ingold) 등 6인의 선교사가 배치되어 선교부 성원이 이루어졌다. 전남 지역에는 처음에 나주에 선교부를 세우려고 접근했으나, 유교적 보수주의가 워낙 강하여 목포와 연계하여 나주-목포 선교부 설치를 구상하였다. 1895년 내한한 벨 선교사 부부, 1897년 도착한 목사로서 의사인 오웬(Clement Carrington Owen) 선

---

12 A. D. Drew, "An Interesting Mission Field," *The Missionary* (July 1894) : 287-290.
13 W. D. Reynolds, "Prospecting for Stations in Chulla-Do," *The Missionary* (Oct. 1894), 437.

교사로 1898년 목포 선교부가 조직되고, 곧 1899년 여성 담당 스트레퍼(Frederica E. Straffer) 선교사가 가세하였다. 1904년에 광주 선교부가 설립되었고, 1913년에 순천 선교부가 조직되었다.

드루는 1894년 5월 전라도 지역 탐사를 마치고 서울로 돌아가 한국어 공부를 하였다. 그동안 동학혁명으로 전쟁이 일어나 서울에 전염병이 돌았는데 이에 대처하면서 드루는 광해원에서 돕고 책임감 있게 의료 시술을 했다. 이로 인하여 드루의 명성은 전국적으로 퍼졌다.

체스터 총무는 높은 명성을 얻은 드루 소식을 서울에서 들었다. 그는 군산 연례 회의에 참석하면서, 이때 100마일 이상 떨어진 지역의 환자들이 드루를 찾아오는 모습을 목격했다. 그는 드루의 의료 선교가 한국선교회에 미칠 영향과 효과를 높게 평가하였다.[14] 잉골드에 의하면 드루는 군산 의료 선교 첫 2년에 환자 4천 명을 치료했다.[15] 선교 초기에는 복음 전도보다 의료 시술이 더 사람들을 친밀하게 끌어들임으로써 전도의 문을 연다는 사실은 잘 알려진 사실이다. 이러한 의미에서 초기 군산의 선교 확장과 한국선교회의 복음의 문을 넓게 연 드루의 업적은 적지 않다. 그러나 그의 끈질긴 자기희생의 선교는 그의 건강을 앗아갔고, 실행위원회는 1901년 그를 본국으로 소환하였다.[16]

---

14 Samuel H. Chester, *Lights and Shadow of Mission Work in the Far East*, 117. 체스터 박사는 1897년 10월 군산 연례 회의에 참석하였고 드루의 딸 Helen Virginia에게 유아세례를 베풀었다. W. D. Reynolds, "The Sixth Annual Mission Meeting," 82; Eugene Bell, "Annual Meeting of the Southern Presbyterian Mission," *Korea Repository* (Nov. 1897), 440.

15 설대위, 『꺼지지 않는 사랑의 불씨』, 27-28.

16 그 이후 샌프란시스코에서 드루와 도산 안창호의 만남과 에피소드는 다음 글을 참조하라. 전병호, 『호남 최초 교회설립자: 이야기 전킨 선교사』 (군산: 군산시기독교연합회전킨 기념사업회, 2018), 202-204.

3. 군산선교부의 의료 선교 특성화

한정된 인원과 재원을 가진 한국선교회는 각 선교부가 복음 전도와 교육 사역과 의료 사역을 행하도독 충분히 지원할 수 없었다. 이러한 이유로 한국선교회는 각 선교부에 대한 차등화 전략을 취하였다. 교육에 있어서는 중심학교(Academy)와 보조학교(Subsidiary) 논의를 했고, 1923년에는 지정학교 논쟁으로 선교사들이 다투었다.[17] 의료 사역에 있어서는 군산이 주도권을 가지고 스스로 특화하였다.

첫째, 선교 초기 육로 교통망이 발달되지 않은 해안선 선교시대에 군산은 금강 하구에 자리 잡고 있어서 전라도(전주)와 충청도(공주)에 접근이 용이한 항구였다. 이러한 입지적 조건 하에서 군산선교부가 설치되어 의료 선교의 주도권을 가질 수 있었다.

둘째, 한국선교회의 최초 의료선교사인 드루가 군산에 정착하고 진료소를 개설하였다. 드루의 의료 시술에 대한 명성이 전주 선교부를 넘어 전국에 알려졌다.

셋째, 1904년부터 군산에서 활동한 의료선교사 다니엘(Thomas H. Daniel)은 진료소 수준을 넘어 18병상의 군산병원을 건축했고, X-ray 의료 장비를 구비하여 근대적 의술 체계를 갖추었다.[18] 여기에 1907년 9월

---

17 이에 대한 기나긴 논의 과정과 결과는 다음의 글을 참조하라. 임희모, "미국남장로교한국선교회의 산업 활동 선교 연구(1907~1937)," 「한국교회역사복원논총」 Vol. 2 (2021): 19-21.

18 군산병원 건축과 사역은 다음을 참고하라. W. E. Harrison, "Notes from Kunsan," *KMF* (1907. 9.): 131-132; T. H. Daniel, "In the F. B. Atkinson Hospital, Kunsan," *KMF* (1907. 12.): 184; W. B. Harrison, "Kunsan, Korea, Station Report. First Quarter 1908," *KMF* (1908. 4.): 52-53; J[T]. H. Daniel, "Southern Presbyterian, Mission, Medical Work at Kunsan, Korea," *KMF* (1909. 3.): 47-48.

부터 오긍선(Dr. Keung Son Oh)이 가세하였다. 그는 미국에서 공부하고 한국에서 활동하는 의사(의학박사)였다.[19] 환자의 질환을 정확하게 진료하고 치료함에 있어서, 미국인 의사 선교사들이 겪는 의사소통의 어려움을 느끼지 않는 한국인 오긍선은 시술 실적을 올리고 명성을 얻었다.

넷째, 1899년 일본인들이 군산 이주를 시작하여 10년 후에는 군산 인구의 거의 반을 차지하였다. 1911년 여름과 가을에 일본인 환자들은 매일 35~40명씩 거의 한국인과 같은 비율로 병원과 진료소를 찾았다.[20] 일본인들이 선교병원의 명성을 듣고 입원하여 병원비를 전액 납부함으로써 군산병원의 자립이 가능하였다.

다섯째, 한국선교회의 특화 전략은 시설과 장비를 갖추도록 군산병원을 지원하였다. 외과의사 패터슨(손배순)이 의료 시술을 맡은 1910~1920년대의 군산병원에 대하여 한국선교회는 다른 4개 선교병원에 비해 더 많은 재정을 지원하였다. 그러나 군산선교부의 교육이나 일반 분야의 예산은 전주나 광주 등 다른 선교부에 비해 저조하였다.[21] 1918년 한국선교회가 향후 2년간 확정한 '항구적 시설 및 장비 예산'(Permanent Equipment Budget)은 표1과 같다.[22]

---

19 오긍선은 서재필과 박에스더(본명 김점동)에 이어 3번째로 미국에서 의사 자격을 취득하였다. 서재필은 미국에서 활동하였고 박에스더는 1910년에 사망하였다.

20 Mrs. Patterson, "Notes from Kunsan," *KMF* (Jan. 1912), 12.

21 참고로, 1919년 6월 19일 현재 선교부별 선교사 명단은 전주 20명, 군산 11명, 광주 21명, 목포 10명, 순천 12명이었다(서울 1명[군산, 서서평 선교사]과 평양 2명[목포, 파커 선교사 부부]의 파견 선교사 3인 제외). *Minutes of the Annual Meeting 1919*, 3.

22 위의 연례 회의록, 46-54.

<표 1> 시설과 장비 예산(1919. 3. 1.~1921. 3. 1.)

구분	전주 선교부	군산 선교부	광주 선교부	목포 선교부	순천 선교부[23]	합계
교육비(a)	33,050	7,850	20,350	11,500	2,000	74,750
의료비(b)	9,600	12,550	9,800	5,650	11,350	48,950
일반비(c)	4,275	8,450	10,035	27,600	7,800	58,160
합계(d)	46,925	28,850	40,185	44,750	21,150	181,860
의료비율 (b/d)	20%	44%	24%	13%	54%	27%

위의 통계를 살피면 순천 선교부의 교육비 2,000달러는 터무니없게 적다. 이는 당시 순천의 남녀학교가 폐교된 상황이라 오직 시골의 마을학교 보조비만을 계산하였기 때문이다. 1921년부터 순천의 남·여학교를 재개교하여 신축하거나 보완해야 할 처지에 있는지라 적잖게 예산이 필요할 것이다. 최소한 목포 수준에 맞추어 교육비를 12,000달러로 상정할 때 이미 책정된 2,000달러 외에 추가로 10,000달러를 투입한다고 가정하면 총 합계 31,150 달러가 된다. 여기에 순천 선교부의 의료비율(11,350/31,150[=10,000+21,150]) 은 약 36%로 산출된다. 이러한 가정 하에 5개 선교부의 의료비율을 살펴보면 군산이 44%에 이르러, 전주나 광주나 목포에 비하여 거의 2배에 이른다. 이러한 시설과 재정 지원에 힘입어 군산병원의 의료 선교는 단연 돋보인 실적을 드러냈다.

---

23 1912년에 설립된 순천남·여학교는 성경 교육 문제로 일제가 1916년에 강제로 폐교시켰으나 1921년에 다시 문을 열었다.

III. 군산 의료 선교의 융성기(1910~1925)
: 손배순(패터슨)의 통전적 의료 선교

앞서 살핀 바와 같이 1910~1923년까지 실질적으로 손배순 의사가 활동한 군산병원은 1인 의사가 담당한 병원으로서 국내에서 최고의 명성을 얻었다. 군산병원이 최고의 실적을 거둔 것은 그가 건강을 잃어가면서까지 희생적으로 시술을 하면서 병원 시설을 확충하고 장비를 갖춘 결과였다. 또한 병원 제도(Institution)로써 의료 시술의 효율성에 큰 영향을 주는 간호사, 의료보조인, 의료 관련 기술자 등의 양성에 힘쓴 결과였다. 여기에서 한국선교회가 손배순의 군산병원을 지원한 내역을 살펴볼 필요가 있다.

1. 한국선교회의 연례 회의록 검토(1910~1926)

1) 손배순의 업무 사항

손배순에 대한 기록은 1910년 한국선교회의 연례 회의(광주, 8월25일~9월 3일)의 회의록에 처음으로 나타났다. 손배순은 군산선교부 소속으로 시설위원회(Institutional Committee) 회원이며 1년 차 한국어 공부와, 이러한 언어 공부에 지장이 없는 한 의료 사역을 하도록 업무(25)[24]가 주어졌다. 1911년 손배순의 업무는 이전의 것과 차이가 없다. 다만 1년

---

24 연례 회의록 인용에 있어서 표기는, 먼저 연도를 쓰고 페이지는 괄호 안에 페이지 숫자를 넣는다. 여기 인용은 예컨대 「1910년 연례 회의록」 25쪽을 보라는 뜻이다. 이하 숫자는 동일한 「1910년 연례 회의록」의 쪽수이다.

차 언어시험(구술과 필기)에 합격했지만(55), 계속 한국어 공부를 해야 했다. 그의 부인의 업무는 언어 공부와 군산선교부의 사역을 돕는 것이었다.(40)

한국선교회의 규정과 내규는 1897년 기초 작업이 이루어졌고 1912년에 정리되어 한국선교회의 조직과 체제가 갖추어졌다.(60-77) 이에 따라 복음 전도와 학교 교육, 병원 사역의 공식적 통계가 산출되고, 신규 선교사 요원이 대거 입국하였다. 1910년에 5명, 1911년 9명, 1912년에는 12명으로 선교 인력이 증강되었다. 1911년 손배순은, 다니엘이 1906년 한국식 건축양식으로 지은 18병상의 병원을 개조하고 보수하는 일에 감독을 해야 했다.(25-26) 1913년 손배순은 한국선교회 내규에 따라 신설된 의료위원회(Medical Committee)의 정회원으로 활동하면서(5) 의료 사역, 복음 전도 사역 보조와 한국어를 보다 깊게 공부를 하였다.

1915년 손배순은 군산병원의 미래 계획을 조정위원회(Ad Interim Committee)에 보고하였고(45), 군산 나병환자 병원 설립안을 의료위원회에 제출하여 광주나병환자 병원과 같은 기준으로 설립하도록 승인받았다. 그러나 이 설립안에 대한 구체적 논의나 진전 사항은 더 이상 회의록에 나타나지 않는다. 서서평 선교사가 제출한 한국선교회의 간호사양성학교 설립안은 부결되었지만, 군산병원 자체 내의 간호 요원 훈련에 한하여 교육을 하도록 허락받았다.(65) 한편, 1923년 군산선교부가 한국선교회에 간호사훈련학교(A Training School for Nurses) 설치를 건의하여 의료위원회가 승인하였으나 곧 이를 연기하였다.(40) 이는 1922년 손배순이 사직원을 제출한 상태에서 1924년 안식년을 떠나는 등 그의 거취가 불분명하였기 때문이다.

1917년 5월 15일부터 1918년 4월까지 손배순 가족은 첫 안식년 휴가를 본국으로 갔다.(9) 원래 1916년 5월 15일부터 안식년이 계획되었으나, 업무상 미루어졌다. 손배순의 안식년 기간에 군산병원에서 근무할 의사 선교사 Dr. Mill(중국)을 섭외하기로 하고 그의 연봉과 여행경비를 지불하는 안을 군산선교부가 본국 실행위원회에 연락하기로 했으나(55), 후속 기록은 회의록에서 발견되지 않는다. 1918년 복귀 후 그의 업무는 의료 사역과 복음 전도 사역으로 정해졌다.(1917, 34)

1919년 손배순은 연례 회의의 3일째에 뒤늦게 출석하여 4일을 참석하고, 회의가 끝나기 3일 전 양해를 얻어 조기 퇴근했다. 이유는 언급되지 않았지만, 업무 과중 혹은 스프루로 인한 건강 악화였을 것이다.(7, 13) 1920년에도 순배순은 연례 회의에 뒤늦게 출석하여 조기 퇴근했다.(7, 10) 그러나 이유는 명기되지 않았다. 1922년 미국 실행위원회가 협력하는 북경연합의과대학(Peking Union Medical College)에서 스프루 질병 원인을 연구하는 협력 요원 명단에 손배순과 서로득(Martin L. Swinehart) 선교사의 이름이 올랐다.(66)

당시 최고의 실적을 기록하고 있는 손배순이 1922년 갑자기 사직원을 한국선교회 총무를 통해 본국 실행위원회에 제출하였다. 뒤늦게 이를 알게 된 변요한(John F. Preston)과 구례인(John C. Crane)이 동의하고 한국선교회가 가결하여 실행위원회가 그의 사직원을 철회하도록 강력하게 요청하였다. 그 대신 한국선교회는 손배순에게 1923년 3월 1일부터 6개월간 휴가를 주기로 결정했고(76), 조정위원회는 손배순의 업무 과중으로 인한 건강 상태 악화 또한 그의 부인의 건강 악화가 심하여 집과 선교 현장을 떠나 휴가를 통해 안정을 찾고 건강을 회복하도록 권고하였다.(79)

손배순은 그러나 이러한 임시적 병가를 활용하기보다 1924년 6월 1일부터 시작된 안식년(48, 35)을 떠났다. 한국선교회는 1924년 연례 회의(6월 12~20일, 전주)의 마지막 날인 6월 20일 전원이 기립하여 만장일치로 페터슨의 업적을 기리고 건강 회복과 복귀를 기원하며 감사를 담은 결의문을 채택하였다. 과거 14년 동안 군산병원이 최고의 탁월성과 효율성을 올렸고, 1923년에 17,303명의 환자를 치료하고 총수입을 약 60,000엔(=30,000달러)의 치적을 올렸다. 1인 의사가 행하는 병원의 규모나 효율성 면에서 손배순의 군산병원의 실적은 어느 병원도 능가할 수 없는 탁월성을 보인 것으로 이해한 한국선교회의 모든 선교사들은 그의 건강 회복과 복귀를 간절히 기원하였다.(22-23)

그동안 한국선교회는 손배순에 대한 복귀 희망을 포기하지 않는 한편, 1924년 하반기에 부란도(Louis C. Brand) 의사 선교사를 부임시켜 그의 공백을 최소화하려 하였다. 그러나 스프루로 인하여 약화된 건강이 회복되지 않자 손배순에게 1925년(19)의 안식년을 주었고, 그는 연거푸 2년의 휴가를 보냈다. 이러한 상황에서 1927년 군산 시민들이 손배순의 복귀 청원을 간절한 마음을 담아 한국선교회의 조정위원회에 보냈고, 이를 한국선교회의 총무가 별첨 편지와 함께 본국 실행위원회에 보냈다.(60) 그러나 이에 대한 응답이나 결과는 연례 회의록에서 나타나지 않다가 안타깝게도 1933년에 손배순을 추모하는 글이 짧게 실렸다.(36)

2) 항구적 시설과 장비 지원

손배순은 군산병원의 시설이나 진료의 질적 수준의 향상을 위하여 노력하였다. 우선 시설을 갖추기 위한 예산을 확보하고 병원 종사자들을 위한 교육 등을 실시했다. 군산병원은 1906년에 18병상을 갖추었으나, 1919년 패터슨 시기에는 113병상을 유지하였다.

첫째, 병원 리모델링 및 신설 시설을 확충했다. 그는 사업위원회(Business Committee)로부터 리모델링을 허락받아(14) 일반계정 부문에 3,000엔 (1,500달러)을 투입하여 다니엘 선교사가 1906년 건축한 군산병원을 리모델링하였다.(1911, 46; 1913, 40) 둘째, 병동과 숙소 등을 건축했다. 남자 병동 건축에 150달러(1913, 38-39), 1915년에는 1,800엔을 들여 여성과 간호사 숙소, 11호 방과 12호 방 사이에 공간 만들기, 남자 격리병동, 일본인 환자의 개인 병실과(66) 일본인 여성 환자 병동 2개와 격리병동을 설치했다.(39) 셋째, 1913년 군산항 진료소와 주변 땅을 팔아 구암병원 확장 대여금 1,500달러를 갚았다.(1913, 40) 1914년 군산 진료소를 궁말 남학교 기숙사로 옮겼고, 이사비용 300달러를 책정하고 건물 내부를 변경하였다.(1914, 42)

넷째, 1920~1921년에는 다음과 같은 시설을 확충했다.(1920, 22) 1) 손배순의 저택에 덧붙여 광(저장소, 500달러)을 만들었다. 2) 보충 격리병동 (75달러), 격리병동의 타일 바꾸기, 3) 부엌(1,500엔), 2층(400엔), 세탁소 (1,000엔), 진료소 개수 작업(2,000엔), 워크숍(800엔), 수술실(400엔)을 만들었다.(1921, 50-51) 손배순의 저택을 600달러를 들여 개조하였다.(1921, 76). 다섯째, 병원 의료 장비를 구입하는 데 1911년 200달러(51), 1913년 1,000달러(39)로 X-ray의 Delco엔진 구입, 1921년 1,300달러(22)를 투입하였고, 장비 구입비 1,000엔을 지불하였다.(1922, 34) 여섯째, 군산병원을 2,000달러의 화재보험에 가입했다.(1912, 34; 1921, 76)

3) 의료 활동비와 운영비 및 한국인 의료보조인 지원

한국선교회는 의료 사역 경비와 의료 활동비와 의료 사역 보조자 월급을 지급하였다. 1) 의료 사역 경비는 매년 지급하였다. 1911년 의료 활동비 500달러와 병원 운영비 200달러(51)를 지급하고, 2) 1912년부터 활동비, 보조금 지원 및 운영비를 포괄적으로 1,000달러를 지급하였다.(38) 1913년도 1,000달러(39), 1915년 1,000달러를 할당하였다.(44, 70) 등등. 3) 손배순의 마구간 건축비 135엔 96전(1912, 32), 의학책 구입비(1912, 33) 4) 의료 사역 보조자 300달러를 지원하였다. 1913년 보조 의사인 육공필과 정공순에게 매달 18엔의 봉급을 각각 지급하였다.(57) 5) 손배순은 1922년부터 자기에게 나타난 스프루의 증상을 관찰하고 분석하여 연구하고 발표하였다.(34) 1923년 이러한 스프루 연구비 480엔이 그에게 지급되었다.(60)

2. 군산병원 손배순의 의료선교 동역자들과 보조자들

1) 성장과 교육과 가족 사항(1876~1933)

1876년 생으로 오하이오 주에 소재한 장로교 계통의 우스터(Wooster) 대학을 졸업하고, 워싱턴대학교(Washington University in St. Louis) 의대를 1907년에 졸업한 손배순(패터슨, 선교 기간 1910~1925) 박사가 1910년 3월에 입국하였다. 일본에 거주한 Rosetta Palmer Crabbs와 1911년 결혼했고 1남 3녀를 두었다. 이들은 1912년 생 James, 1913년 생 Caroline, 1914년 생 Mary 그리고 1919년 생 Ruth이다.

한편 패터슨의 연봉은 1910년 독신일 때 독신 선교사에게 주어지는 600달러이었고(32), 1911년 결혼하여 이들 부부의 연봉은 1,150달러이었다.(51) 1914년 둘째 아이(첫딸, Caroline)가 태어나 연봉이 1,350달러가 되었고(44), 1919년 넷째 아이(Ruth)가 태어났다. 그리고 선교사들에게 일괄 인상이 일어나 손배순 가족의 연봉은 1,850달러가 되었다.(34, 46) 1921년 연봉이 또다시 인상되어 총 2.375달러가 지급되었다.(1920, 49)

2) 동역자들: 오긍선과 간호 선교사들

1910년 손배순이 한국에 입국한 당시 군산병원을 맡고 있는 의사는 오긍선이었다. 그는 알렉산더(Alexander John Aitcheson Alexander)의 후원으로 미국에서 의학박사 학위를 취득하였다.[25] 1909년에 의사 다니엘은 안식년을 떠났고 간호사 케슬러도 아픈 몸을 추스르기 위하여 휴가를 떠났다. 이러한 이유로 오긍선은 1909년에 군산병원의 실질적 원장 역할을 했다. 이러한 상황에서 손배순은 1910년 봄에 입국하여 한국어 언어 공부와 문화 적응에 집중하였다. 오긍선은 손배순과 동역하면서 군산병원의 명성을 높였다. 다행히도 손배순은 1년 차 한국어의 쓰기와 듣기 시험에 통과하여 1911년에 자유롭게 의료 진료를 할 수 있게 되었다.

전임자 오긍선과 후임자 손배순은 1910년 3월부터 1911년 10월까지 동역하였다. 손배순은 1910년 8월 연례 회의에서 오긍선에게 마땅한 선물(Suitable Gift)을 증정하자고 제안했고, 이것이 접수되어 이의 진행과

---

25 "A Letter from Dr. Oh, Korea," *The Missionary* (March 1908): 127-128; William F. Bull, "Letter from Korean Teacher," *The Missionary* (Feb. 1902): 568-569; Mrs. W. F. Bull, "Our First Native Physician," *The Missionary* (Feb. 1908): 79-80; Oh Keung Sun, "Letter from a Korean Student," *The Missionary* (April 1903): 180-181; 해관오긍선선생기념사업회 편, 『해관 오긍선』 (서울: 연세대학교 출판부, 1977); 한인수, "오긍선," 「호남교회춘추」 (2001년 봄호): 8-43; 한미경·이혜은, "'My Dear Dr. Alexander': 편지를 통해 본 오긍선의 미국 유학 시절(1902-1907)," 「신학논단」 제97집 (2019. 9.): 251-282.

보고하는 일을 맡았다. 1912년 당시 한국선교회 내에 의료위원회가 설치되어 있지 않았지만, 의사회가 있었는데 손배순은 이의 회장이었다. 이때에 준 선물은 무엇이고 무슨 이유로 선물을 주었는지 알려져 있지 않다. 그러나 유추할 수 있는 것은 오긍선을 통해 군산병원의 의료 시술이 보다 굳건히 토대를 굳혔고, 선교병원으로서 명성을 점점 크게 얻게 되었다는 사실이다. 이러한 선물 증정 관계를 살펴보면 두 사람 간의 만남과 우정과 배려와 존중이 서로에게 남달랐다는 것을 알게 된다.

한편 손배순은 군산에서 5명의 간호 선교사(R.N.)와 함께 사역을 하였다. 병가를 끝내고 미국에서 재입국한 케슬러는 1910~1912년에 손배순과 동역하였다. 케슬러는 1910년 전주로 옮긴 다니엘을 따라 1912년 전주로 옮겼다. 이후 2년간 군산병원은 훈련받은 간호사(R.N.)가 없는 공백의 시간을 보냈다. 1914년에 군산선교부에 부임한 간호 선교사 서서평(쉐핑, Elisabeth J. Shepping)은[26] 간호 사역, 간호 교육, 복음 전도, 사회 구제와 여성 계몽에 헌신했다. 손배순에게 간호사 역할은 병원 시술의 능률을 올릴 수 있는 병원 제도의 중요한 부분이었다. 이러한 손배순에게 능동적이고 창의적으로 병원 간호 사역을 주도해가면서 간호훈련반을 이끈 서서평은 대단히 중요한 동역자였다. 군산에 간호학교를 설립하는 안을 한국선교회에 제안하기도 했던 서서평은 우선 5명의 한국인 보조 간호사를 선정하여 중국인과 화교 환자를 위한 중국어를, 일본인 환자를 위한 일본어를 그리고 영어를 가르쳤다. 이를 바탕으로 '간호의 이

---

26 임희모, "서서평 선교사의 초기 사역(1912~1919) 연구: 군산 구암예수병원을 중심으로," 「한국교회 역사복원 논총」 제1집 (2019): 47-83; 임희모, 『서서평 선교사의 통전적 영혼구원 선교: 20세기 선교와 21세기 한국교회의 선교신학』 (서울: 동연, 2020), 65-99.

론과 실제', 약물학과 생리학 등을 교육하였다. 군산병원은 당시 일본 남성 환자를 위한 병동과 일본 여성 환자를 위한 병동을 특별히 만들어 이들을 수용하였다. 의료비를 전액 지불하는 일본인 환자들로 인해 군산 병원의 재정적 자립이 이루어졌다. 이렇듯이 선제적인 준비와 대응을 통하여 군산병원의 의료 진료와 시술 실적은 한국선교회를 넘어 국내적으로 널리 알려졌다.[27] 1915년 초부터 서서평은 스프루로 의심되는 병으로 인하여 고통을 심하게 받았다. 그런데 4년 후에 손배순이 스프루 감염으로 인해 고통을 감내하며 사역을 지속하였다. 해리슨 부인(Mrs. Margaret Edmunds Harrison)[28]은 부간호사(Associate Nurse)로 손배순을 2년(1915~1916)간 보조했다. 손배순은 1914년부터 1917년 5월까지 간호 선교사 서서평과 동역하고 해리슨 부인의 보조를 받으면서 군산병원 사역의 질을 높였다. 그 이후 라두리(Lillie Ora Lathrop) 간호 선교사(1917~1930)와 그레이(Annie Isabell Gray) 간호 선교사(1921~1925)는 손배순이 1924년 안식년 휴가를 떠날 때까지 동역하였다.

---

27 이러한 서서평에게 대한민국은 1923년 조선간호부회 창립과 10년 회장, 1929년 국제간호협회(ICN) 가입, 간호 교과서 저술과 번역, 및 여성 교육과 계몽 등을 공적을 기려 1969년 국민훈장 동백장을 추서하였다. 서재룡, "광주제일교회 초기 역사와 인물들(1904~1934) – 최흥종, 강순명, 서서평," 서서평연구회 편, 『동백(冬柏)으로 살다–서서평선교사』 (전주: 학예사, 2018), 171–173.

28 감리교 간호 선교사인 마가렛(Margaret Jane Edmunds)은 해리슨(W. B. Harrison) 선교사와 1908년 결혼하여 남장로교 선교사로 편입되었다. 한국에 최초로 입국한 남장로교 선교사로서 군산에서 활동한 데이비스(L. F. Davis)는 해리슨과 1898년 결혼하였다. 그러나 데이비스는 한국 여성을 심방한 후 발진티푸스에 감염되어 1903년 사망했다. 1903년 한국 최초의 보구여관(保救女館) 간호학교 설립과 교장, 간호사 교육, 간호 교과서 출판, 여성 계몽의 공이 인정되어 2015년 국민훈장 동백장이 마가렛에게 추서되었다. "국민훈장 동백장에 故 마가렛 제인 에드먼즈," 「연합뉴스」 2015. 04. 07.

3) 군산병원의 한국인 의료보조자들

손배순은 한국인 의료보조인을 활용하였다. 의료보조인들은 충성심을 가지고 성실하게 의료 사역을 보조하였다. 한국선교회의 각종 선교실적 통계가 1912년부터 연례 회의록에 기록되었으나, 의료 항목이 세분되기 시작한 것은 1914년부터이다. 손배순에게 충직한 보조 의사였던 육공필과 정공선은 1913년부터 매월 18엔의 월급을 받았다.[29] 1914~1925년의 한국인 보조원에 대한 의료통계는 다음과 같다.[30]

〈표 2〉 군산 예수병원 한국인 의료 보조인

구분	의사	의료 보조인	복음 전도인	의학 생	구분	의사	의료 보조인	복음 전도자	의학 생
19 14	-	15	2	1	19 20	-	26	1	-
19 15	-	15	2	1	19 21	-	26	2	-
19 16	-	15	2	-	19 22	3	34	2	-
19 17	1	25	1	-	19 23	3	34	2	-
19 18	-	25	1	4	19 24	3	34	2	-
19 19[31]	1	10/25	N/A	N/A	19 25	2	26	2	-

---

29 *Minutes of Annual Meeting 1913*, 57.

30 "Table of Statistics for the Year 1912~1925," *Minutes of Annual Meetings 1912-1925*; 이만열, 『한국기독교의료사』, 404-405.

31 1919년 연례 회의록 통계는 의료보조인 10명과 한국인 간호사 25명으로 구분하여 기록하

군산 예수병원의 이러한 통계는 다른 선교병원의 것과 비교된다. 그러나 지면의 한계상 전주 예수병원의 것과 비교하면 군산병원의 의료보조인의 수는 2~3배가 많다.[32] 또한 손배순이 스프루 감염과 업무 과중을 호소한 1922년 이후 한국인 의사 수가 늘었다.

3. 손배순의 의료선교의 특징

1) 군산병원의 진료실적: 의료 시술과 진료소[33]

각 선교병원의 진료 실적의 수입 금액을 분석하면 아래 표3과 같다.

〈표 3〉 선교병원별 연도별 진료실적

선교부	전주 병원		군산 병원		광주 병원		목포 병원		순천 병원	
연도	의술	제약	의술	제약	의술	제약	의술	제약	의술	제약
1912	572	-	969	-	479	-	163	-	-	-
1913	1,042	-	3,218	-	-	-	574	-	-	-
1914	911	734	2,732	1,752	-	-	-	502	-	318
1915	1,004	995	3,394	1,957	-	369	-	459	-	344

고, 복음 전도자 항목과 의학생 항목은 각각 존재하지 않는다. 이 당시 의료 병상은 113개였다.

32 전주 대 군산 비율은 1914~1916년 각각 8 : 15, 1917년 10 : 25, 1918년 12 : 25, 1919년 - : 35, 1920년 9 : 26, 1921년 12 : 26, 1922년 12 : 34, 1923년 12 : 34, 1924년 7 : 34명이다.

33 본 표2의 1912~1915년의 화폐는 달러($), 1916년~1926년은 엔(¥)이다. 그리고 1912~1917년의 통계수치의 끝부분은 반올림 처리하였다.

1916	1,170	1,006	8,538	4,583	1,079	599	177	670	139	603
1917	1,123	552	5,826	2,439	986	935	463	753	1,525	1,724
1918	1,877	880	5,178	1,604	1,415	1,540	1,055	1,552	1,530	905
1919	10,250	7,500	30,763	31,179	10,145	10,150	-	-	6,069	5,868
1920	-	-	44,684	9,970	10,059	7,959	-	-	7,537	-
1921	6,782	2,416	42,200	12,012	6,259	7,458	-	-	10,110	2,883
1922	7,466	3,538	38,746	10,943	8,940	10,307	-	-	7,320	3,116
1923	6,775	2,913	40,407	18,742	8,759	9,372	-	-	4,777	4,018
1924	4,705	3,526	62,136	16,513	7,070	10,943	-	-	6,662	3,742
1925	5,946	3,131	24,701	9,462	6,555	10,115	1,665	4,047	7,295	4,618
1926	3,376	1,893	6,668	4,277	2,651	3,782	2,691	2,264	2,202	1,502

(통화: 달러$; 1916년 이후 엔¥)

군산선교부 병원의 의료 시술과 병원 약국(진료소) 사역은 다른 4개 선교 병원들의 실적과 비교할 때 현저한 차이를 드러낸다.[34] 1912년부터 세 부문(복음 전도, 교육, 의료)의 통계가 기록되기 시작하였다. 1914년부터 각 부문의 항목이 분화되었고, 특히 의료 부문은 진료소(병원 약국)의 사역 통계도 포함되었다. 병원 시술은 치료 수와 국부마취 수술과 전신마취 수술로 나뉘었고 이에 따른 수입금이 정리되었다. 본 표3은 의료 시술과 병원 약국의 수입금을 합하여 통계를 잡았다.

이 통계에 의하면 군산선교부의 1910~1923년 의료 사역은 한국선교회 내 타 선교병원에 비해 큰 차별화를 이루었고, 전국적으로도 명성이 높았다. 특히 1923년 6월 1일에 시작하여 1924년 6월 1일에 마감한 1924

---

34 1914~1923년의 의료 진료 수에 대해서는 이만열, 『한국기독교의료사』, 405. 1927~1939년의 의료 진료 수에 대해서는 송현강, "미국남장로교 전북지역 의료선교(1896~1940)," 68-69를 참조하라.

년 군산선교부의 총 의료 수익은 78,649엔(39,325달러)에 이르렀다. 이는 전주의 실적 8,231엔(4,116달러)과 광주의 실적 18,013엔(9,007달러)에 비하면 각각 9.6배와 4.4배에 이른다. 이러한 군산병원의 실적은 세브란스병원의 1923년도(1922~1923년) 의료사업 실적의 총수입 84,358엔(42,179달러)과[35] 비견된다. 1917년 당시 세브란스의전의 교수진은 한국인 교수 9명, 선교사 10명, 일본인 4명으로 구성되어 병원 진료와 시술에 참여하였다.[36] 이러한 세브란스병원과 비교하면 1인 의사로서 사역을 행한 패터슨의 능력을 짐작하기는 쉽지 않다. 이렇듯이 높은 실적을 거두고 패터슨은 1924년 6월 1일 안식년 휴가를 떠났다.

2) 박테리아와 스프루 연구 등 질병 연구

손배순은 연구하는 의사 선교사였다. 그는 수많은 의학책과 자료들을 구입하고 장비들도 개인적으로 구입하여 연구하고 의료 시술에 활용하였다. 1912년 한국의료선교사협회(Korea Medical Missionary Association)의 연례 회의에서 논문을 발표했다. 제목은 "외과 수술과 세균학"(Bacteriology of Surgical Work)이었다.[37] 그는 실제로 외과 수술에 있어서 실험실과 담당자의 ―대개 보조자로 활용하는데― 역할을 강조하고 특별 전문가로 대우하여 박테리아 수의 많고 적음 등을 즉각 보고토록 하여 수술의 성공률을 높일 수 있다는 것이었다.[38]1916년 4월 26~27일에 세브란스병원에서 열

---

35 이만열, 『한국기독교의료사』, 324.

36 앞의 책, 316-317.

37 "Korea Medical Missionary Association," *The Korea Mission Field* (1913), 13.

38 Jacob B. Patterson, "Medical Efficiency of Our Institutions," *The Korea Mission Field*

린 연례학술대회에서 손배순은 "한국 부인에게 자주 발견되는 '방광질 누관'에 관한 논문을 발표하였다.[39] 이러한 세심한 연구와 관찰을 통하여 당대의 가장 유능한 외과의사로 순배순은 군산병원의 명성을 높였다.

손배순은 스프루 병에 걸려 무척 시달렸다.[40] 그는 1922년 북경연합 의과대학이 연구하는 스프루 질병 원인 규명에 협력 요원으로 추천되었고(66), 이를 연구하여 후에 발표하였다.[41] 그가 밝힌 스프루의 특징의 하나가, 서서히 소모와 피로감을 느끼는 과정이 오랫동안 지속되다가 의사를 찾아가는 지경이 되면 급격히 소모와 피로를 느끼게 되고 무기력에 빠지게 된다는 것이다. 혀가 아프고 복통이 일어나고 새벽에 설사가 일어나고 몸무게가 현저히 줄어든다.[42] 이러한 증상을 심하게 느낀 손배순은 결국 갑자기 1922년 실행위원회에 사직원을 제출했다. 그러나 한국 선교회의 배려로 1924년과 1925년 안식년을 연거푸 보냈지만, 결국 현장으로 복귀하지 못하고 사직서가 수리되었다.

(1914), 195.

39 손배순(Patterson, Jacob B.), "한국 부인에게 자주 발견되는 '방광질 누관'에 관한 논문," 이만열, 『한국기독교의료사』, 351.

40 1919년과 그 이후 손배순의 연례회의 참석을 살펴보면 그는 뒤늦게 출석하고 조기 퇴근을 하는 행태를 자주 보였다. 여기에는 2가지 경우가 겹쳐있다. 업무 과중으로 인한 건강 악화, 이를 뒤집어보면 건강 악화로 인한 업무 효율성 저하 즉 업무 과중(사실 업무가 그에게 너무 많았지만)을 더 느끼게 된다. 이것을 매개하는 고리가 스프루 감염이다. 스프루 감염으로 인하여 건강 악화와 업무 효율의 저하가 일어나고, 이러한 능률 저하는 '업무 과중'을 더 증폭시켰다. 손배순은 업무 과중과 건강 악화로 조기 사직을 하고 귀국하였다. 9년 후, '그렇게도 갑작스럽게'(So Suddenly) 생을 마감한 그에 대한 아쉬움과 존경을 담은 추모사는 1933년 연례 회의록에 남아 있다. *Minutes of the Annual Meeting 1933*, 36. 1924년 연례회의 침석자 일동의 이름으로 그에게 보낸 입직과 복귀 기원 문건은 여기 추모사 못지않게 감동을 준다.(22-23쪽)

41 Jacob B. Patterson, "The Danger and Prevention of Sprue," *The Korea Mission Field* (1924) : 125-126.

42 앞의 글, 125.

3) 병원 선교의 능률성 제고: 병원 개조와 시설 확충 및 스태프 교육

순배순은 선교병원의 능률을 높이는 데 있어서 의사의 시술 능력 못지않게 중요한 요소를 제도(Institutions)로 보았다.[43] 여기에서 제도란 건물과 시설, 시스템, 간호사, 의료보조자, 조수 및 실험실 스텝 등 관련자들을 말한다. 손배순은 이러한 제도들의 향상을 통해 병원 사역의 진보와 수준을 높이기 위하여 부단히 노력하였다. 그는 2가지 건물 양식을 말하였다. 하나는 작은 병원이나 시골병원에 맞는 것으로 토착 주민(한국인)에게 어울리는 한국적 건물 양식과 온돌 바닥의 병실을 강조했다. 다른 하나는 서양 건물 양식의 병원인데 교육하고 활동하기에 편리하다는 것이다. 그는 이 둘의 조화로움을 강조했다. 구암 동산에는 한국식의 온돌 병동과 서양식의 병원 건축물과 시설이 섞여 이곳저곳에 흩어져 있었다.

이러한 관점을 지닌 손배순은 날로 커지는 환자들의 요구와 병원 환경의 변화에 따라 낡은 옛 병원을 개조하였다.[44] 1911년 여름과 가을에는 매일 방문하는 환자(한국인과 일본인)들이 70~80명에 이르렀다. 이 환자들을 치료하기 위하여 전통적 한국식의 건축을 바탕으로 서양식 병원으로 개조하였다. 또한 한국인 환자들에게 따뜻한 온돌 병실을 만들어 환자 가족이 밥을 해먹기도 하는 등 편의를 제공하였다.[45] 일본인 환자를 위하여 별도 병동을 운영하였다. 이렇듯이 다양한 병원 건축과 시설물 및 각종 병동을 갖추었다.[46]

---

43 Jacob B. Patterson, "Medical Efficiency of Our Institutions," *The Korea Mission Field* (1914): 194-196.

44 Jacob B. Patterson, "Note from Kunsan," *The Korea Mission Field* (1913): 12-13.

45 William Hollister, "History of Medical Work at Kunsan Station," 591.

또한 손배순은 한국인 의사, 보조인이나 실험실 조수 혹은 간호사를 양성하고 훈련하였다. 한국인을 이해하고 이들에게 알맞은 교육과 훈련을 시켜 병원 시술에 참여시켰다. 이들 보조자들과 간호사의 협력 덕분에 1인의 의사가 도저히 해낼 수 없는 진료와 수많은 수술을 할 수 있었다. 이러한 협력적 사역을 위하여 한국선교회는 손배순의 사역 계획을 검토하고 적극적으로 지원하여 적절한 의료 요원을 배치하도록 지원하였다.[47]

4) 자기희생적 섬김을 실천한 의료선교사 손배순

손배순이 실행위원회에 사직원을 제출한 사실을 뒤늦게 알게 된 한국선교회는 1923년 조정위원회를 열어(1924.1.31.~2.1. 전주) 그와 대화를 나누었다. "군산병원이 닫히게 되면 어떻게 할 것인가?"(79) 라며 대안을 묻자 "나는 나의 가족─그의 부인도 건강 악화가 심하였다─이 귀국하더라도 나 자신은 홀로 남아서 의무를 다할 것"이라는 안을 제시했다. 손배순 가족의 영구귀국이 예상되는 상황에서 조정위원회는 그의 제안에 대하여 다음과 같이 결정했다. "군산(병원)에서 빛나는 봉사를 행한 손배순 박사에게 깊은 감사를 드리며 또한 그가 가족과 떨어져서 홀로

---

46 다양한 건물과 시설이 들어선 구암 언덕의 병원 구역을 '패터슨의 감자(혹은 오이) 덩굴'(Patterson's Potato or Cucumber Vine)이라고 불렀다. 소피 몽고메리 크레인, 『기억해야 할 유산』, 80, 282.

47 손배순의 사역이 원활하게 진행되도록 1921년에는 Miss Katie Harrington을 병원 Secretary로 임명했고, 또한 Lathrop이 정규 간호원으로 근무하고 있는 상황에서 Annie Isabell Gray 간호원(R.N.)을 추가로 배치했다. *Minutes of Annual Meeting 1921*, 42, 47. 1922년에는 치과의사인 Dr. Killum Levie를 군산선교부에 배치하였다. *Minutes of Annual Meeting 1922*, 47.

남아 봉사하겠다는 그의 위대한 희생정신에 감탄하면서 본 조정위원회
는 그의 안을 수용하면 이는 현명치 못한 처사가 될 것으로 판단한다"라
는 기록을 남기고 위원회(R. Coit, L. Newland, S. Winn) 이름으로 그에게
이를 통보하였다.[48] 이러한 대화와 진술은 손배순의 자기희생적 삶과
정신을 여실히 보여준다. 그는 자기희생을 통하여 가족을 사랑했고 군산
예수병원을 최고의 자리로 끌어올렸다. 스프루로 고통을 겪으면서도 한
층 더 자기희생을 감내하려는 손배순에게 한국선교회는 그의 사직원을
수용함으로써 그의 헌신에 감사하였다.

또 하나의 자기희생적 예는 구체적으로 자기의 경비를 들여 손배순
이 병원 기자재와 각종 의학서적을 구입하여 활용했다는 사실이다. 1923
년 의료위원회는 티몬스 의사에게 군산병원에 있는 의료 도구와 장비
등 개인적으로 순배순이 구입한 것들을 조사토록 하여 465.60달러를
그에게 보상했다.(1923, 83, 91) 이러한 자기희생의 따뜻한 정신이 가정에
도 가득 찼다. 이러한 정신으로 운영된 군산병원은 오래전부터 극빈 환
자들에 대하여 자선 치료를 많이 했다.[49] 특히 손배순 부인은 타 지역에
서 진료 차 내방한 외국인(선교사) 환자들을 자기 집에 들여 기거하게
하고 치료가 끝날 때까지 간호를 했다.[50]

---

48 *Minutes of Annual Meeting 1923*, 79.

49 1899년 일제의 침략으로 개항을 한 군산과 그 지역은 수탈당한 농민층 등 극빈자들이 많
　아 무료 진료 및 치료가 필요하였다는 것이다. (W. B.) Harrison, "Notes from Kunsan,"
　KMF (Sept. 1907), 132.

50 William Hollister, "History of Medical Work at Kunsan Station," 591.

5) 자립 원칙과 의료 선교

손배순은 군산병원이 기본적으로 자립해야 함을 강조했다.[51] 군산병원의 자립 정책은 두 가지 방향에서 진행되었다. 하나는 병원이 고용한 한국인 의료보조자 인건비를 지급하는 일이다. 1915년부터 서서평 선교사가 병원 내 간호학교를 운영하였다. 이로 인하여 배출된 한국인 간호원이 1919년 군산병원에만 25인이 있었다. 이외에도 패터슨의 한국인 조수 혹은 보조 의사가 있었다. 병원에 종사하는 한국인 보조자 인건비는 한국선교회가 군산병원을 위해 1911년 이래 300달러를 책정했다. 보조 의사인 육공필과 정공선에 대한 월급은 각각 18엔(9달러)으로 이 두 사람의 인건비만 해도 연 200달러를 상회한다. 이러한 상황에서 활동 실적이 타 병원에 비해 월등히 큰 군산병원은 더 많은 요원들을 필요로 했고, 이에 따라 보조자 인건비가 많을 수밖에 없었다. 이들에 대한 인건비는 군산병원이 자체적으로 해결했으나 이들의 처우에 대한 자세한 기준은 알려져 있지 않다.[52]

다른 하나는 병원의 운영비와 시설비 지출이다. 예를 들면 1920년 병원 시설 예산을 승인받는 과정에서, 격리병동 지붕의 볏짚을 걷어내고 타일로 바꾸는 작업에 1,600엔이 필요하고, 이 중 600엔이 이미 준비되

---

51 *History of Kunsan Medical Work, typescript* 재인용(소피 몽고메리 크레인, 『기억해야 할 유산』, 80, 282).

52 한국인 의사에게 지급될 수 있는 최고액은 1919년 90엔이었으나(59쪽), 1920년에 125엔까지 허락되었다.(33쪽) 그러나 한국선교회는 1924년 패터슨의 안식년 휴가로 인하여 면허를 가진 한국인 의사를 긴급하게 초빙하면서 월 200엔의 봉급을 주기로 했다.(54쪽) 참고로 1921년 한국선교회 산하 남학교의 한국인 교사의 월급은 학력에 따라 달랐는데, 고등과 졸업자 30엔, 별과 졸 35엔, 대학 2년제 졸 40엔, 대학교 졸 55~70엔, 일본 대학교 졸 80엔이었다.(32쪽)

었다고 보고했다.(22) 그런데 1921년 예산 집행에 있어서 이 항목과 비용 1,600엔이 들어있지 않다.(50-51) 이 항목은 자립 원칙에 따라 군산병원이 자체 부담한 것으로 이해된다. 축적된 기금을 활용하여 1926년에도 군산선교부는 간호학교를 세우려는 의지를 가졌으나, 이를 행할 수 없었다.(109) 패터슨의 후임자로 1924년 부임한 브랜드(Louis Christian Brand) 선교사가 그동안 축적된 기금 등을 활용하여 1926년 군산병원에 대한 대대적인 개조와 더불어 시설을 확충하였다.[53]

IV. 결론

군산선교부의 의료선교 초기 드루가 전국적으로 명성을 얻었고, 뒤이어 알렉산더와 다니엘과 오긍선에 이르러 군산병원은 한국선교회 내의 타 병원 선교와 차이를 냈다. 알렉산더의 지원을 받은 오긍선이 의학박사를 취득하고 1907년 귀국하여 군산에 투입되면서 그동안 터전을 잡은 다니엘의 의료 사역(1904~1908)의 질적 수준이 높아졌다. 1907년~1910년 오긍선의 의료 시술과 한국인 의료인 양성이 주목을 받아 군산병원은 국내에서 명성을 얻기 시작했다.

이러한 상황에서 1910년 손배순은 한국어와 한국문화를 익혔고, 바로 그 이듬해부터 병원 선교를 이끌며, 의료시설과 시술 능력과 병원 제도의 우수성과 탁월성을 확보하려고 노력하였다. 1910~1923년 의료시술의 세 측면, 즉 의사 자신의 뛰어난 의학지식과 능력, 실행위원회와

---

53 William Hollister, "History of Medical Work at Kunsan Station," 591.

한국선교회의 재정 지원으로 병원 시설과 장비 구입, 여기에 특히 1914~1917년 서서평 선교사가 간호 사역의 토대를 놓고 한국인 간호사와 의료보조인을 양성하는 등 이들의 능력 향상을 이루었다. 즉 의사 손배순의 자질과 능력의 탁월성, 병원 시설과 장비의 확보, 및 병원 제도의 효율성 제고 등이 일어나 최고 수준의 군산병원을 만들고 최고의 실적을 달성하였다.

의료선교사 손배순은 전통적 통전 선교를 행하여 의료 시술을 행하는 한편, 복음을 전하면서 특히 대기실에서 순서를 기다리는 환자들에게 복음 전도인이 복음을 전하도록 도왔다. 손배순은 한국인 의료보조 인력을 교육하였고 환자들을 사랑하여 정성을 다해 헌신하였고 이들의 삶의 질을 향상시켰다. 손배순 역시 드루와 서서평처럼, 한국인을 사랑하고 헌신적으로 의료 선교를 행하고 복음을 전하고 봉사하면서도 자신의 건강은 돌보지 못함으로써 순교자적 선교를 행하였다. 1919년부터 그에게 닥친 스프루 감염 조짐은 건강 악화와 업무 과중을 초래하여 결국 1922년 손배순은 실행위원회에 사직서를 제출하고, 2년간(1924.6~1926.3)의 안식년 휴가를 보냈지만, 군산으로 복귀하지 못하였다.

손배순에 뒤이어 군산병원의 사역을 책임 맡은 브랜드(Louis C. Brand) 선교사와 홀리스터(William Hollister) 선교사, 윌슨(James S. Wilson) 선교사는 이전 군산병원의 명성을 회복하지 못하였다. 그리고 미국 선교사들이 1940~1941년 한국에서 퇴거하자, 일제는 군산선교부 재산을 몰수하고 일본인들에게 매각하였다.

11장

서서평 선교사의 초기 간호 사역 연구(1912~1919)

— 군산 구암 예수병원 사역을 중심으로*

I. 서론

서서평(徐舒平, 쉐핑, Elisabeth J. Shepping, R.N., 1880~1934)은 미국남장로교 총회의 해외선교실행위원회(이하 실행위)가 간호선교사로 한국에 파송하여 1912년 3월 19일에 입국하여 간호 선교, 교육 선교, 사회 선교, 복음 전도에 헌신하였고, 1934년 6월 26일 광주 선교 현장에서 순직하였다.[1]

당시 남장로교의 선교 정책인 삼각 선교 전략(Triangular Method)을 간략하게 설명할 필요가 있다. 남장 총회 실행위의 선교 정책은 순회

---

* 임희모, "서서평 선교사의 초기 간호 사역 (1912~1919년) 연구 — 군산 구암 예수병원 사역을 중심으로," 「한국교회역사복원논총」 Vol.1 (2019) : 47-83.

1 1934년 2월 17일부터 시작된 오랜 병상 생활에서 서서평은 죽음을 앞두고 지인들과 제자들에게 유언을 하였다. 그녀는 애제자 오복희에게는 "광주천 강변 빈민들에게 전도해라"라는 말을 남겼다. 백춘성, 『천국에서 만납시다』 (서울: 대한간호협회출판부, 1996), 191.

전도와 교회 개척 및 목회를 담당할 목사 선교사, 기독교학교 교육을 담당할 교사 선교사, 병을 치료할 의료선교사로 의사와 간호사 그리고 여성과 어린이들을 위하여 복음 전도를 담당할 독신 여성 선교사 등을 각 선교부에 배치하여 이들을 총체적으로 아우르는 통전 선교를 하였다. 미국남장로교의 한국 주재 선교회(이하 한국선교회)의 경우 선교사들의 구성 비율을 살피면 복음 전도, 기독교교육, 및 의료 선교의 비율은 각각 30%: 33%: 26%이고 미확인은 11%였다.2 당시 인간에 대한 헬라철학적·이원론적 이해를 바탕으로 영혼 구원을 최우선으로 강조하다 보니 목회자 선교사가 가장 중요한 위치를 차지했고, 교육 선교사와 의료 선교사는 부차적 존재가 되었다. 그러나 교육과 의료 선교사들 역시 이들의 본업의 중요성만큼 현지인의 영혼을 구원하기 위하여 복음 전도를 같은 비중을 들여 실행하였다. 이러한 구조를 지닌 한국선교회의 4개 선교부(전주, 군산, 목포, 광주)가 1904년까지 조직되었고, 1913년에 세워진 순천 선교부도 이러한 구조를 갖추었다.

한국선교회의 이러한 선교 행정과 구조에서 서서평은 선교사에게 먼저 필수적인 1년 차, 2년 차, 3년 차 언어 공부와 한국문화에 적응하였다. 서서평은 이후 병원 간호와 행정, 간호사 교육과 훈련, 교회의 주일학교 사역, 성경 강의와 성경 교사 훈련, 간호 교과서 번역 사역, 조선간호부회 조직과 지도, 국제간호협의회 회원 가입, 부인조력회(여전도회) 조직 및 남장로교 선교 지역인 호남을 넘어 전국 조직으로 확대하여 4개 장로교 (북장, 남장, 호장, 캐장)의 선교회 전국여전도회 연합회를 조직하는데 기여

---

2 인돈학술원 편,『미국 남장로회 내한선교사 편람(1892~1987)』(대전: 한남대학교 출판부, 2007), 59.

하였고, 다양한 개인적 사회 구호·구제 사역, 지역사회 변혁 사역 등을 실시하였다.

지역적으로 서서평은 광주, 군산, 서울에서 근무하였다. 그리고 복음 전도와 성경 교육을 위하여 호남권인 전주와 순천은 물론 제주도를 6회 왕래하였고, 추자도에서도 복음 전도를 하였다. 서서평은 또한 전국적 차원의 단체에서 회장 혹은 임원으로서 활동한바, 조선간호부회 회장으로서 10년 그리고 한국의 4개 장로교선교회를 포함하는 전국여전도연합회의 사무총장·부회장으로서의 5년의 활동은 호남 지역 범위를 훨씬 넘어섰다. 서서평의 이러한 다양하고 광범위한 사역은 선교 초기부터 광주와 군산과 서울 지역으로 확산되었다. 이러한 의미에서 서서평의 선교 사역을 총체적으로 이해하기 위해서는 그의 초기 사역(1912~1919)을 집중하여 연구할 필요가 있다.

본 글에 나타난 서서평의 초기 사역을 규명하기 위해서는 우선 한국선교회 내에서 서서평의 인사 문제의 복잡함을 선명하게 해명할 필요가 있다. 이를 위하여 한국선교회의 모든 선교사들이 참석하는 연례 회의의 업무를 공식적으로 기록한 연례 회의록을 자세하게 검토할 필요가 있다. 연례 회의 개최 시 출석부에 기록된 소속 선교부, 보고 및 활동 부서와 업무 등을 중심으로 서서평이 행한 사역의 성격을 살필 수 있다. 이 시기에 서서평은 지리적으로 광주 사역(1912.03~1914.08)을 거쳐 군산 사역(1914.09~1917.08)을 넘어 서울에서 세브란스간호부양성소 운영과 간호사 훈련(1917.09~1919.10)을 담당하였다. 초기 사역에서 서서평은 간호사로서 기본적으로 언어 공부(한국어 이외에 일본어와 한자)와 병원 사역에 집중하였고, 지역의 여성을 대상으로 전도 활동과 구제 사역을 행하였다. 이러한 활동 분석을 위한 자료로는 남장로교 한국선교회의 1912~1919년까지의 연례 회의록을 주로 분석하고, 이외에 실행위에 보고한 편지와 기고문 등을 분석할 것이다. 그리고 한국 주재 선교사들의 기고문이 게재된 *Korea Mission Field*를 참고하고, 백춘성 장로의 책『천국에서 만납시다』3에 기록된 내용으로 한국인들이 해석한 서서평 활동에 대한 2차 자료들도 활용할 것이다. 이러한 본 글은 우선 서서평의 사역지에 따라 광주, 군산 그리고 서울 차례로 연차 보고서를 분석하여 서서평의 공식적 일정과 사역과 임무 및 이외에 간간이 서서평의 개인적인 사역들을 정리하고, 그 특징을 간략하게 분석할 것이다. 특히 본 글은 군산 구암예수병원 사역을 중점적으로 연구하기 위하여 군산선교부4의 설립과 관계 기관들을 분석하고 사역의 특징을 기술할 것이다.

서서평이 주로 활동한 전라남도(광주, 추자도, 제주도 포함) 사역은 그녀의 전라북도 선교와 깊은 관련을 갖는다. 1922년 서서평을 중심으로 광주에 여자성경학교가 세워졌는데, 한국선교회가 이를 전남초급여자성경학교로 1924년에 인준하였고, 1926년에는 건물을 짓도록 기금을 희사한 독지가의 이름을 따 이일성경학교(Neel Bible School)로 명명하였다. 전주에 1923년에 세워진 전북초급여자성경학교(1928년 이후 한예정기념성경학교)와 1961년 통합되어 전주에 한일여자신학교(한일장신대학교 전신)로 발전되었다. 이러한 맥락에서 서서평 선교사가 1914~1917년에 행한 전북 군산 활동과 전주에서 실시한 여자성경반 강의 등은 오늘날 한일장신대

---

3 초판은 1980년에 대한간호협회출판부가 출간하였고 증보판은 1996년에 인쇄되었다.
4 본 글은 4가지 용어를 다음과 같이 구분한다. 즉 미국남장로교해외선교실행위원회는 실행위, 미국남장로교한국선교회는 한국선교회, 한국선교회 산하 5개 선교부는 즉 군산, 전주, 목포, 광주 및 순천 등으로 쓴다. 그리고 위원회는 각 선교부가 대표로 파송한 선교사들이 논의하고 의결하는 한국선교회의 상시적 기구이다.

학교의 선교교육과 직접적으로 관련을 갖는다. 이러한 의미에서 서서평의 군산 사역을 집중적으로 분석한 본 글은 서서평이 전북에서 행한 선교 사역의 일부를 밝히는 의미를 갖는다. 이에 따라 오늘날 전주에 위치한 한일장신대학교의 선교 교육은 이전부터 호남, 즉 전북과 전남과 제주도에서 행한 서서평의 성경 교육을 계승하여 발전된 교육임을 확인할 필요가 있다.

II. 광주 선교부 소속 서서평 선교사의 사역 (1912~1914)

1. 한국선교회 연례 회의록에 나타난 서서평의 사역과 임무

1912년 서서평은 광주 선교부 소속으로[5] 1년 차 언어 공부를 합격해야 했다.[6] 어학 시험은 구술시험과 필기시험으로 구성되었다. 특히 훈련된 간호사로서 어느 누구라도 1년 차 구두시험과 필기시험에 합격하지 못하면 의료 사역을 할 수 없다는 것, 그러나 예외적으로 응급상황에서 의사가 요청할 때는 가능하다는 규정에 따라[7] 서서평은 입국 1년 동안 언어 공부에 집중하였다. 실행위가 한국에 파송한 최초 간호 선교사로서 군산에 1905년에 도착한 캐슬러(Ethel E. Kestler)는 1912년 1월 27일에 군산에서 전주로 옮기고 싶다는 편지를 한국선교회에 보낸 적이 있는데,

---

5 *Minutes of Twenty-First Annual Meeting Southern Presbyterian Mission in Korea, Kwangju, Korea, August 3-August 13,* (1912), 4.

6 Ibid., 27.

7 Ibid., 29.

선교회는 곧 케슬러의 전주 이동을 허락하였다.[8]

　　1913년 연례 회의록에 의하면, 서서평 선교사는 광주 선교부 소속으로 1년 차 구두시험과 필기시험에 합격하였다.[9] 이에 서서평에게 주어진 업무는 병원 사역 외에 지역 여성을 대상으로 복음 전도 사역을 보조하는 일이었고, 또한 2년 차 언어 공부를 계속하는 것이었다.[10]

2. 서서평 선교사의 초기 활동: 광주 시기(1912.3~1914.8)

　　전주 선교부로 떠난 케슬러 간호 선교사를 뒤이어 언제부터 서서평 선교사가 군산에서 사역을 시작하였는가? 부명광은 1912년에 서서평이 군산선교부에서 활동한 사항을 기록하고 있다.[11] 한편 송인동은 서서평이 광주에서 4년을 보낸 후 1916년부터 군산선교부에 소속되었다고 한다.[12] 그러나 이들의 서술은 앞서 보았듯이 1912년 연차 보고서와 1914년 연차 보고서에 의하면 잘못된 것이다.[13]

　　서서평은 1912년에 언어 공부에 집중하여 1년 차 구술시험과 필기시

---

8 Ibid., 48; 29.

9 *Minutes of Twenty-second Annual Meeting Southern Presbyterian Mission in Korea, Chunju, Korea, August 21-September 1, 1913*, 74-75. 1년 차 언어시험도 매우 까다로운 것이어서 '하다' 등 동사 어미의 수많은 변형, 예시에 나온 30개의 어미 변형을 숙달해야만 통과할 수 있다. Ibid., 76-79.

10 Ibid., 35.

11 George Thompson Brown(한국명 부명광), *Mission to Korea, Board of World Missions*, Presbyterian Church U. S., 1962, 242. 또한 순천선교부에서 사역할 Miss Anna Lou Greer, R.N.도 광주에 소속되었다. Ibid., 241.

12 송인동, "서서평(E. J. Shepping) 선교사의 언어와 사역," 「신학이해」 제40권 (2011), 179.

13 이만열은 『한국기독교의료사』. 2003, 404쪽에는 1912년에 군산에 부임하였다고 기록하고 409쪽에는 1912년에 광주에 부임한 것으로 기록하여 혼선을 빚고 있다.

험에 합격하여 병원 사역을 시작하였다. 의사 선교사와 훈련받은 간호사(R.N.)는 1년 차 어학 시험에 통과해야만 업무를 수행할 수 있다는 규정을 만들어 한국선교회가 한국인 환자들과 소통하는 의료 선교와 질병 치료를 강제하였다. 당시 훈련된 간호사로 활동한 선교사는 1905년에 입국한 군산의 케슬러, 1907년 전주에 도착한 Emily Cordell(1909년 H. D. McCallie 선교사와 결혼하여 목포로 떠남), 1910년에 전주에 도착한 Laura M. Pitts(1911년에 정읍에서 사망), 1912년에 도착한 간호사는 목포의 라두롭(Lillie Ora Lathrop), 순천의 그리어(Anna Lou Greer)와 서서평 선교사 등이었다. 1913년 연차 보고서는 서서평은 1년 차 언어 공부로 두 과목 모두 합격, 라두롭은 구술시험 합격, 그러나 그리어의 이름은 나타나지 않는다.14 어학 시험에 합격한 서서평은 너무나 활발하게 여러 사역에 참여하며 긴장을 유발시켰다.15 다음의 몇 사례들이 서서평의 근면성과 열정을 말해주고 있다.

서서평은 광주 선교병원의 간호 사역과 행정 및 퇴원 환자의 생활까지도 책임지려는 의무감을 가지고 병원 사역을 하였다.16 1913년 6월 1일 이후 윌슨(R. M. Wilson) 선교사가 안식년으로 떠나자17 타마자(John Van Neste Talmage) 선교사와 함께 그녀는 봉선리 나병원과 나화자교회

---

14 *Minutes of Twenty-second Annual Meeting Southern Presbyterian Mission in Korea, Chunju, Korea, August 21-September 1, 1913*, 74-75.

15 서서평의 업무 참여의 역동성은 이 글의 다음 장에서 보다 자세하게 기술하겠지만, 1914년 이후 군산 구암예수병원 사역에서도 나타난다.

16 Mary L. Dodson, "Sunemy-A Little Korean Christian Girl," *The Missionary Survey* (Aug. 1915) : 594-595.

17 *Minutes of Twenty-second Annual Meeting Southern Presbyterian Mission in Korea, Chunju, Korea, August 21-September 1, 1913*, 34.

에서 사역을 하였다. 특히 봉선리 나병원의 여성 병동에 입원한 여성 환자들이 여기 봉선리교회에 다니면서도 삶에 지치고 피곤하여 소망을 잃고 서로 소리쳐대면서 곧잘 싸웠다. 이러한 상황에서 서서평 선교사가 이들에게 성경을 가르쳐 순화시켰는데, 이들은 착한 기독교인들이 되었다.[18] 또한 서서평은 서로득 선교사 부인이 주도하는 광주 여자산업학교에서 공부하는 연이(Yunnie)를 도왔다. 연이는 산업학교에서 뜨개질을 배워 자활하는 교육을 받던 중, 예수를 믿었던 부친이 죽자 계모가 피가 나도록 어린 동생들을 때리는 등 학대가 심한 것을 알고 절망에 빠졌다. 결국 연이는 계모의 학대로부터 동생들을 빼내기 위하여 대책 없이 학교로 이들을 데려왔다. 이러한 상황에서 연이가 서서평 선교사에게 도움을 청하자 서서평은 이들을 책임지고 돌보며 지원하였다.[19]

3. 서서평 선교사의 초기 광주 지역 사역의 특징

광주 선교부는 1904년 12월에 시작되었다. 놀란(Joseph Wynne Nolan, M.D.) 의료선교사가 1904년 8월에 입국하여 목포 선교부에서 진료를 시작하고, 1905년 11월 20일 광주진료소를 개설하였지만, 1907년 4월에 선교사직을 사임하였다. 1908년 광주에 부임한 윌슨(Robert Manton Wilson) 선교사와 1912년 3월 한국에 도착한 서서평 선교사가 광주로

---

18 *The Missionary Survey* (May 1915) : 358-359; *The Missionary Survey* (June 1915), 455. 타마자(John Van Neste Talmage)/마성식·채진홍·유희경 옮김, 『한국 땅에서 예수의 종이 된 사람』(서울: 한국장로교출판사, 1998), 30.

19 Lois H. Swinehart, "Kwangju Girl's Industrial School," *Korea Mission Field* Vol. XI No.1 (1915. 1.), 22.

간 사연은 대략 다음과 같다. 1904년 전주에 도착한 포사이드(Wiley H. Forsythe, M.D.) 의료 선교사가 방문 진료를 위하여 만경을 향해 가던 길에서 1905년 3월 강도들에게 부상을 당하였는데, 상처가 깊어 한국에서 치료할 수 없었다. 이로 인하여 그는 치료차 미국에서 1906~1909년 3월까지 체류하는 동안 학생자원운동(SVM)에 참여하여 뉴욕에서 머물렀다.[20] 1908년 그는 뉴욕 성경교사훈련학교의 선교사 훈련 과정(단기과정)에서 공부를 하고 있던 윌슨(당시 뉴욕에서 이비인후과 의사로 활동 중) 의사와 정규과정에서 공부하는 셰핑 간호사를 만나 한국의 광주 선교병원이 의사와 간호사를 필요로 한다는 소식을 알렸다.[21] 이에 이들은 한국 의료 선교사로 지원하여 실행위의 파송을 받았다. 윌슨 의료선교사는 1908년 2월에 한국에 도착하여 1911년 제중병원을 건축하였고, 1912년 광주의 변두리 봉선리에 나환자병원을 건축했다.[22] 이러한 상황에서 광주 선교부는 훈련받은 간호사(R.N.)가 필요하였는데, 1912년 3월 서서평 간호 선교사가 광주에 부임하였다.

　1년 차 간호 선교사로서 서서평은 언어 습득과 문화 적응에 집중하여 1913년 상반기에 1년 차 구술시험과 필기시험에 합격하였다. 2년 차 간호사로서 서서평은 1913년부터 주된 임무로 병원 사역을 하고, 보조 임무로 지역 여성 복음사역을 돕고 언어 공부를 계속하였다. 이러한 공식적 업무 이외에 서서평은 나환자 병원과 나환자 교회에서 여성 환자들에

---

20 양국주, 『살아있는 성자 포사이드』(서울: 서빙더피플, 2018), 116-117.

21 Lois Hawks Swinehart, "Elise Johanna Shepping – A Missionary Deborah," Hallie Paxson Winsborough, compiled, *Glorious Living* (Atlanta(Ga): Committee on Woman's Work Presbyterian Church, U.S., 1937), 161.

22 광주기독병원선교회, 『제중원 편지1』(광주기독병원선교회, 2015), 84.

게 성경을 가르치고 복음을 전하였고,[23] 가난한 여성들의 자활 산업교육에도 관심을 가졌는데, 집을 뛰쳐나와 오고 갈 데가 없는 연이와 동생들을 기꺼이 도왔다.

광주 체류 시기(1912. 03~1914. 08)에 전문인 간호 선교사 서서평의 활동을 분석하면 4가지 사역으로 특징화된다. 첫째, 선교사로서 기본으로 갖추어야 할 한국어를 말하고 쓰기에 집중하고 한국인을 이해하는 일에 열심을 냈다. 둘째, 본업으로서 사역의 주된 업무인 병원 간호 사역에 집중하여 일반병자들을 돌보았고, 윌슨 원장의 안식년 휴가에는 병원을 책임감을 갖고 운영하였다. 그리고 이들로부터 격리당하여 따로 마련된 봉선리 나환자 치료소에서 나환자들을 돌보았다. 셋째, 복음 전도 사역에 헌신하였다. 나환자 특히 여성 나환자들에게 성경을 가르쳐 새로운 삶을 살게 하였다. 그리고 지역 여성을 대상으로 복음 전도를 하는 일을 도왔다. 넷째, 측은지심의 발로에서 시작된 여성 나환자들을 가까이 하여 치료하고 복음을 전하고 성경을 가르쳤다. 또한 복음 전도 사역으로써 삶의 질을 높이려는 기술실업학교(Industrial Work)에서 불우한 학생들을 돕고 구제하였다. 사회적으로 차별받고 소외당하는 가난하고 불우한 여성들을 위하여 헌신한 것이다.

---

23 한규무, "광주선교부의 복음선교," 순천대 인문학술원 학술대회 자료집, 「미국 남장로회 한국선교」 (2024.11.15.~16.), 56-57.

III. 군산선교부 소속 서서평의 구암예수병원 사역
(1914. 09~1917. 08)

1. 서서평과 연차 보고서(1914~1917)

1914년 연차 보고서에 의하면 서서평은 군산선교부에 소속하여 연합 공의회에 참석할 수 있는 15명의 1인으로 지명되었고,[24] 2년 차 구두시험 에 합격하였다.[25] 당시 1912년 한국에 도착하여 목포에서 활동하는 라두롭(Lillie Ora Lathrop) 간호사가 군산선교부로 전입하려고 노력하였지만, 한국선교회가 이를 거절하였다.[26] 그 대신에 서서평이 군산에 부임하였는데, 그녀에게 부여된 업무는 언어 공부, 병원 사역, 지역 여성에 대한 복음 전도 사역과 주일학교 사역이었다.[27] 1915년 연차 보고서는 서서평을 군산선교부에 소속시켰고, 병원 사역과 지역 복음 전도 사역과 언어 공부를 계속하도록 했다.[28] 서서평은 전라북도 지역 여성성경학원(Bible Institute, 전주 소재)에서 1915년 하반기에 성경을 교육하였고,[29] 멜볼딘여학교에서 하위렴 선교사 부인(Mrs. Edmunds Harrison)[30]과 함께 주당 14

---

24 *Minutes of Twenty-third Annual Meeting Southern Presbyterian Mission in Korea, Mokpo, Korea, August 22-September 1, 1914*, 7.

25 Ibid., 67.

26 Ibid., 29.

27 Ibid., 35.

28 *Minutes of Twenty-fourth Annual Meeting Southern Presbyterian Mission in Korea, Kwanju, Korea, October 29-November 11, (1915)*, 36.

29 Ibid., 39.

30 하위렴 목사 부인(Mrs. Margaret Harrison)은 1915년 멜볼딘여학교의 실과교육 감독직과 부간호사(Associate Nurse) 사역과 복음 전도 사역 임무를 맡았다(앞의 책, 36).

시간의 실과교육을 담당하였다.[31]

특이하게도 1915년 한국선교회의 의료위원회가 다음과 같은 4가지 결정 사항을 보고한 것이다.[32] 먼저, 의료위원회는 세브란스의학전문대학이 제출한 6개 선교회들(4개 재한 장로교선교회, 2개 재한 감리교 선교회)의 연합 사역안을 채택하고, 여기에 파송할 의사와 간호사에 대한 비용 지불안을 실행위가 검토하도록 제안하였다. 둘째, 페터슨(Patterson) 의사의 제안대로 의료위원회는 군산 지역 나환자 병원을 설립하기로 하고, "광주나환자병원과 같은 기준으로"(on the Same Basis as the Kwangju Leper Station) 건립하도록 추천하였다. 셋째, 쉐핑이 제안한 간호사훈련학교와 관련하여 공문을 보낸 쉐핑 선교사에 대한 대답으로, 서울에 이러한 간호학교가 이미 설치되어 있고, 또한 세브란스병원과 연계하여 연합간호사훈련학교가 계획되고 있기 때문에 군산에 간호학교를 세울 수 없다는 것, 그러나 서서평에게 조건부로 간호 교실 교육을 허락한다는 것이다. 간호교육으로 인하여 병원 사역에 지장을 초래해서는 안 되고, 교육 이수(증)는 병원(군산병원) 밖에서 활용해서는 안 된다는 것으로, 이 교육은 병원 근무자들에 한하여 효율성을 증진시킬 목적으로 시행한다는 것이었다. 넷째, 군산선교부가 구암예수병원 관련 여러 부대시설 경비를 요청한바, 한국선교회는 일본인 남자 환자용 병실 설치비용 등 1,800엔의 지불을 허락하였다.

1916년 연차 보고서에 의하면 서서평은 군산선교부 소속으로서 병원

---

31 W. B. Harrison, "Southern Presbyterian Mission in Kunsan: A Portion of the Report of Kunsan Station for the Year 1916," *Korea Mission Field* (Feb. 1916), 52.

32 *Minutes of Twenty-fourth Annual Meeting Southern Presbyterian Mission in Korea*, Kwanju, Korea, October 29–November 11, 1915, 23, 65–66.

사역과 지역 복음 전도 사역 및 언어 공부를 하는 것이었다. 또한 1916년 6월 1일부터 1917년 5월 15일까지 페터슨 선교사의 안식년 기간에 서서 평이 병원 감독 사역을 맡는 것이 추가되었다.[33] 그러나 1916년 8월 23일 한국선교회의 연장 회의(Adjourned Meeting)에서 서서평은 1917년 3월 1일부터 세브란스 간호학교에서 근무하는 것으로 결정되었다.[34] 그러나 1917년 1월 23일 한국선교회의 조정위원회(Ad Interim Committee)는 페터슨 선교사의 안식년 시작을 1917년 4월 1일 자로 변경하고, 페터슨이 떠나기 전에(서서평의 자리를 채울) 간호사를 물색하기로 결정했다.[35] 또한 뒤이어 1월 25일에 회집한 이 조정위원회는 서서평의 세브란스병원 간호학교 부임을 1917년 연차 회의가 끝난 이후로 연기하기로 결정하고, 그동안 건강 회복을 위하여 군산을 떠나 선교회 내 2명의 의사를 만나 건강 상담을 받고 시간, 장소 및 기간 등 치료 여행(병가)을 그 의사들에게 맡기기로 결정하였다.[36]

1917년 연차 보고서에 의하면 서서평은 3년 차 구술시험에 합격하였다.[37] 한국선교회는 서서평에게 9월 1일부터 시작하는 세브란스병원 사역을 허락하였다. 이 때 한국선교회가 세브란스병원 당국에게 서서평의 업무를 처음에는 반만 할당하도록 청원하였다.[38] 세브란스간호부양성소

---

33 *Minutes of Twenty-fifth Annual Meeting Southern Presbyterian Mission in Korea*, Chunju, Korea, June 22-29, (1916), 16, 30-31.

34 앞의 책, 66.

35 앞의 책, 70-71.

36 앞의 책, 74.

37 *Minutes of Twenty-sixth Annual Meeting Southern Presbyterian Mission in Korea*, Kwangju, Korea, June 21st to 28th, (1917), 45.

38 앞의 책, 29.

의 일본어 혼용 교과서 사용으로 인하여 서서평은 일본어 개인 교습이
필요하였다. 이를 위하여 일본어 교사를 월급 12엔(¥)에 채용하고 한국
선교회가 지급하였다.[39]

2. 일제강점기 군산과 구암예수병원의 발전

연대기적으로 볼 때 남장로교 선교사가 1894년 3월에 처음으로 군산
에 들어왔고, 일본제국주의의 압력에 따라 조선당국은 1899년 5월에 군
산을 개항하였다. 그러나 여기에서 군산의 선교 상황으로 일제강점기
군산의 인구 변동을 살펴보고, 남장 선교사들의 군산선교부 조직과 선교
사역을 기술하고자 한다.

1) 일제강점기 군산과 남장 선교사들의 시찰

일본제국주의가 1899년 5월 군산을 개항하고 군산을 호남평야의 미
곡 이출 거점의 도시로 만들어 근대화를 촉진하는 과정에서 군산 지역의
선교 상황이 급변하였다. 우선 인구의 이동과 증가가 확연해졌다. 군산
주변 농촌의 한국인들이 몰려들었고 일본 이주민들도 입국하였고, 이로
인하여 정체된 농·어촌사회가 미곡 이출과 관련한 정미소와 상가와 은
행 등이 조성되어 근대적 사회로 변하였다. 그러나 주민들의 삶은 변화
의 속도를 잡지 못하고 불안전하였다. 인구 변화에 대한 통계는 표1과
같다.[40]

---

39 앞의 책, 45-46; 26.

<표 1> 인수의 변화 통계

연도	한국인		일본인		기타 외국인		계	
	호수	인구	호수	인구	호수	인구	호수	인구
1899	150	511	20	77	-	-	170	588
1905	739	3,451	421	1,620	35	85	1,195	5,156
1909	1,364	5,466	813	3,220	32	96	2,209	8,782
1910	896	3,830	904	3,448	25	95	1,825	7,373
1915	1,373	5,561	1,396	5,291	25	113	2,794	10,965
1919	1,742	6,581	1,665	6,809	57	214	3,464	13,604

* 군산 거주 한국·일본인 수(임의로 연도를 산정하여 조정)

군산이 개항됨으로써 주변 농촌사회에서 농민들이 군산으로 몰려들었다. 또한 일본인 이주민들은 초기에는 생계형이 이주했고 뒤에는 사업투자형이 들어왔다. 이러한 생계형, 사업투자형 이외에 다양한 전문직 종사자들도 유입되었다. 1917년 현재 군산부에는 의료관계자들로 병원 4개, 의사 7명, 의생 7명, 약제사 2명, 산파 8명, 간호부 4명, 약종상 1명이 있었다.[41]

2) 군산선교부의 설립과 삼각형 선교 전략

군산 개항이 이루어지기 7년 전인 1892년 10월 17일 미국남장로교

---

40 출전: 群山府, 1935, 『群山府史』, 18-19. 김태웅, "군산부 주민의 이동사정과 계층분화," 김종수·김민영 외 공저, 『새만금도시 군산의 역사와 삶』 (선인, 2012), 89-99.
41 앞의 책, 102.

선교사로 데이비스(Linnie Davis)가 제물포에 도착하고, 11월 3일에 6명의 남녀 선교사들(W. M. Junkin, Mary Layburn, W. D. Reynolds Jr., Patsy Bolling, Lewis B. Tate, Mattie S. Tate)도 제물포에 도착하였다. 이들은 각각 다음날 서울에 도착하였다. 11월 11일에는 남자 선교사들 3인이 미국남장로교 해외선교실행위원회의 한국선교회를 조직하고 임원단을 구성하였다. 회장에 레이놀즈(이눌서, W. D. Reynolds, Jr.), 서기에 전킨(전위렴, W. M. Junkin), 회계에 테이트(최의덕, Lewis B. Tate)로 조직되었다. 1893년 1월 28일에 북장로교 선교사들과 남장로교 선교사들이 모여 장로교선교회 공의회를 조직하고 남장로교의 선교 지역을 호남 지역으로 결정하였다. 이러한 배경 하에 1896년에 군산선교부가 개설되었다.

처음에 군산(에 들린) 선교사는 리눌서(W. D. Reynolds)와 류대모 (Alexander D. Drew)의사니 1894년(갑오 봄)에 전남·북을 시찰차 군산에 하륙하여 참사에게 (복음)전도를 하였으며, 그 다음 해 3월에 전(전위렴, W. M. Junkin) 목사와 류대모 의사가 인천서 작은 풍범선을 타고 11일 만에 군산에 내려 삭간(1개월간) 전도하며 환자를 진찰한 뒤 김봉래와 송영도 양 씨가 믿기로 작정하고, 선교사가 다시 올 때에 원입 문답을 하여 달라 하였습니다. 이 두 선교사가 자기 돈을 내어 임시로 집을 샀으니.[42]

해안선 선교 시대에 접근성[43]이 좋은 군산에 전위렴 목사와 유대모

---

42 전라남북노회 기념식 준비위원 이승두, 이자익, 홍종필, 「전라도선교 25주년 기념」, 1917, 16.

43 송현숙, "호남지방 기독교 선교기지 형성과 확장에 관한 연구," 「한국기독교와 역사」 제19호 (2003) : 236-237.

의사가 집을 구입하여 전도처와 진료소로 사용하는 동안, 1895년 동학혁명이 격화되어 다시 서울로 돌아갔다. 이듬해 1896년 봄에는 두 가정이 군산으로 내려와 정착하였고, 7월에 전위렴의 집을 군산교회로 정하고, 상기 두 명에게 세례를 베풂으로 군산선교부가 설립되었다. 1896년 말에는 여자 선교사 데이비스가 서울에서 내려와 군산과 구암(궁말)에서 어린이와 여자들을 위한 기도처를 운영함으로써 5명의 선교사가 활동하였다. 특히 유대모 선교사는 자기 집의 진료소에서 그리고 배를 타고 고군산열도를 바쁘게 돌며 진료를 하여 2년에 4,000 여명의 환자를 치료하였다.[44] 이러한 노력으로 1897년 군산교회의 주일 예배 참석인원은 40여 명이 되었다. 그러나 일본제국주의자들의 영향으로 조선 정부는 군산을 개항하여 1899년 5월 이후 일본인들이 군산으로 거세게 진입하여 군산선교부는 시내의 선교센터를 옮겨야 할 상황이 되었다. 전위렴의 사택 교회와 류대모의 진료소를 그해 12월 군산 변두리인 구암(궁말)으로 옮겼다. 새롭게 선교사 주택들을 건축하고 구암교회를 세우고 진료소를 만들었다.

1904년에 이르러 교회 개척과 목회, 학교 교육 및 병원 의료 분야 등 선교가 본격적으로 시작되었다. 목회 선교사와 의료 선교사와 교육 선교사들이 고루 갖추어진 것이다. 목회 선교사는 전위렴 이외에 1899년 부위렴(William F. Bull), 1901년에 그의 부인이 되는 알비(Elizabeth Alby) 선교사가 1990년에 도착하였다. 그동안 과로로 인하여 두통을 앓던 유대모의 건강을 염려하여 1901년 미국 실행위가 본국으로 그를 소

---

44 조지 톰슨 브라운/천사무엘·김균태·오승재 옮김, 『한국선교이야기: 미국남장로교 한국
　선교역사(1892~1962)』(도서출판 동연, 2010), 74.

환하였다. 1902년 12월에 의료선교사 알렉산더(A. J. Alexander)가 입국하였지만, 부친의 사망 소식을 접하고 1903년 2월에 급거 귀국하면서 오긍선을 대동하여 유학시켜 의사로 키웠다. 오긍선은 1907년 가을에 의사가 되어 귀국하여 구암예수병원에서 근무하였다.[45] 1904년 어아력(Alexander Miller Earle) 선교사 그리고 의사로는 단의사(Thomas Henry Daniel) 부부, 1905년에는 훈련받은 간호사(R.N.)인 케슬러(Ethel Esther Kestler)가 한국선교회의 최초 간호사로 군산에 도착하였다.

한편, 1902년에 전위렴이 몇 남자 아이들을 모아 사랑에서 공부를 시켰는데, 이것이 군산의 학교 교육 선교의 시작이 되었다. 1904년부터 초등학교에 더하여 중등 과정을 운영하였다.[46] 1908년에는 이 학교에서 소학교는 4년제 안락소학교로 분리시켜 교회가 운영하였다. 그리고 1909년에는 4년제 고등과와 2년제 특별과가 병설된 영명중학교를 설립하고 인가를 받아 한국선교회가 운영하였다.[47] 군산여학교는 1902년 전위렴 부인이 시작하였으나, 1907년 전까지는 불안정하게 유지되다가 1908년 부위렴 선교사 부인의 운영하에 1909년 교명이 멜볼딘여학교로 바뀌었다.[48]

---

45 24세인 오긍선은 1903년 2월 알렉산더를 따라 미국에 입국하여 켄터키의 센트럴 대학 2년, 1904년 루이빌 의대 편입과 3년의 의학 공부, 졸업(1907년 7월)과 의사 자격증 취득, 1907년 9월에 귀국하였다. 오긍선은 대한병원이 정3품 관직과 150원 급료를 약속했는데, "돈을 위해서가 아니라 전도하기를 원하여" 25달러(50원)를 제의한 군산예수병원을 택하였다. *The Missionary Survey*, (Mar, 1908), 127.

46 송현강, "한말·일제강점기 군산영명학교·멜볼딘여학교의 설립과 발전," 143.

47 군산제일100년사, "군산제일고등학교총동문회," (2012), 29.

48 송현강, "한말·일제강점기 군산영명학교·멜볼딘여학교의 설립과 발전," 148.

3) 구암예수병원의 설립과 발전

군산선교부의 첫 의사 선교사인 유대모는 1895년 봄에 전킨과 함께 군산에서 전도를 하고 진료를 했다. 그러나 생필품의 공급 문제와 주거 시설의 미비 등으로 인하여 전킨과 드루의 가족들의 군산살이는 무척 힘들고 고단하였다. 이 와중에 1896년 연례 회의는 군산 대신에 나주에 선교부를 두기로 결정하였다. 그러나 유대모는 당시 한국선교회의 유일한 의사 선교사로서 군산을 끝까지 고집하여 결국 선교부 이전 계획을 1년 유보하자는 결정을 얻어냈다. 1896~1897년 2년 동안 전킨과 유대모는 부지런히 전도하고 진료하였다. 한편 척외사상을 고수한 보수적 나주 주민들의 선교사 반대와 저항이 결정적으로 영향을 미쳐, 결국 한국선교회가 나주 선교부 개설 논의를 중단함으로써 군산선교부가 존속하게 되었다.

군산 시내 진료소를 1899년 구암으로 이전한 유대모는 건강상의 이유로 1901년에 본국으로 소환되었다.[49] 1902년 의사 알렉산더가 군산에 도착하자마자 부친의 사망으로 급히 귀국하였지만, 군산 진료소의 열악한 상황을 개선하기 위하여 거금을 보내와 단 의사가 한옥 건물에 진료실과 수술실과 18개 병상 규모의 2개 병동을 갖춘 남장로교 최초의 병원(Hospital)을 지었다. 이 구암예수병원은 일부 시설비를 지원한 애킨슨(Atkinson) 부인의 이름을 붙였다(Francis Bridges Atkinson Memorial Hospital). 1907년 미국 유학에서 귀국한 오긍선 의사가 이 애킨슨 병원

---

49 이 부분에 대하여 임희모는 환자치료와 복음 전도를 병행해야 하는 의사 선교사의 임무를 소홀히 하고, 복음 전도에 경도된 1899년 이후 그의 사역 문제로 인하여 선교사 재신임을 받지 못한 것이라고 주장한다. 본 책의 의료선교 부분을 참고하라.

에서 근무했다. 이 병원이 군산 시내에서 멀리 떨어져 있기 때문에 군산 주민들의 불편을 덜기 위하여 단 의사가 안식년으로 미국에 간 1909년 5월, 오긍선이 군산 시내에 진료소를 만들고 시술하였다. 오긍선은 오전과 오후로 나누어 구암병원과 군산 진료소를 각각 오가며 진료했다. 그러나 오긍선이 서울로 떠난 1914년 구암병원에 흡수되었다. 단 의사가 전주로 전근을 가자, 1910년 페터슨(Jacob B. Patterson, 손배순) 의사 선교사가 군산에 왔고, 여러 건물을 지어 병원을 확장하고 특히 온돌병실을 지었다. 단 의사와 오긍선이 군산예수병원의 기틀을 갖추었다면 패터슨 (1910~1924)은 절정기를 만들었다. 당시 군산예수병원은 남장로교 병원 가운데 가장 큰 규모를 자랑하였다. '한 사람의 의사가 근무하는 병원으로는 전국에서 가장 큰 병원'(Largest One-Doctor Hospital in All Korea)이었다. 1920년 연차 보고서에 의하면[50] 1,799명 입원과 25,527명의 진료 실적을 거두었는데, 이것은 세브란스병원의 입원 통계와 거의 맞먹는 수치였다.[51] 의사 패터슨의 명성과 평판은 지역적으로 그리고 전국적으로 퍼졌다. 한국인들은 말할 것도 없고 부유한 일본인들도 그를 찾았고 높은 진료비를 냈다.[52] 이러한 상황에서 서서평 간호 선교사가 1914년 9월 군산 애킨슨 병원에 가세하였다.

---

50 *Minutes of Twenty-ninth Annual Meeting Southern Presbyterian Mission in Korea*, Kwangju, Korea, June 18th to 29th, (1920), 57.

51 이만열, 『한국기독교의료사』 (아카넷, 2003), 404.

52 Wiliam Hollister, "History of Medical Work at Kunsan Station," *The Presbyterian Survey* (October, 1936), 591.

3. 서서평의 군산 구암예수병원 사역

1) 연례 회의록(1914~1917) 분석

서서평은 애킨슨 병원에서 근무하면서 능력을 제대로 발휘하였다. 1932년부터 1934년까지 군산에서 의료 선교를 실시한 홀리스터(William Hollister) 선교사에 의하면, 서서평은 '간호사로서 언어학자로서 대단한 능력'(a Great Ability as a Nurse and a Linguist)을 신실하게 발휘하였다.[53] 이러한 평가에 주목하면서 이 시기 서서평을 이해하고자 한다. 1915년 남장로교선교사회 의료위원회는 페터슨이 발의한 나환자병원 설립, 서서평이 건의한 간호학교 설립과 운영 및 군선 선교부가 요구한 일본인의 개인 병실 설치 등을 논의하였다. 1) 군산선교부의 나환자 병원 설립은 허락되었으나, 이후 구체적 실천이 없었다. 2년 후 논의가 계속되어 1917년 순천에서 가까운 해안에 나병환자 병원을 세우자는 안이 동의 되었고, '극동지역 나환자 선교회'(Mission to Lepers in the Far East)에 지원을 요청하기로 하고, 교섭은 윌슨에게 요청하자는 안이 채택되었다.[54] 그러나 이에 대하여 더 진전된 상황 보고는 발견되지 않는다. 2) 군산 간호학교 설립 건의는 부결되었으나, 군산병원 내 간호사들의 질적 향상을 위한 간호교육은 허락되었다. 2년 후 서서평이 세브란스간호학교로 전근갈 때 제자 3명을 데리고 가서 입학시켜 훈련하였다.[55] 3) 군산병원의

---

53 Wiliam Hollister, "History of Medical Work at Kunsan Station," 591.

54 *Minutes of Called Meetings of Southern Presbyterian Mission*, Kwangju, Korea, Aug. 25th, (1917), 10.

55 Elise J. Shepping, "Letter from Miss Shepping," *The Missionary Survey* (August 1918),

몇 가지 부대시설 설치 건은 허락되었고 실행되었다. 당시 군산 거주 일본인들이 선교병원 진료를 받을 수 있도록 시설을 확충하는 일은 당연하였다.

군산병원이 제안한 몇 가지 안건들은 서서평의 지도력이 영향을 미친 것은 아닐까? 페터슨 의사는 병원 확장에 관심은 있었지만, 나환자병원 건립과 치료 등에 관한 전문적 지식은 없었던 듯하다. 군산 나환자병원 건립 추진을 광주 나환자병원을 책임 맡고 있는 윌슨에게 요청하고 있는 데서 이유를 찾을 수 있다. 그렇다면 이러한 나환자병원 설치안은 이전에 광주 나환자병원과 관련을 가졌던 서서평이 페터슨과 논의하면서 안건(案件)화 하였을 것이다. 또한 서서평이 꿈꾼 군산병원 간호사양성 교육은 이후 세브란스병원 간호학교에서 이루어졌고, 이효경을 탁월한 지도자로 길러냈을 뿐만 아니라, 1923년 조선간호협회를 창립하고, 오랫동안 회장을 역임하였고, 조선간호협회를 1929년에는 캐나다 몬트리올 국제간호협의회 총회에서 준회원으로 가입시켰다.

서서평이 근무하던 당시 1910년대 주요 3개 병원(전주, 군산, 광주) 사역의 통계를 단순 비교하면 다음과 같다.[56]

477; 백춘성, 『천국에서 만납시다』, 41.

56 한국선교회의 연차 보고서 1915~1917년 및 1918년 등의 보고서 뒤편에 당해 연도의 전도, 교육 및 병원 사업 실적이 도표화되어 있다.

<表 2> 3개 병원별, 연도별, 병원 사업 실적(1914.7.1.~1918.6.30.)

병원	연도	한국인 조수	입원	진료 수	수술	수입 (달러, 엔)
전주 멕코원 병원	1915	8	341	4,676	156	100,442달러
	1916	8	313	3,998	125	117,022엔
	1917	10	312	4,830	540	112,274엔
	1918	12	437	4,751	616	1,877엔
군산 애킨슨 병원	1915	15	1,070	18,340	454	339,364달러
	1916	15	1,010	21,729	527	853,758엔
	1917	25	1,121	23,124	421	582,619엔
	1918	25	1,636	18,511	274	5,178엔
광주 그래함 병원	1915	9	176	3,081	83	-
	1916	18	777	8,369	400	107,894엔
	1917	14	557	15,807	317	98,548엔
	1918	19	555	7,349	290	1,415엔

이 통계는 각 연차 보고서가 기록한 진료소(외래환자, Dispensary) 사역은 제외하였다. 참고로, 1919년부터 1924년까지 목포 프렌치 병원은 잠정 폐쇄되었고, 순천 안력산 병원은 1913년에 사역을 시작하였으나, 1920년 이후 광주 병원의 사역 실적을 능가하고 1930년부터 다른 4개 병원의 사역 실적을 월등하게 넘어섰다.

2) 서서평의 다양한 선교 활동

군산 애킨슨 병원 사역 시기는 서서평에게 바쁘고 아프고 혼란스러운 상황이었지만, 한편으로 귀중한 꿈을 가꾸는 시기였다. 우선 건강 상태가 1915년 6월 보고에 의하면 서서평이 맹장염(충수염) 수술을 받았는지는 불분명하지만, 이는 남장로교 선교사들 가운데 7번째 걸린 경우로 이 병의 원인이 한국 음식을 먹어서 그럴지 모른다는 의견이 있었다.[57] 1915년 이러한 충수염 감염 추정 의심을 시작으로 1916년 선교 사회는 몇 차례 회의를 소집하여 서서평의 병에 대한 논의를 하였다. 이와 관련, 서서평의 세브란스간호부양성소 사역 시기에 대하여 몇 차례 조정을 했다. 1917년 3월 1일, 4월 1일, 병에 대한 정확한 진단과 치료 휴가 이후 1917년 연차 회의 이후 등이다. 이렇듯이 지속된 아픔의 원인을 나중에 스프루(Sprue) 병으로 이해하였다. 서서평에게 1917년은 가장 고통스러운 해가 되었지만, 또한 최고의 해가 되었다고 진술한다.[58] 이러한 맥락에서 서서평의 군산 사역은 여러 가지로 유의미한 결과를 맺었다.

첫째, 서서평은 한국어 언어 공부와 한국 문화 이해를 심화했다. 군산 시절에 서서평은 2년 차 구술 시험과 3년 차 구술 시험을 합격하였다. 이는 서서평이 한국어를 거의 완벽하게 잘 이해하고 구사할 수 있는 능력이 있음을 증명하는 것이다. 대개 선교사의 언어 이해와 숙달은 그가 현지 기독교인의 집에 들어가 살거나 이들 주민들과 어울려 지낼 때 가능하다는 것이다.[59] 서서평이 언어시험을 최종단계까지 끝낸 것은 그녀

---

57 *The Missionary Survey* (Oct. 1915), 752.

58 관련 본문을 번역하면 다음과 같다: (그동안) 저는 기쁨도 많았고 고통도 많았습니다. 그러나 "주님을 기다리는 사람들아, 힘을 내어라. 용기를 내어라"(시 31:24)라는 1917년 말씀은 저를 낙담케 하기보다 오히려 용기를 주었다고 기쁘게 말할 수 있습니다. 사람의 눈에는 희망이 조금도 보이지 않을 때 그 말씀은 대단한 의미를 주었습니다. 일생을 통틀어 작년은 가장 큰 고통의 해였지만, 여전히 저의 인생의 최고의 해였습니다(Elise J. Shepping, "Letter from Miss Shepping," 477).

59 엘리자베스 언더우드/변창욱 옮김, 『언더우드 후손이 쓴 한국의 선교 역사 1884~1934』(도서출판 케노시스, 2013), 129-136.

가 군산의 한국 주민들과 잘 어울려 지냈음을 뜻하기도 한다. 이외에 서서평은 세브란스간호부양성소에서 강의를 위하여 일본어를 개인 교사를 통해 배웠다.

둘째, 서서평은 선교사직 본연의 사역으로서 군산 예수병원에서 여러 부문의 병원행정과 의료 및 간호 사역을 실시하였다. 병원 간호와 간호 교육 그리고 유사시를 대비하여 병원 감독 준비까지도 했을 것이다. 페터슨 의사의 안식년 기간에 병원 감독을 하기로 했으나, 그의 안식년 휴가가 연기되어서 이 일을 실제로 하지는 못하였다. 여러 여성 환자들을 만나 간호를 하고 대화를 하면서 지역 간호 혹은 보건 간호에 대한 필요성을 깨우쳤다.

실제로 서서평은 구암예수병원에서 구역 간호 사역을 개인적으로 실시하면서[60] 한국의 가난한 환자들에 대하여 사회적으로 어떻게 간호적 접근을 할 것인가를 분석하고, 이에 따른 4가지 사회구제 사역(Social Relief Work)을 기술하였다.[61] 1) 퇴원자 중에서 여러 가지로 힘든 사람들에게 집, 옷, 직장을 찾아 도움을 준다. 2) 가난한 노인 환자를 찾아 숙소를 찾아주거나 병원에 입원시킨다. 3) 모자보건사업으로 가정 방문, 환자 입원, 가정 보건 교육 및 간호, 육아 및 위생 교육을 실시한다. 4) 구조 사역이다. 서서평은 5건 중에서 1가지만 진술하고 있는데, 폭행으로 다리 골절된 소녀를 구하였다는 것이다. 서서평에게 있어서 이러한 병원 간호는 사회적으로는 지역 간호로 발전되고 이러한 사회구제 사역적 간호는 여성에 대한 복음 전도와 여성교육과 연계되었다.

---

60 이꽃메, 『한국근대간호사』 (한울 아카데미, 2002), 101.

61 Elise J. Shepping, "District Nursing II," *Korea Mission Field* Vol. XVI No.9 (Sept. 1920): 205-207.

셋째, 서서평은 한국어 말문이 터진 이후 전도위원회 사역에 관심이 많았다. 1년 차 언어시험 합격 이후 1913년 광주 시절에 주어진 첫 임무는 병원 사역 이외에 여성을 대상으로 복음 전도 사역을 지원하는 것이었다. 1914년 선교회 연차 보고서는 서서평이 군산 병원 사역 외에 지역의 여성 복음화 사역과 주일학교 사역을 하는 것이었다. 이러한 사역은 군산 지역의 여성들을 만나 대화하고 전도를 하는 행위로 나타났다.

넷째, 서서평은 전북 지역에서 여성 교육 사역을 실시하였다. 전도위원회에서 실시하는 전라북도 1915년 여성성경학교 교육을 담당하였다. 전주에서 11월 첫 수요일에 시작된 여성성경학교에서 성경과 보건 및 위생 교육을 행하였다. 또한 서서평은 교육위원회 산하의 군산 멜볼딘여학교에서 하위렴 선교사의 부인62과 함께 주당 14시간씩 실과 과목을 담당하였다.

그리고 1917년 3월 20일부터 서서평은 이기풍 목사 부부와 2명의 다른 여자 선교사들(Lois H. Swinehart, Anna Lou Greer)과 함께 제주도를 방문하여 부인사경회를 인도하였다. 오전에는 부인사경회로 모이고 오후에는 집집마다 다니면서 복음을 전하였다.63 이 때에 서서평은 부인사경회 인도 이외에 특별히 여성 진료와 위생 교육 등을 실시했다.64

---

62 북감리회 소속 여자 간호 선교사 Margaret Jane Edmunds는 1903년 12월, 保救女館 여자 간호원양성소의 교장으로 사역 시작, 1908년 9월 2일 Harrison 선교사와 결혼하여 1909년~1912년까지 목포에서 근무하고 안식년 3년을 보냈다. 그 후 1915년 군산선교부에 배치되어 구암예수병원에서 서서평과 함께 부간호사로 근무하면서 멜볼딘여학교에서 실과를 공동 강의하였다.

63 「기독신보」 1917년 6월 6일자.

64 김인주, "제주 선교와 서서평의 역할," 서서평연구회, 제9차 서서평 학술대회 자료집 「한국인을 섬긴 서서평 선교사의 영향」 (2016), 42.

3) 군산 시절 서서평의 선교 사역에 나타난 선교학적 특징

서서평이 군산에서 근무한 시기는 3년(1914.9~1917.8)이 되지만, 이 시기의 활동과 사역은 이후 그녀의 생애 전체 사역에서 중요한 계기들을 마련한 시기로 볼 수 있다. 이를 특징화하면 다음과 같다.

첫째, 서서평은 개인적 병원 간호 사역과 사회적 구역간호 사역을 강조했다. 본 필자는 이를 통전적(Integral) 간호 사역이라고 말하고 싶다.[65] 서서평의 간호 사역은 전인적 혹은 총체적(Holistic) 간호를 지향하였다. 이는 인간을 영혼과 몸으로 분리하는 이원론적 인간 이해가 아니라 몸과 영혼을 분리할 수 없는 총체적인 존재로서 인간을 이해한다. 더 나가 서서평은 이러한 총체적 인간을 사회적(Social) 관계에서 이해했다. 즉 영혼과 몸은 총체적으로 인간 개체를 구성하는데 이 개체적 인간은 사회적 관계에서 다른 인간들과 더불어 존재한다. 이렇듯이 사회적 관계를 맺는 개체 인간을 통전적 인간이라고 규정한다. 이러한 통전적 인간을 간호하는 사역을 통전적 간호 사역으로 말할 수 있을 것이다.

그런데 오늘날까지도 전통적으로 보수적 교회는 영혼 구원이라는 말로 인간 구원을 강조한다. 이는 인간을 영과 육으로 분리하는 이원론적 시각에서 인간을 보면서, 영혼 우위 사상을 가지고 육체나 물질을 하찮게 여기는 풍조를 갖는다. 이것은 고대 헬라철학적 이원론적 인간관이다. 초기 기독교권 일부가 이를 수용하였는데, 이러한 헬라철학적 이원론의 인간 이해를 전수한 미국 선교사들의 영향을 받아 오늘날 대부분의

---

65 다음의 논문을 참조하라: 임희모, "서서평의 사회선교: 통전적 영혼구원 선교,"『서서평, 예수를 살다』(도서출판 케노시스, 2017), 163-196.

보수적 한국교회는 영혼 구원을 강조하고 있다. 그런데 사실은 구약성경이나 예수는 인간을 히브리어 네페쉬라는 말로 이해하였다. 이 말은 영과 육으로 분리할 수 없는 총체적 인간, 입체적 인간을 말한다. 이 네페쉬(인간)를 성경은 영혼, 생명, 사람 등으로 번역하였다. 이러한 의미에서 본 필자는 예수께서 사용한 네페쉬로서 총체적 인간, 생명, 영혼 등을 강조하면서, 동시에 통전적 영혼 구원이라는 말도 의도적으로 강조한다. 물론 여기의 '영혼'은 전통적인 이원론적 영혼이 아니라 총체적 인간을 말한다. 본 필자가 강조하는 것은 영혼 구원이라는 말을 통하여 영적 존재인 하나님과의 관계를 좀 더 명확하게 표현하고자 하는 것이다.

둘째, 사역 입장에서 볼 때 서서평은 병원 사역과 복음 전도 사역 및 교육 사역을 병행하였다. 군산 구암 예수병원 사역, 군산과 전주 지역 여성을 위한 복음 전도 사역, 지역 여성을 위한 성경반에서 성경을 가르쳤고 멜볼딘여학교에서 실과를 교육하였다. 이러한 교육은 가난한 여성들을 실질적으로 도와 자립하도록 돕는 교육을 지향했다. 이러한 복음 전도와 학교 교육, 병원 치료 사역을 전통적으로 남장로교 선교회는 삼각형 전략 선교라고 불렀다. 그러나 이러한 전통적인 삼각형 선교는 영육 이원론을 바탕으로 영혼 우위 구원론을 강조하고, 교육과 병원 사역은 부차적인 것으로 이해하였다. 그러나 서서평은 인간을 전인적, 총체적 인간으로 이해하면서 위에서 언급한 바와 같이 통전적 영혼구원 선교를 수행하였다. 오늘날 전문인 선교는 통전적 영혼구원 선교를 수행하는데, 교회 사역과 병원 사역과 학교 사역을 우열의 관점에서 따지는 것이 아니라 통전적 총체적 관점에서 수행해야 하는 것이다.

셋째, 서서평은 한국 언어와 문화에 대한 이해를 심화시켜 성육신적 선교를 수행하였다. 독일계 미국인 간호 선교사로서 서서평은 한국에 도착한 1912년 3월부터 남장로교 실행위의 선교 규정에 따라 1년 차 한국어 공부에 집중하였다. 광주와 군산과 전주의 한국인 사이에서 한국인과 더불어 살면서 한국어와 문화와 삶을 익히고, 이들의 문화와 정신과 가치를 존중하여 2년 차와 3년 차 언어시험에 합격하여 한국인으로 살았다. 독일계 미국 국적의 여성이 한국의 보통 여성 혹은 한국의 불우한 여성 속에서 한국인 서서평으로 살았다.

넷째, 여성으로서 서서평은 가부장적 한국문화 속에서 여성의 정체성을 찾는 자존과 자립과 자활을 강조하였는데, 이를 실용적이고 영적인 지도력을 키우는 교육을 통하여 여성의 상황을 개선하고 변혁하려 하였다. 전라북도 여성을 위한 달거리 여성성경반이 전주에서 1915년 11월에 열렸을 때, 강사로서 성경을 교육하였다. 또한 멜볼딘 여학교에서 실과 교육을 실시하였다. 한국 여성에 대한 이러한 교육적 경험을 통하여 서서평은 1920년 자기 집에서 몇몇 소녀들을 모아 성경을 가르치고 여성 지도력을 키우려 하였다. '실질적이고 영적인 리더십'(Practical and Spiritual Leadership) 양성을 서서평은 여성 교육의 중심에 놓았다.[66]

IV. 서서평의 세브란스 간호부양성소 사역(1917. 9.~1919. 10.)

1. 서서평과 연례 회의록(1918~1919)

1918년 연례 회의록에 의하면 서서평은 군산선교부 소속(서울 근무)으

---

66 Maie Borden Knox, "An Interview," *The Korea Mission Field* (Oct, 1926) : 215-217.

로 총회에 불출석하였다.[67] 다음과 같은 업무가 주어졌다. 6월 1일부터 8월 31일까지 휴가이고, 9월 1일부터는 세브란스병원에서 사역을 하며, 일본어를 공부한다.[68] 한국선교회가 매년 실행위에 보낼 보고서(안식년 등의 이유로)에 현장으로 다시 복귀해야 할 선교사들의 명단에 서서평의 이름도 추가하여 넣기로 동의·가결하고, 군산 현장 복귀를 촉구할 것을 요청하도록 하다.[69] 서서평의 연봉도 700달러로 올랐다.[70]

1919년 6월 19일부터 26일까지 전주에서 열린 선교사 연례 회의에[71] 군산선교부(서울 근무) 소속으로서 서울에서 참석하였다.[72] 그러나 서서평의 소속은 군산선교부에서 광주 선교부로 변경이 동의·가결되었고[73], 업무는 세브란스 병원 사역과 일본어를 공부하는 것이었다.[74] 서서평의 일본어 공부 선생에게 광주 선교부 언어위원회가 96엔을 지불하였다.[75]

---

67 *Minutes of the Called Meetings of the Mission at Kwangju,* Aug. 25, 1917 at Chunju Nov. 5, (1917) and of the Annual Meeting of the Mission at Soonchun June 20-28, 1918; Kwangju, 1918, 13.

68 앞의 책, 26.

69 "현장 복귀에 대한 동의와 가결," 앞의 책 21; "군산 현장 복귀," 앞의 책, 28.

70 앞의 책, 34.

71 남장로교 간호 선교사들의 도착(소속)과 이동을 보면 다음과 같다. 1905년 Kestler(군산)가 1912년 전주로, 1908년 Cordell(전주)이 1910년 목포로(McCallie 선교사와 1909년 결혼), 1910년 Pitts(전주)는 병으로 1911년 사망, 1912년 Lathrop(목포)은 1918년 군산으로, 1912년 Shepping(광주)은 1914년 군산(1917년 서울, 1919년 광주)으로 이동, 1913년 Greer(순천)는 1928년 군산으로, 1916년 Matthews(광주)는 1921년 목포로, 1922년 Bain(목포)은 1927년 귀국하고, 1922년 Gray(군산)는 1926년 귀국, 1929년 Pritchard(광주)는 해방 후 재입국하여 전주로(1950년 예수간호학교 창립), 1937년 Woods(군산)는 1940년 결혼하여 1941년에 귀국하였다.

72 *Minutes of the Twenty-eighth Annual Meeting of the Southern Presbyterian Mission in Korea,* Chunju, Korea, June 19th to 26th, (1919), 7.

73 앞의 책, 10.

74 앞의 책, 39.

여성위원회(6월 26일) 회의가 서서평의 마침 기도로 끝났다.[76] 한편, 1920년 2월 25일부터 3월 5일까지 순천 지역 여성성경반을 가르쳤고, 3월 9일 이후 제주시에서 열린 제주 지역 여성성경공부반에서 가르쳤다.[77] 한편, 1919년 12월 3일 임시 회의는 서서평의 업무를 '광주 지역, 순회 사역'(Kwangju, Itinerating)으로 정했다.[78]

2. 세브란스간호부양성소 사역

1916년부터 세브란스간호부양성소는 다른 선교회의 간호사들[79]이 부임하여 연합으로 운영되었다. 남장로교의 서서평이 1917년에 부임하여 교육과 운영에 참여하였다. 간호교육을 위해 교과서를 집필하고 번역을 했는데, 서서평은 홍석후와 함께 총독부 검인정 교과서인 『실용간호학』(맥스웰, 포프 저)을 번역하였다.[80] 서서평이 데리고 간 이효경은 세브란스를 졸업하여 군산과 북간도에서 활동을 하기도 하였다.[81] 세브란스 시절의 사역에 대해서는 서서평이 체스터 박사에게 쓴 편지에서 확인이

---

75 앞의 책, 44.

76 앞의 책, 64.

77 앞의 책, 42.

78 앞의 책, 63. 서서평은 1919년 10월 세브란스 사역을 접고 1920년 1월 1일 자로 광주에서 사역을 재개하였다. 서서평의 연봉 중 3개월분인 175불이 광주 선교사 연봉 계정(Class A Budget)에서 지급되었다(앞의 책, 46). 이전에는 세브란스병원 근무 시 연봉은 일반계정(General Budget)에서 지급되었다.

79 1917년은 호주장로교의 G. Napier, 캐나다장로교의 E. Hughes, 남감리회의 Campbell과 서서평 등이고, 1919년에는 서서평, 쉴즈, 캠벨, J. W. Hirst가 운영하였다(이만열, 『한국기독교의료사』, 367-368).

80 이만열, 『한국기독교의료사』, 365-370.

81 앞의 책, 957-958.

된다. 내용 중 일부를 옮기면 다음과 같다.

저의 이곳 세브란스 사역은 즐겁습니다. 저는 간호사훈련학교를 운영하고 주당 14시간 강의를 하고 아침 7시 30분부터 오후 1시까지 병원을 열어 둡니다. 몸이 약하여 업무의 반만 맡았지만, 보통 오후 9시까지 병원의 세탁물과 바느질과 침대보를 책임집니다. 최근 90명의 환자가 입원하였고 평균 150명의 외래환자를 받습니다. 오긍선 선생님은 가장 많은 수의 외래환자를 받아 가장 많은 영수증을 처리하고 있습니다. … 저는 오후에는 일본어를 공부하고 어떤 날에는 3시간을 가르치기로 되어 있는데, 가르치기 위하여 아직도 많은 준비를 해야 하기 때문에 일본어를 공부할 기회는 그렇게 많지는 않습니다. 지금 저는 무척 서둘러야 합니다. 총독부가 말하는바, 2년 내에 모든 교육은 일본어로 진행해야 합니다. 지금 어떤 책이나 교과서도 순수 한글 인쇄는 허락되지 않고, 반드시 일본어와 한글이 혼용되어야 합니다.[82]

서서평은 남장로교의 대표로서 세브란스 간호부양성소로 파견을 받아 다른 선교회의 간호사들과 연합하여 운영하고 강의하였다. 특히 서서평은 간호사 훈련과 강의를 맡았고, 일본어 공부, 병원의 일상 업무 수행, 강의 준비 및 교과서 번역을 하였다. 1919년 3월 9일부터 제주도 모슬포에서 성경공부반을 인도하였다.[83] 이 시기 서서평은 스프루(Sprue, 만성장흡수부전증)라는 병으로 몸이 무척 약하여 한국선교회와 간호부양성소로

---

82 Elise J. Shepping, "Letter from Miss Shepping," 477.
83 김인주, "제주 선교와 서서평의 역할," 42.

부터 특별 배려를 받았다.

3. 세브란스 간호부양성소 시기의 사역의 특징

첫째, 다른 선교회 파송의 간호사들과 연합하여 간호사훈련과 간호사훈련학교를 운영하였다. 이것은 후에 1923년 조선간호협의회 창립과 회장으로 활동하는 데 도움이 되었을 것이다.

둘째, 간호부양성소를 실질적으로 운영하고 학생들을 훈련한 경험은 후일에 이일성경학교 창립과 교육에 도움을 주었을 것이다. 여성들에 대한 실질적이고 영적인 훈련을 강조하였다.

셋째, 일본어 공부는 향후 일본 총독부 체제에서 필요한 유용한 지식을 준비한 것이었다.

넷째, 서서평의 효용가치의 향상이다. 선교회의 규정에 의하면 서서평은 군산선교부로 복귀가 이루어져야 하는데, 광주 선교부가 연례 회의에서 표결을 거쳐 광주로 복귀시켰다.[84] 또한 병원 사역보다는 여성들을 위한 성경 공부와 복음 전도 활동에 주력하도록 배려되었다.[85]

---

84 서서평이 세브란스 사역을 끝내고 1919년 광주 선교부로 오게 된 것이 3.1운동 관련 신변 문제인가(백춘성, 『천국에서 만납시다』, 29), 통감부의 요청인가(양창삼, 조선을 섬긴 행복, 341), 그 이유가 불분명하다. 한국선교회의 연례 회의록을 검토하면 이러한 3.1운동 관련 사항은 드러나지 않는다. 서서평이 세브란스 시절에 "3.1운동 관련 독립 인사들을 지원했는가"라는 문제는 더 많은 자료를 확보하고 분석해야 할 것이다. 서서평이 군산 시절 (1914.9~1917.8)에 만났을 것으로 추정되는 김병수 학생(3.5군산거사를 위하여 1919년 2월 26일 박연세에게 독립선언문 전달, 구암교회 교인으로 1916년 영명학교 특별과 졸업, 세브란스의전의 졸업 학기 재학생)이 서대문 감옥에 있었을 때 방문하고 지원했을까? 또한 서대문구치소의 최흥종을 방문하고 도왔는가? 한편, 1919년 3.5군산거사는 구암교회 교인들, 구암예수병원 직원들, 영명학교와 멜볼딘여학교의 교사와 학생들이 대거 참여하여 발생하였다.

V. 종합과 결론

서서평의 한국 선교 초기(1912~1919) 사역은 한국어를 배우고 한국문화를 익히고, 병원 사역과 간호사 양성 사역에 헌신하고, 지역사회 여성을 위한 복음 전도에 집중하고, 한국인 특히 불우한 여성 등 사회적 약자들을 섬겼다. 광주, 제주도, 군산, 서울로 이동하면서 다양한 선교사들을 만나고 한국인들과 삶을 나누었다. 스프루를 앓으며 허약해진 몸을 통해 성경 말씀과 그리스도에 대하여 보다 확고한 신앙을 가졌다. 서서평의 이러한 초기 사역은 후에 여러 가지로 분화되고 발전되었다. 여기에서 간호사 서서평의 초기 사역의 선교적 특징을 서술하려 한다.

1. 서서평 선교사는 한국어와 한국문화에 대하여 탁월한 이해를 하였다

서서평은 한국어를 듣고 말하고 쓰는 일에 뛰어난 능력을 드러냈다. 이러한 언어능력은 서서평에게 한국문화를 세밀하게 이해하고 자신을 적응하게 하였다. 이러한 언어 문화에 능통한 서서평은 두 가지 면에서

---

85 1920년 연례 회의록에 의하면, 서서평의 업무는 광주 선교부에 속하여 윌슨의 부재 시에 병원을 책임지며 광주 동부 지역의 반에 해당하는 화순과 보성 지역을 맡아 순회 전도를 하였다(*Minutes of the Twenty-ninth Annual Meeting of the Southern Presbyterian Mission* in Korea, Kwangju, Korea, June 18th to 29th, 1920, 43). 서서평에게 한 달 동안 순회 전도 여행이 허락되었고(앞의 책, 40), 315엔의 예산이 서서평의 비서(Secretary)를 위하여 책정되었다(앞의 책, 18; 52). 1921~1922년의 연봉은 900달러로 올랐고 1922년에 안식년이 계획되었다(앞의 책, 49; 39). 그러나 1922년 안식년 휴가를 가지 못하였고, 1929년에야 캐나다 몬트리얼의 국제간호협의회 총회 참석과 안식년 휴가를 갈 수 있었다. 1921년 1월 31일 조정위원회 회의는 1920년 가을에 앓은 병으로 인해 서서평이 1921년 봄 기간은 광주 현장에서만 지내도록 결정하였다(앞의 책, 58).

다른 선교사들과 차이를 만들었다. 첫째 생활상 만나는 한국인과 특히 한국 여성들과 불우한 여성들에게 친밀함과 애정을 가지고 대하였다. 이러한 서서평은 후에 '지나칠 정도의 한국인'으로 이해되었다. 둘째, 한국어와 한국문화는 복음 전달의 훌륭한 수단으로 역할을 하였다. 서서평은 전주, 군산, 광주, 제주도에서 여성성경공부반의 성경을 가르치고 멜볼딘 여학교에서 실과를 가르쳤다. 한국어와 한국문화에 정통한 선교사 서서평의 정체성은 선교학적으로 성육신적 선교사로 나타났다(요한복음 1장 8절 참조). 한국인들에게 감동을 준 예수의 한국적 복음을 자신의 온 영혼과 삶과 재산과 생명을 다하여 증언하였다.

2. 전문인 간호 선교사 서서평은 보편적 사람들에게 복음 선교를 수행하였다

훈련된 간호사 서서평은 광주 제중원과 봉선리 나병원, 군산 구암예수병원, 서울 세브란스 병원과 간호부양성소에서 전문 능력을 드러내면서 환자를 간호하고 간호사를 가르치는 선교사였다. 직업을 통하여 그리스도의 사랑을 드러내는 선교사로서, 환자로서 사람인 그 환자에게 예수님의 선교사로서 예수님을 보여주려 하였다. 이러한 환자는 사람으로서 환자가 되는 그 처음부터 치료받고 회복되는 그 끝까지 하나님의 보호를 받는 존재가 되는데, 서서평은 이렇게 사람을 책임감 있게 치료하였다. 환자는 경제적으로 여유가 있거나 없거나 간에 관심 있게 치료와 보호를 받아야 하는 사람이다. 서서평의 이러한 관점은 개인적 간호와 사회적 '구역간호'(District Nursing)를 통전시켰다.

전문인 간호 선교사 서서평은 나환자와 걸인, 불우한 여성, 가난하고 억압받는 여성들을 만나면 즉각적 반응을 보였다. 특히 여성의 삶의 질 향상과 여성 지도력 훈련은 서서평에게 반드시 필요한 것이었다. 고통받는 여성은 단순히 물질적 구호의 대상으로서가 아니라 보편적 인간으로서 복음을 듣고 구원을 받아야 할 대상이기 때문이다. 이러한 관점에서 후에 서서평은 여성 지도자 양성학교인 이일학교를 세우고, 여성들에게 '실질적이고 영적인'(Practical and Spiritual) 훈련을 시켰고, 복음을 들은 자를 자립과 자존의 삶을 살도록 돕고 훈련하였다.

3. 복음 선교사로서 서서평은 성경 중심과 예수 그리스도 중심의 삶을 살았다

서서평에게 복음 전도는 늘 중심 관심사였다. 1년 차 한국어 공부를 끝내자 서서평에게 본 직업인 병원 사역이 주어졌다. 또한 서서평은 지역 여성에 대한 복음 전도 사역을 보조하는 업무를 맡았다. 서서평에게는 복음을 전하는 사역이 본 직업만큼이나 중요한 것이었다. 1915년에 서서평은 전주에서 전라북도 여성성경반을 인도하여 전도부인을 양성하였다. 제주도에서 1917년과 1919년, 2번에 걸쳐 성경 공부와 부흥사경회를 인도하였다. 오후에는 축호 전도를 하면서 환자치료와 의료 교육을 실시하였다.

예수 그리스도의 복음의 중심은 언제나 가난한 자와 죄인들에게 향하여 열려있다. 불우한 여성 및 사회적 약자 계층이 예수 그리스도의 복음을 먼저 들어야 하고, 사회적으로 구호·구제를 받아야 하고 이들을 위한 사회변혁이 일어나야 한다. 서서평은 1914년 광주 실업학교의 억압받는 연이와 동생들을 돕고 무조건적으로 지원하였다. 이러한 선에서 서서평은 1920년에 집 안방에서 소녀들을 모아 성경 공부를 시작하였다. 이러한 노력이 이일성경학교 교육으로 나타났고, 여전도회 절제운동으로 그리고 여전도회전국연합회 운동으로 발전되었다.

4. 서서평은 인간에 대한 통전적 이해를 바탕으로 통전 선교를 수행하였다

서서평은 병원 사역과 복음 전도 사역, 교육 사역을 실시하였다. 또한 서서평은 병원 간호에서 구역간호를 개인적으로 실천하여 환자에 대한 온전한 치료와 보호와 안전을 강조하였다. 이것은 서서평의 인간 이해에 바탕을 두고 있다. 서서평에게 인간이란 영혼과 몸을 지닌 전인적·총체적(Holistic) 존재인데, 더 나가 사회적 관계 속에서 통전적(Integral) 존재로 나타난다. 이러한 통전적 관계는 분리되거나 조각으로 남아 있지 않고 온전한 실체로 존재한다. 복음서에 나타난바, 예수께서 하나님 나라를 설파하고 증언하고 실천하는 행위는 통전적 인간 이해를 바탕으로 이루어진다. 서서평은 이러한 하나님 나라 선교로서 통전적 선교를 추구하였다.

그러나 불행하게도 대부분의 한국교회는 예수님의 가르침을 떠나 헬라철학적 이원론적 인간 이해를 강조함으로써 복음의 사회성을 망각하여 하나님 나라를 실천하지 못하고 있다. 기왕에 선교사들에 의하여 전수된 이원론적 영혼구원 선교는 영혼 우위의 구원론으로 몸·육체나 사회적 관계에 무관심하거나 이를 부차적인 것으로 여김으로서 오늘날 명백한 한계를 갖는다. 이에 따라 본 필자는 오늘날 한국교회 상황에서 통전 선교를 통전적 영혼구원 선교라고 부르고 싶다. 3가지 이유가 있다.

첫째, 통전 선교를 통전적 영혼구원 선교라고 명명함으로써 영적 존재인 하나님과의 관계를 명확하게 드러낼 수 있다. 통전 선교란 하나님의 은혜를 통하여 주어지는 영혼구원 선교라는 뜻이다. 둘째, 통전적 영혼구원 선교에서 '영혼'이란 히브리어 네페쉬를 뜻한다. 이는 인간, 생명, 영혼 등으로 성경에 번역되어 있다. 그러므로 헬라철학적 이원론적 영혼 개념과는 근본적으로 다른 것이다. 그러나 대부분의 한국교회가 아직도 이러한 이원론적 영혼을 강조하고 이러한 영혼구원만을 선교의 주요 대상으로 삼고 있기 때문에, 이들과 대화하고 교정하려는 의도를 가지고 있다. 셋째, 통전적 영혼구원 선교는 '인간'(영혼)을 구원할 뿐만 아니라, 인간과 그 주위의 사회적 관계 및 우주생태적 생명 살림을 포함한다. 본 필자가 강조하는 통전적 영혼구원 선교는 하나님의 은혜를 통하여 인간 구원과 생명 생태계를 구원하는 하나님의 선교에의 참여를 그리스도인들에게 강조하는 선교이다.

서서평의 초기 선교에서 이러한 몇 가지 선교학 주제들이 검색되는 바, 이는 1920년대와 그 이후 이들을 구체적으로 다양하게 변모시켜 서서평은 다양한 선교를 수행하였다.

참고문헌

제1~제2부 군산선교부의 역사

群山府.『群山府史』. 1935.

김광수·안광국.『장로회 신학대학 70년사』. 서울: 장로회신학대학, 1971.

김승태.『한말·일제강점기 선교사 연구』. 서울: 한국기독교역사연구소, 2006.

김태웅. "제3장. 군산부 주민의 이동사정과 계층분화."『새만금도시 군산의 역사와 삶』. 선인, 2012.

김혜정. "서서평의 여전도회 활동과 영향에 관한 고찰,"「서서평연구논문」 8집(2021): 81-110.

『대한예수교장로회전북노회회의록』 제1권.

브라운, 조지 톰슨/천사무엘·김균태·오승재.『미국남장로교한국선교역사(1892-1962): 한국선교이야기』 서울: 동연, 2010.

______/조신광 역주.『미국 남장로회의 학국선교역사(1892-1961)』, 보고사, 2025.

스와인하트 부인/임수지 번역.『서서평연구논문8집』「엘리제 요한나 쉐핑: 선교사 드보라」. 서서평연구회, 2021.

안종철.『미국선교시의 한미관계』. 한국기독역사사연구소, 2010.

양국주.『하나님의 나팔수: 여전도회-전남노회 여전도회 연합회』. 서울: Serving the People, 2015.

연세대학교 의과대학. "연세대학교 창립 140주년 및 제중원 개원 140주년 기념 학술 심포지움: 제중원과 한국 기독교의료 140년."「심포지엄 자료집」(2025년 4월 8일).

임희모. "미국남장로교 의료 선교 정책과 질병 치료 공동체 연구(1896~1940)." 연세대학교 의과대학. "연세대학교 창립 140주년 및 제중원 개원 140주년 기념 학술 심포지엄: 제중원과 한국 기독교 의료 140년."「심포지움 자료집」(2025년 4월 8일).

______. "마요셉빈(Mrs. J. H. McCutchen) 선교사의 사역."「장신논단」 50-3(2019.9).

______. "미국남장로교 의료선교사 오긍선 연구." 「한국기독교신학논총」 Vol.118.
	2020.

______. "미국남장로교의 첫 한국 입국 선교사 리니 데이비스 해리슨 부인(Mrs. Linnie
	F. Davis Harrison)의 선교 활동 연구." 「선교와 신학」 55집(2021, 가을호).

______. "전북여성성경교육의 기획과 실천자: 마요셉빈 선교사(Mrs. J. H. McCutchen,
	1902~1940)."

______. 『미국남장로교 한국선교회의 여성·의료 선교사: 선교학 관점 연구』. 서울: 동연,
	2022.

______. "미국남장로교 한국선교회의 전도부인 양성과 교육정책 연구(1902~1925)."
	「선교신학」 71(2023).

______. "미국남장로교 한국선교회의 성경학원 정책(1946~1961)." 「선교신학」 72
	(2023).

장로회신학대학교 100년사 편찬위원회(집필자 김인수). 『장로회신학대학교 100년사』.
	서울: 장로회신학대학교, 2002.

"조선예수교장로회 전북로회 제32회 제2차 임시회록." 대한예수교장로회 전북노회.
	『전북노회 회의록』. 37회~69회.

차재명(편저자). 『조선예수교장로회 사기 상』. 서울: 한국기독교사연구소, 2018: 2쇄.

"최학삼 장로와 매국노 이완용의 막전 막후." 「대창교회 역사관 자료」.(2024년 6월 탐방
	조사)

해관오긍선선생기념사업회 편. 『해관 오긍선』. 서울: 연세대학교 출판부, 1977.

"Address by the General Assembly to All the Churches of Jesus Christ Throughout
	the Earth, Unanimously Adopted at Their Sessions in Augusta, Georgia,
	December. 1861." The Presbyterian Committee of Publication. *The Distinctive
	Principles of the Presbyterian Church in the United States*. Richmond(Va):
	Committee of Publication, 1870.

*Annual Report of the Executive Committee of Foreign Missions of the PCUS for the
	Year Ending April 1, 1894~1913*.

"Annual Meeting of the Southern Presbyterian Mission." The Korean Repository
	(Oct. 1898).

Beyerhaus, Peter. *Die Selbständigkeit der Jungen Kirchen als missionarisches*

Problem. Wuppertal-Barmen: Verlag der Rheinischen Missions-Gesellschaft, 1956.

Brown, G. T. *Mission to Korea. Board of World Missions*, Presbyterian Church, U.S., 1962.

Bull, W. F. "Interesting Meeting in Korea." *The Missionary* (Feb. 1900).

Chester, Samuel H. "Report to the Executive Committee of Foreign Missions." *Lights and Shadows of Mission Work in the Far East*. Richmond(VA): The Presbyterian Committee of Publication, 1897.

Clark, Charles Allen. *The Korean Church and the Nevius Methods*. New York, Fleming H. Revell, 1930.

Davis, Linnie F. *The Missionary* (Dec. 1897).

Dodson, Mary L. *Letter: Dear Friends, Austin, Texas, December 14, 1942*(Received at Nashville Tennessee, December 18, 1942).

Dupuy, Lavallette. *My Dear Friends, Kunsan, Korea* Dated Oct. 7, 1940.

Greene, Willie Burnace. *Miss W. B. Greene to her Mother, Kunsan, Korea, Asia*. Sept. 1940.

Harrison, W. B. "The Opening of Kunsan Station, Korea." *The Missionary Survey*(Jan. 1918).

Ingold, Mattie. (Mrs. Ingold Tate). "Bible School"(PHS소장 자료).

Johnson, Thomas C. *A History of the Southern Presbyterian Church*. New York: The Christian Literature Co., 1894.

Junkin, W. M. "A Visit to Our New Station." *The Missionary* (July 1894).

______. W. M. "A Sabbath at KunSan." *The Missionary* (July 1897).

______. W M. "Letter from Mr. Junkin." *The Missionary* (1898).

______. Mary Leyburn. *Letter: My Precious Mother*. Jan. 4, 1902. Kunsan. Korea.

______. W. M. "Korean Thelogical Seminary." *The Missionary* (Oct. 1899).

Knox, Maie Borden. "Women's Work on the Presbyteries of North and South Chulla, Soonchun, and Cheiju." *The Presbyterian Survey*(Oct. 1936).

"Korea Mission. Presbyterian Church in the United States. Rules and By-Laws." *Minutes of the Twenty-First Annual Meeting ⋯ 1912*.

"Kunsan Station." *Reports of the Southern Presbyterian Mission in Korea, 1903*. Seoul: Press of the Methodist Publishing House, 1903.

Li, Tin Nok, "The Chasm between Aspiration and Reality - Problems of the Nevius Methods Examined through Korean Bible Women's Lives(1890s~1930s)." 「선교신학」 72집(2023).

McCutchen, Josephine H. "Korean Graduates Great Help in Work." *The Presbyterian Survey* (Nov. 1924).

McCutchen, Mrs. Josephine Hounshell. "Woman's Bible Institute." *The Missionary* (July 1910).

______. Mrs. L. O. "Mary and Ruth Chung, The First Graduates of Our Mission's Bible School for Women. Located at Chunju, Chosen." *The Missionary Survey*(Jan. 1921).

______. Josephine Hounshell. *My Dear Friends, Chunju, Chosen, Asia*. dated October 10, 1921.

Minutes of the General Assembly (of the Presbyterian Church in the Confederate States of America). 1861. in Thomas C. Johnson. *A History of the Southern Presbyterian Church, with Appendix*. New York: The Christian Literature Co., 1894.

Minutes of the Assembly of 1877(PCUS). in: Thomas C. Johnson, *A History of the Southern Presbyterian Church, with Appendix*. New York: The Christian Literature Co., 1894.

Minutes of the General Assembly of(the PCUS), 1877. in Thomas C. Johnson, *A History of the Southern Presbyterian Church*.

Minutes of the Annual Meetings of the Southern Presbyterian Mission in Korea.(이하 SPMK), 1904~1920.

Minutes of the Annual Meetings of SPMK 1940.

Minutes of the Annual Meetings of SPMK 1904~1910, 1915.

Owen, [Clement C.] "Ninth[Tenth] Annual Meeting of the Korean Mission." *The Missionary* (April 1902).

"Policy Regarding Schools in Korea." *Minutes of the Forty-Sixth Annual Meeting of the SPMK.* 1937.

Reports of the Southern Presbyterian Mission in Korea. 1903.

Revised Manual of the Executive Committee of Foreign Missions. Adopted by the Executive Committee. May 11th, 1915. Adopted by the General Assembly, May 26th, 1915. Nashville(TN): P.C.U.S. Executive Committee of Foreign Missions, 1915.

Reynolds, W. D. *Chulla Do Trip Mar 27, '94*(Along Shore from Seoul to Fusan).

________. "Prospecting for Stations in Chulla-Do." *The Missionary* (Oct. 1894).

________. "The Native Ministry." *The Korean Repository.* Vol. III(1896).

Smith, Egbert W. *Essential Facts about Our Mission Work in Korea.* Nashville (TN): Executive Committee of Foreign Missions, PCUS., 1923.

Southern Presbyterian Mission in Korea. *The Constitution, Rules and By-Laws of the Southern Presbyterian Mission in Korea.* Adopted Oct. 1897. Shanghai: American Presbyterian Mission Press, 1898.

"Special Committee on Kunsan East-Side Church Report." *Minutes of the 46th Annual Meeting SPMK.* 1937.

Street, T. Watson. *The Story of Southern Presbyterians.* Richmond(Va.): John Knox Press, 1901.

Stuart, J. L. "Korea." *The Missionary* (Aug. 1893).

Swinehart, M. L. "Sunday School Work on the Southern Presbyterian Mission." *The Korea Mission Field*(서울: 1913).

________. Mrs. M. L. "Missionary Deborah Elisabeth J. Shepping." Hallie Paxson Winsborough. compiled. *Glorious Living.* Atlanta(GA): Committee on Women's Work Presbyterian Church, U.S., 1937.

"Table of Statistics." *Korea Mission. PCUS.* 1937.

"Table of Statistics." *Minutes of the Annual Meetings of the SPMK.* 1912~1920.

Tate, Mattie B. "A Bible Conference." *The Missionary* (Oct. 1902).

"The Annual Meeting of the Presbyterian Church. South." *Korea Repository*(Nov. 1896).

The Southern Presbyterian Mission in Korea. The Constitution, Rules ans By-Laws of the Southern Presbyterian Mission in Korea, Adopted Oct. 1897. Shanghai: Ameican Presbyterian Mission Press, 1898.

제3부 _ 군산선교부의 의료, 교육 선교

6장_ 군산선교부의 의료 선교

공은숙. "의술의 변화: 굿에서 병원까지." 이정덕 외 공저, 『전북 생활문화 100년』, 전주: 신아출판사, 2001.

양국주. 『알렉산더 존 애치슨 알렉산더』. 서울: Serving the People, 2023.

이정덕. "전북 주민들의 생활 변화 1894-1945." 국립전주박물관. 『옛 사진 속의 전북 1894-1945』. 서울: 통천문화사, 1998.

이진영. "문호개방과 일제 수탈의 시작." 동학농민혁명기념사업회 편. 『전북의 역사와 문화』. 서울: 서경문화사, 1999.

임희모. "미국남장로교 의료선교 정책과 질병치료공동체 연구(1896~1940)." 연세대학교 의과대학. "연세대학교 창립 140주년 및 제중원 개원 140주년 기념 학술 심포지엄: 제중원과 한국 기독교의료 140년."「심포지엄 자료집」(2025년 4월 8일): 217-262.

______. "미국남장로교 한국선교회의 간호 선교사 활동 연구(1905~1940)."「선교와 신학」61집(2023, 가을호): 287-315.

______. "서서평 선교사의 초기 사역(1912~1919) 연구: 군산 구암예수병원 사역 중심." 동저자. 『서서평 선교사의 통전적 영혼구원 선교』. 서울: 동연, 2020.

______. "미국남장로교 의료선교사 오긍선 연구."「한국기독교신학논총」. 118(2020).

______. "미국남장로교 선교사 야곱 패터슨(Jacob Bruce Patterson)의 군산 예수병원 의료 사역 연구(1910-1925)."「장신논단」52-3(2020.9).

장승익·임희모 외 7인. 『간호선교사 서서평(쉐핑, Elisabeth J. Shepping. R.N.)의 한국사회에 미친 영향』. 서서평연구논문 10집: 2023.

"화이트로우(Whitelaw, Jessie G.D.)." 내한선교사사전 편찬위원회 편. 『내한선교사사전』. 한국기독교역사연구소, 2022.

"A Letter from Dr. Oh, Korea." The Missionary (March 1908).

Annual Report of the Executive Committee of the Presbyterian Church in the United States fo Year Ending April 1, 1895.(Nashville(Tenn): Cumberland Presbyterian

Publishing House) 1895; 1896; 1899; 1902;.

Avison, O. R. "Disease in Korea(I)." *The Korean Repository*. Vol.IV(1897).: "Disease in Korea(II)." Ibid. 207-211.

Brand, Louise C. "Work in Kunsan Hospital." *The Presbyterian Survey*(August 1925).

______. "Tuberculosis in Kunsan: Today and Tomorrow." *KMR*(1928).

Daniel, Thomas H. *My dear Mother*. 11/13/1904. Kunsan. Korea.

______. Mrs. Sadie(Sarah) D. *My dearest Mother*. June 11, 1905.

______. Mrs. Sadie(Sarah) D. *My dearest Mother*. March 12, 1905. Kunsan. Korea.

______. J[T] H. M.D. "Southern Presbyterian, Mission. Medical Work at Kunsan. Korea." *The Korea Mission Field*(Jan. 1909).

Drew, Mrs. Dr. "Korea: Recent Events at Kunsan." *The Missionary* (April 1900).

Dupuy, Lavalette. *Letter: March 30, 1929*. Kunsan. Korea.

General Report of Kunsan Station. 1905.

Hollister, William. "Let's Make Rounds." *The Presbyterian Survey*(Aug. 1934).

Huntley, Martha. *To Work A Start: The Foundations of Protestant Mission in Korea(1884~1919)*. Seoul: Presbyterian Church of Korea, 1987.

Ingold, Mattie B. *The Diary of Mattie B. Ingold*. 고근 옮김.『예수병원 설립자 마티 잉골드 일기』. 전주: 예수병원. 2018.

Johnson, Cameron. "Notes on a Recent Visit to Korea." *The Missionary* (April 1900).

Minutes of Fortieth Annual Meeting of SPMK. 1931.

Minutes of Twenty-Second Annual Meeting of SPMK. 1913.

Oh, K. S.(M.D.). "The Native Doctor." *The Korea Mission Field*(July 1914).

Patterson, Jacob B. "Medical Efficiency of Our Institutions." *KMR*(1914).

______. "Notes from Kunsan." *The Korea Mission Field*(1913).

______. "Korea Medical Missionary Association." *KMR*(Jan. 1913).

______. "The Danger and Prevention of Sprue." *KMR*(Jan. 1924).

Station Reports of the SPMK. Seoul. Korea. 1907.

Station Reports of the SPMK. Kunsan. Korea. 1909.

Wilson, James S. *Dear Friends dated November 12*, 1939. Seoul. Korea.

______. Dr. & Mrs. James S. *Dear Friends dated May 12, 1940*. Kunsan. Korea.

군산제일100년사 간행위원회 편. 『군산제일100년사』.

김승태. 『한말 일제강점기 선교사 연구』. 서울: 한국기독교역사연구소, 2006.

김수진. 『호남선교 100년과 그 사역자』.

김은수. "익산남전교회 만세운동과 순교자들의 정신." 「선교신학」62(2021).

______. "군산 3.5만세운동과 기독교 영명학교." 「선교신학」71(2023).

김은주. "군산의 3.1운동과 기독교학교의 참여." 「신학과 사회」 제33집 3호 (2019).

송현강. "한말·일제강점기 군산 영명학교·멜볼딘여학교의 설립과 운영." 「역사학연구」
　　　　제59집(2015.08).

______. "윌리엄 해리슨(W.B. Harrison)의 한국 선교." 「한국기독교와 역사」 제37호
　　　　(2012.9.25.).

신종철. "ACTS의 신학공관(共觀)에서 본 전북지역 3.21운동 연구: 전북지역 남장로교
　　　　선교스테이션을 중심으로." 「ACTS 신학저널」 제40집.

윌리암 불 부부선교사. 『윌리엄 불 선교사 부부 편지 I(1906~1938)』; 『윌리엄 불 선교사
　　　　부부 편지 II(1939~1941)』. 보고사, 2024.

임희모 "한국선교회의 광주 선교부와 순천 선교부의 산업 활동 선교 연구(1907~1937)."
　　　　동저자. 『미국남장로교 한국선교회의 여성·의료선교사: 선교학 관점 연구
　　　　(1892~1940)』. 서울: 동연, 2022.

______. "미국남장로교 의료선교사 오긍선 연구." 한국기독교학회. 『한국기독교신학
　　　　논총』 Vol. 118 (2020).

______. "미국남장로교 한국선교회의 산업 활동 선교 연구(1907~1937)." 한국교회역
　　　　사복원연구회, 『한국교회역사복원 논총』 Vol.2(2021).

______. 『미국남장로교 한국선교회의 여성·의료 선교사: 선교학 관점』. 서울: 동연,
　　　　2022.

______. "미국남장로교의 첫 한국 입국 선교사 데이비스 해리슨 부인의 선교 활동 연구."
　　　　「선교와 신학」 55(2021년 겨울호).

최영근. "미국남장로교 선교사 인돈(William A. Linton)의 교육 선교, 「한국교회사학회
　　　　지」 제40집(2019).

______. "일제강점기 미국 남장로회 교육선교에 관한 연구-군산과 전주스테이션의 인
　　　　돈(William A. Linton)을 중심으로 1912~1940." 「대학과 선교」 제50집(일반논

문).

한국기독교 역사연구소 편집(이만열). 『자료총서 제19집: The Korean Situation 1,2』.
　　　서울: 한국기독교역사연구소, 1995.

인너넷 자료: 군산영광여자고등학교 홈페이지(2024년 5월 31일 방문).

Brown, G. T. Mission to Korea, 108-112; 『한국선교 이야기』, 155-159;.

Bull, William Ford. "Some Incidents in the Independent Movement in Korea. 1919."
　　　송상훈 옮김. "1919년 한국에서의 독립운동에 있어서 몇 가지 사건들." 『윌리엄
　　　불 선교사 부부 편지I: 1906-1938』.

Linton, "William A. Atlantian Tells How Koreans Are Seeking Liberty." in *Newspaper
　　　in Atlanta*. May 1919. in: Letter Collection of Mr. & Mrs. William A. Linton.

MacEachern, John. "Annual Report, Kunsan Station." *The Missionary Survey*(Feb.
　　　1916).

Minutes of the Annual Meeting of the SPMK 1904; 1907; 1919.

Report of Committees. "Secular Institutions." *The Minutes of the Eighth Annual
　　　Post-War Meeting of the Korea Mission*. May 6-15, 1954.

Smith, Egbert W. *Essential Facts about Our Mission Work in Korea*. Nashville(TN):
　　　Educational Department. Executive Committee of Foreign Missions. 1923.

제4부 ｜ 군산선교부를 빛낸 4인의 선교사들 연구

8징 _ 미국남장로교의 첫 한국 입국 선교사 리니 데이비스 해리슨 부인 (Mrs. Linnie F. Davis Harrison)의 선교 활동 연구

김혜정. "한국 선교의 재고를 위한 고찰: 신학적 상황화와 성육신적 동일화 선교." 「선교
　　　와 신학」 48(2019).

"데비스 녀사의 기념문." 전라북로회 기념식 준비위원회 이승두·리자익·홍종필. 「전라
　　　도선교 25주년 기념」 (1917년 10월 23일, 필사본복사판).

류대영. "미국남장로교 선교사 테이트(Lewis Boyd Tate) 가족의 한국 선교." 「한국기독
　　　교와 역사」 제37호(2012).

송현강. "레이놀즈의 목회 사역.' 「한국기독교와 역사」 33호(2010).

＿＿＿. "남장로교 최초의 여성 선교사 셀리나 데이비스." 한남대학교 인돈학술원. 「프

런티어(Frontier)」제11호(2013).

언더우드, 엘리자베스. *Challenged Identities: North American Missionaries on Korea, 1884-1934.* 변창욱 옮김. 『언더우드 후손이 쓴 한국의 선교역사, 1884-1934』. 서울: 도서출판 케노시스, 2013.

이남식. "남장로교 선교사 윌리엄 M. 전킨의 한국 선교 활동 연구." 전주대학교대학원, 문학박사, 2012.

인돈학술원 편. 『미국 남장로회 내한선교사 편람: 1892-1987』. 대전: 한남대학교 출판부, 2007.

잉골드, 마티. Mattie B. Ingold/고근 옮김. 『마티 잉골드의 일기』. 전주: 예수병원, 2018.

천사무엘. "레이놀즈의 신학: 칼뱅주의와 성서관을 중심으로." 「한국기독교와 역사」 33호(2010).

최은수. "미국남장로교 파송 최초 선교사 리니 데이비스에 관한 연구(1-6)." 「교회사 논단」.

A 1926 college yearbook spills its secrets. Appalachian History.net

"Address by the General Assembly to All the Churches of Jesus Christ···." in *The Distinctive Principles of the PCUS.* Richmond(Va): Committee of Publication, 1870.

Annual Report of the Executive Committee of Foreign Missions 1897 (Nashville:TN, 1897).

Annual Report of the Executive Committee of Foreign Missions of PCUS, 1898.

Beaver, Robert Pierce. *American Protestant Women in World Mission.* Grand Rapids(MI): William B. Eerdmans Pub. Co., 1980(revised).

Bonk, Jonathan. T*he Theory and Practice of Missionary Identification: 1860~1920.* Lewiston,NY: The Edwin Mellen Press, 1989.

Chester, Samuel H. *Lights and Shadows of Mission Work in the Far East.* Richmond(Va.): The Presbyterian Committee of Publication, 1897.

Davis(Linnie F.). "Korea." *The Missionary* (Feb. 1893).

______. "Notes from Seoul." *The Missionary* (Oct. 1895).

Editorial. "A Distinguished Korean Convert to Christianity." *The Missionary* (1892).

Harrison, Linnie Davis. "Getting into Korean Homes." *The Missionary* (Oct. 1899).

______. Mrs. W. B. "In and Around Chunju." *The Missionary* (Oct. 1901).

______. W. B. "Chunju Notes." *The Missionary* (July 1903).

______. "The Opening of Kunsan Station, Korea." *The Missionary* (Jan. 1918).

______. "Korea, Encouragement at Maiki, Tain County, Korea." *The Missionary* (Aug. 1901).

______. "Welcome Back to Chunju." *The Missionary* (Mar. 1901).

______. "Korea, Encouragements at Chunju." *The Missionary* (Oct. 1901).

______. "General Report of Chunju Station, Nov. 10, 1900 to Sept. 1, 1901." *The Missionary* (Feb. 1902).

Johnson, Cameron. "Recollections of Mrs. Harrison." *The Missionary* (Mar. 1904).

______. "Japan: Glimpses from Kobe Missionary Home." *The Missionary* (Oct. 1898).

______. "Korea: My Introduction to Korea." The Missionary (Jan. 1893).

Junkin, W. M. "Mrs. W. B. Harrison." *The Missionary* (Sept. 1903).

Minutes of the General Assembly of 1877, 418-419 in Thomas C, Johnson, *A History of the Southern Presbyterian Church, with Appendix*, 363-364.

Reynolds, P. B. "Korea: The Mission Meeting." *The Missionary* (Feb. 1898).

______. W. D. "Sixth Annual Meeting." *The Missionary* (Feb. 1898).

Robert, Dana L. *American Women in Mission*. Macon(Ga): Mercer University Press, 1999.

Stephenson, Rountree. compiled. *Historical Sketch of Sinking Spring Presbyterian Church at Abingdon, 1773~1948*. Abingdon(VA): Committee of the Sinking Spring Church, 1948.

Stuart, J. L. "Korea." *The Missionary* (Aug. 1893), 314-315.

The Constitution, Rules and By-Laws of the Southern Presbyterian Mission in Korea(Shanghai: American Presbyterian Mission Press, 1898).

The Korea Repository Vol.I. (Oct. 1892), 324; Vol.II (Aug. 1895).

The Missionary (Nov. 1898), 525; (Dec. 1897).

Warren, Max. "The Meaning of Identification." in Gerald Anderson. ed. *The Theology of the Christian Mission*. London: SCM, 1961.

"Wedding in Korea." *The Missionary* (Sept. 1898).

1차 자료

오긍선. "H 군에게 보내는 글."; "청년학도에게 여하는(주는) 십계명."; "청년 의사에게."
______. "A Letter from Dr. Oh, Korea." *The Missionary* (March 1908).
______. *Minutes of the Annual Meetings of the Southern Presbyterian Mission in Korea 1904-1937.*
Oh K. S. "'My Boys': Kyung Sung Po-Yuk-Won(Keijo Hoikuin) (Seoul Orphanage)." *KMR*(March 1928).
______. "Should the Mission Hospitals Be Turned over to the Koreans?" *KMR*(Feb. 1927).
______. "Prohibition for Korea." *KMR*(April 1926).
______. "Important Ideas for Korean Schools from the Korea Standpoint." *KMR*(Oct. 1914).
______. "The Native Doctor." *The Korea Mission Field*(July 1914).
______. "Letter from a Korean Teacher." *The Missionary* (April 1903).

2차 자료

군산제일100년사간행위원회 편. 『군산제일100년사』. 군산, 영문사, 2012.
김경재. 『장공의 생활신앙 깊이 읽기』. 서울: 도서출판 삼인, 2016.
김도형. "세전(世專) 교장 오긍선의 의료 계몽과 대학 지향." 「學林」 제40집(2017. 8).
「동아일보」 (1934년 12월 8일; 1924년 11월 19일; 1924년 5월 8일).
류대영. "윌리엄 레이놀즈의 남장로교 배경과 성서번역." 『한국기독교 역사의 재검토』. 서울: 한국기독교역사연구소, 2019.
박성래. "우리나라 첫 현대적 의학자 오긍선(吳兢善 1978~1963)." 「과학과 기술」 (2002.12).
새문안85년편찬위원회. 『새문안85년사』. 서울: 새문안교회, 1973.
서원석. "의료선교 개념의 역사적 발달 과정." 전우택 대표 편저자. 『의료선교사가 현장에서 쓴 의료선교학』. 서울: 연세대학교 출판부, 2004.
손윤탁. 『한국문화와 선비정신』. 서울: 도서출판 케노시스, 2012.
신규환·박윤재. 『제중원 세브란스 이야기』. 서울: 역사공간, 2015.

안희열.『시대를 앞서 간 선교사 말콤 펜윅』. 대전: 침례교신학대학교 출판부, 2006.

엥겐, 찰스 반. “선교신학에서 상황적으로 적합한 방법론.” Charles H. Craft. Ed./김요한
　　　외 2인 번역. *Appropriate Christianity.*『말씀과 문화에 적합한 기독교』. 서울:
　　　생명의 말씀사, 2007.

이만열.『한국기독교의료사』. 서울: 아카넷, 2003.

임희모.『서서평 선교사의 통전적 영혼구원 선교』. 서울: 동연, 2020.

정종훈.『생활신앙으로 살아가기』. 서울: 대한기독교서회, 2007.

조성운. “오긍선(吳兢善).”『한국민족문화대백과사전』.

한규무. “경성보육원의 설립과 운영(1919~1945).”「鄕土서울」79호(2011년 10월).

한미경·이혜은. “‘My Dear Dr. Alexander’: 편지를 통해 본 오긍선의 미국 유학 시절
　　　(1903~1907).”

「신학논단」Vol.97(2019.9).

한인수. “오긍선.”「호남교회춘추」15호(2001년 봄호).

한인철. “현대의학의 개척자 오긍선.” 조재국 외 지음.『연세의 개척자들과 연세학풍』.
　　　연세대학교 대학출판문화원. 2015.

해관오긍선선생기념사업회.『한국 근대의학의 선구자 해관 오긍선』. 서울: 역사공간,
　　　2020.

______편.『해관 오긍선』. 서울: 연세대학교 출판부, 1977.

“Annual Meeting of the Southern Presbyterian Mission in Korea.” *KMR*(Oct. 1907).

Bull, William F. (Mrs.) “Our First Native Physician.” *The Missionary* (Feb. 1908).

______. “Letter from Korean Teacher.” *The Missionary* (Dec. 1902).

Chester, Samuel H. *Lights and Shadow of Mission Work in the Far East.*
　　　Richmond(Va.):.

Presbyterian Committee of Publication, 1899.

Daniel, J[T]. H. “Southern Presbyterian Mission, Medical Work at Kunsan.”
　　　KMR(1909).

Dillistone, F. W. “Max Warren 1904~1977: Disciplined Intercession that Embraced
　　　the World.” Gerald H. Anderson et al (eds.). *Mission Legacy: Biographical
　　　Studies of Leaders of the Modern Missionary Movement.* Maryknoll: Orbis
　　　Books, 1994.

Friesen, LeRoy. Mennonite Witness in the Middle East: A Missiological Introduction. Elkhart(In.): Mennonite Board of Missions, 2000(Revised).

Gifford, Daniel L. "Annual Meeting of the Presbyterian Mission, North." The Korea Repository II (Nov. 1895).

Ludlow, A. I. "Dr. K. S. Oh(Oh Keung Sun): Dean of Severance Union Medical College." KMR(April 1925).

"Our Missions and Missionaries." The Missionary (March 1903).

Sawatsky, W. "After the Glasnost Revolution: Soviet Evangelicals and Western Missions." F. J. Verstraelen et al (eds). Missiology: An Ecumenical Introduction. Grand Rapids(MI): W.B. Eerdmans Pub. Co., 1995.

Shepping, Elisabeth J. "Letter from Shepping." The Missionary Survey(Aug. 1918).

Werner, Dietrich. Mission für das Leben - Mission im Kontext: Ökumenische Perspektiven missionarisher Präsenz in der Diskussion des ÖRK 1961~1991. Rothenburg: Ernst Lange Institut für Ökumenischen Studien, 1993.

Whitlock, Luder G. 제임스 헨리 돈웰/데이빗 F. 웰스 편/박용규 옮김.『남부 개혁주의 전통과 신정통 신학』. 서울: 도서출판 엠마오, 1992.

World Council of Churches. Together Towards Life: Mission and Evangelism in Changing Landscapes - A New WCC Affirmation on Mission and Evangelism. Geneva: WCC, 2012.

10장 _ 미국남장로교 한국선교회의 패터슨(손배순, Jacob Bruce Patterson) 의사 선교사의 의료 선교 연구(1910~1925)

1차 자료

"General Statistics Covering the Twelve Months between June 1st and May 31st 1919." Minutes of the Twenty-eighth Annual Meeting of the Southern Presbyterian Mission in Korea 1919.

Minutes of Annual Meetings of the Southern Presbyterian Mission in Korea 1907~1927.

Patterson, Mrs. Jacob Bruce. "Notes from Kunsan." KMR(Jan. 1913).

______. "Medical Efficiency of Our Institutions." *KMR*(July 1914).

______. "The Danger and Prevention of Sprue." *KMR*(June 1922).

______. "X-ray for the Country Hospital." *KMR*(July 1922).

______. "한국 부인에게 자주 발견되는 방광질누관에 관한 논문." 이만열.『한국기독교의료사』. 351.

"Table of Statistics for the Year Ending June 1, 1920." *Minutes of the Annual Meeting 1920*.

"국민훈장 동백장에 故 마가렛 제인 에드먼즈."「연합뉴스」(2015. 04. 07).

김민영. "일본인의 생활세계와 식민지 인식." 김종수 외 공저.『새만금 도시 군산의 역사와 삶』. 서울: 선인, 2012.

김중규. "군산화교소학교와 화교문화." 김종수 외 공저.『새만금 도시 군산의 역사와 삶』.

서재룡. "광주제일교회 초기 역사와 인물들 (1904~1934) - 최흥종, 강순명, 서서평." 서서평연구회 편.『동백(冬栢)으로 살다-서서평 선교사』. 전주: 학예사, 2018.

설대위(Seel, D. J.).『꺼지지 않는 사랑의 불씨: 예수병원 100년사』. 김민철 옮김. 전주: 예수병원100주년기념사업위원회, 1998.

송현강. "미국남장로교의 전북지역 의료 선교 (1896~1940)."「한국기독교와 역사」제35호.

______.『미국남장로교의 한국선교』. 서울: 한국기독교역사연구소, 2018.

이규식. "전라북도의 서양의학 도입과정."「醫史學」제17권 제1호(통권 32호, 2008년 6월).

이만열.『한국기독교의료사』. 서울: 아카넷, 2003.

임희모. "서서평 선교사의 초기 사역(1912~1919) 연구: 군산 구암예수병원을 중심으로."「한국교회 역사 복원 논총」Vol.1(2019).

______.『서서평 선교사의 통전적 영혼구원 선교: 20세기 선교와 21세기 한국교회의 선교신학』. 서울: 동연, 2020.

______. "미국남장로교한국선교회의 산업 활동 선교 연구(1907~1937)." 미간행 논문. 2020.

전병호.『호남 최초 교회설립자: 이야기 전킨 선교사』. 군산: 군산시기독교연합회전킨기념사업회, 2018.

크레인, 소피 몽고메리. 『기억해야 할 유산』. 정병준 옮김. 서울: CTS기독교TV, 2011.

한미경, 이혜은. "'My Dear Dr. Alexander': 편지를 통해 본 오긍선의 미국 유학 시절 (1902~1907)." 「신학논단」 제97집(2019.9.30.).

한인수. "오긍선." 「호남교회춘추」(2001년 봄호).

해관오긍선선생기념사업회 편. 『해관 오긍선』. 서울: 연세대학교 출판부, 1977.

"A Letter from Dr. Oh, Korea." *The Missionary* (March 1908).

Bell, Eugene. "Annual Meeting of the Southern Presbyterian Mission." *The Korea Repository* Vol. IV(1897).

Brown, George Thompson. *Mission to Korea. Atlanta*(Ga.): World Missions, PCUS, 1962.

Bull, Mrs. W. F. "Our First Native Physician." *The Missionary* (Feb. 1908).

Chester, Samuel H. *Lights and Shadow of Mission Work in the Far East.* Richmond(Va.): Presbyterian Committee of Publication, 1899.

Crane, Sophie Montgomery. *A Legacy Remembered: A Century of Medical Missions.* Seoul: Christian Television System, 2011.

Daniel, T. H. "Southern Presbyterian Mission, Medical Work at Kunsan." *The Korea Mission Field*(1909).

______. J[T]. H. "In the F. B. Atkinson Hospital, Kunsan." *KMF*(1909).

Drew, A. D. "An Interesting Mission Field." *The Missionary* (July 1894).

______. A. D. "Korea." *The Missionary* (July 1985).

Edmunds, E. J. "Training Native Nurses." *KMF*(June 1906).

Gifford, Daniel L. "Annual Meeting of the Presbyterian Mission, North." *The Korea Repository II*(Nov. 1895).

Harrison, W. B. "Notes from Kunsan." *KMF*(1907).

______. "Kunsan, Korea. Station Report, First Quarter 1908." *KMF*(1908).

______. "SPM in Korea. A Portion of Kunsan Station 1916." *KMF*(1917).

______. "*History of Kunsan Medical Work, typescript*"(PCUS).

Hollister, William. "History of Medical Work at Kunsan Station." *The Presbyterian Survey*(1936).

Junkin, W. M. "Korea." *The Missionary* (March 1893).

______. "Korea Medical Missionary Association." *KMR*(1913).

Oh Keung Sun. "Letter from a Korean Student." *The Missionary* (April 1903).

"Our Missions and Missionaries." *The Missionary* (March 1903).

"Report of Kunsan Station(···Ending March 31st, 1906)." *KMR*(May 1906).

Reynolds, W. D. "Korea." *The Missionary* (May 1904).

______. W. D. "The Sixth Annual Mission Meeting." *The Missionary* (Feb. 1898).

______. W. D. "Prospecting for Stations in Chulla-Do." *The Missionary* (Oct. 1894).

______. *The Korea Repository* Vol. II(1895); Vol. I(1892).

______. *The Missionary* (May 1894; April 1896; May 1904; Oct. 1915).

11장 _ 서서평 선교사의 초기 간호 사역(1912~1919년) 연구

광주기독병원선교회. 『제중원 편지1』. 광주기독병원선교회. 2015.

群山府. 『群山府史』. 1935.

군산제일100년사. 『군산제일고등학교총동문회』. 2012.

김인주. "제주 선교와 서서평의 역할." 서서평연구회. 제9차 서서평 학술대회 자료집: 한국인을 섬긴 서서평 선교사의 영향(2016).

김태웅. "군산부 주민의 이동 사정과 계층분화." 김종수·김민영 외 공저. 『새만금도시 군산의 역사와 삶』. 선인. 2012.

백춘성. 『천국에서 만납시다』. 서울: 대한간호협회출판부, 1996.

브라운, 죠지 톰슨/천시 무엘·김균태·오승재 옮김. 『한국선교이야기: 미국남장로교 한국선교역사(1892~1962)』. 도서출판 동연, 2010.

송인동. "서서평(E. J. Shepping) 선교사의 언어와 사역." 「신학이해」 제40권(2011).

송현강. "한말·일제강점기 군산영명학교·멜볼딘여학교의 설립과 발전," 「역사학 연구」 제59집(2015.08).

송현숙. "호남지방 기독교 선교기지 형성과 확장에 관한 연구." 「한국기독교와 역사」 제19호(2003).

양국주. 『살아있는 성자 포사이드』. 서울: 서빙더피플, 2018.

언더우드, 엘리자베스/변창욱 옮김. 『언더우드 후손이 쓴 한국의 선교역사 1884-1934』. 도서출판 케노시스, 2013.

이만열. 『한국기독교의료사』. 서울: 아카넷, 2003.

이꽃메.『한국근대간호사』. 한울 아카데미, 2002.

인돈학술원 편.『미국 남장로회 내한선교사 편람(1892~1987)』. 대전: 한남대학교 출판부, 2008.

임희모. "서서평의 사회선교: 통전적 영혼구원 선교."『서서평, 예수를 살다』. 케노시스, 2017.

전라남북노회 기념식 준비위원 이승두. 이자익. 홍종필.「전라도선교 25주년 기념」. 1917.

타마자(John Van Neste Talmage)/마성식·채진홍·유희경 옮김.『한국 땅에서 예수의 종이 된 사람』. 서울: 한국장로교출판사, 1998.

한규무. "광주선교부의 복음선교." 순천대 인문학술원 학술대회 자료집.「미국 남장로회 한국선교」(2024.11.15.~16.).

Brown, George Thompson. *Mission to Korea*. Board of World Missions. Presbyterian Church U. S., 1962.

Dodson, Mary L. "Sunemy-A Little Korean Christian Girl." *The Missionary Survey*(Aug. 1915).

Hollister, William. "History of Medical Work at Kunsan Station." *The Presbyterian Survey*(1936).

Knox, Maie Borden. "An Interview." *The Korea Mission Field*(Oct, 1926).

Minutes of Annual Meeting Southern Presbyterian Mission in Korea. 1912~1920.

Shepping, Elise J. "Letter from Miss Shepping." *The Missionary Survey*.(August 1918).

______. "District Nursing II." *Korea Mission Field*. XVI No.9(Sept. 1920).

Swinehart, Lois Hawks. "Elise Johanna Shepping – A Missionary Deborah." Hallie Paxson Winsborough. compiled. *Glorious Living*. Atlanta(Ga): Committee on Woman's Work Presbyterian Church, U.S., 1937.

______. "Kwangju Girl's Industrial School." *Korea Mission Field*. Vol. XI No.1(1915,1).

______. *The Missionary Survey* 1908~1915.

미국남장로교 한국선교회 군산선교부 선교 활동

2025년 6월 26일 처음 찍음

지은이	임희모
펴낸이	김영호
펴낸곳	도서출판 동연
등 록	제1-1383호(1992. 6. 12.)
주 소	서울시 마포구 월드컵로 163-3
전화/팩스	02-335-2630 / 02-335-2640
이메일	yh4321@gmail.com
인스타그램	dongyeon_press

ISBN 978-89-6447-278-1 93230